子どもの権利を守る取り組み

権利行使が難しい子どものために、「権利」について理解できるように工夫された「子どもの権利ノート」などが活用されている。社会的養護のもとで暮らす子どものために、自分のもつ基本的な権利や、権利が侵害された場合の相談先などが書かれている。

子どもの権利ノートの一例　①年少用

子どもの権利ノートの一例　②年長用

・表紙には好きな写真を入れることができる
・出自を知る権利、自分の希望や意見を表明する権利など、自分の権利についてやさしい言葉で学べる
・自分の好きなものや、将来の夢、自分へのメッセージを書くページもある
・子どもの状況に応じて冊子を活用する

資料提供：大分県 子どもの権利擁護検討委員会

「ライフストーリーワーク」の取り組み

子ども本人が大人と共に作る「育ちアルバム」や「ライフストーリーワーク」の取り組みが広がっている。子どもの「知る権利」を保障し、自分のルーツ、成長の軌跡や大切な思い出、将来の展望などを記すことで、子ども自身のアイデンティティの確立を支え、自己肯定感を高めることが期待されている。

子どもアドボケート活動

「子どもアドボカシー」とは、権利侵害などから子どもを保護し、回復や権利の実現を支える取り組み・仕組みのこと。子どもに代わって、その権利を代弁・擁護する人を「子どもアドボケート」という。子どもの状況に応じて、冊子などを活用しながら子どもの思いを支える。

冊子の一例　①年少用

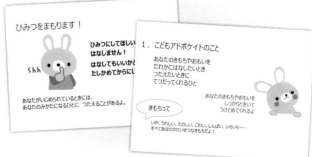

冊子の一例　②年長用

冊子の一例　③中・高生向け

・自分が守られる存在であることを知る
・「意見表明の権利」などについて学べる
・権利擁護支援の役割や相談先について具体的な説明がある

資料提供：大分大学福祉健康科学研究科 附属権利擁護教育研究センター

日本における社会的養護の歴史

日本における社会的養護は、江戸時代ごろまでは仏教などによる救済事業が見られたが、明治時代ごろから法制度による支援が始まった。社会の変化や戦争・災害などが、社会的養護の歴史に深く関わっていることがわかる。

年代	社会的養護の動き		社会の動き
江戸時代まで	593	悲田院（聖徳太子）日本で最初の児童保護事業（仏教による救済が中心）	仏教伝来
明治	1869（明治2）	松方正義が日田養育館を設立	1868　明治維新
	1872（明治5）	カトリック修道女ラクロットが慈仁堂を設立	1872　初の鉄道開業・富岡製糸場創業
	1874（明治7）	恤救規則（13歳以下の幼者対象に救済米を支給する法律）制定	
	1874（明治7）	カトリック教徒の岩永マキが浦上養育院を設立	
	1877（明治10）	神戸女子教育院設立	
	1878（明治11）	古河太四郎らが京都盲唖院設立	
	1880（明治13）	中村正直らが楽善会訓盲院設立	
	1884（明治17）	池上雪枝が不良少年の保護施設を設立	
	1885（明治18）	高瀬真卿が東京感化院を設立	
	1887（明治20）	石井十次が岡山孤児院を設立（孤児院、小舎制、里預け制度導入）	
	1890（明治23）	小橋勝之助が博愛社を設立、赤沢鍾美が私立静修学校設立（日本で最初の託児所）	
	1891（明治24）	石井亮一が滝乃川学園を設立（日本で最初の知的障害児施設）	1894-95　日清戦争
	1899（明治32）	留岡幸助が家庭学校を設立	
	1900（明治33）	野口幽香・森島美根が二葉幼稚園（貧民幼稚園）を設立	
	1900（明治33）	感化法制定	
	1903（明治36）	井沢修二が楽石社（言語障害児の施設）設立	1904-05　日露戦争
	1908（明治41）	感化法改正（道府県に感化院の設置義務）	
	1909（明治42）	脇田良吉が白川学園（知的障害児の教育施設）設立	
大正			1916　工場法施行
	1922（大正11）	少年法・矯正院法制定	1923　関東大震災

昭和		
1929（昭和4）	恤救規則に代わり救護法制定（昭和7年施行）	
1933（昭和8）	旧・児童虐待防止法と少年教護法制定（感化法廃止）（感化院は少年教護院となり、少年鑑別所が併設に）	1937-45 日中戦争 1938 厚生省設置 1941-45 太平洋戦争
1945（昭和20）	戦災孤児等保護対策要綱決定	1945 終戦
1947（昭和22）	児童福祉法制定（戦災孤児、浮浪児等の緊急保護）	1946 日本国憲法制定 1947-49 第一次ベビーブーム
1948（昭和23）	厚生省が全国孤児一斉調査 児童福祉施設最低基準制定（現・児童福祉施設の設備及び運営に関する基準）	
1951（昭和26）	児童憲章制定	1955-73頃 高度経済成長期
1959（昭和34）	国連で児童の権利に関する宣言（児童権利宣言）採択	
1961（昭和36）	児童扶養手当法制定	
1964（昭和39）	母子福祉法（現・母子及び父子並びに寡婦福祉法）、特別児童扶養手当法制定	1964 東海道新幹線開業 東京オリンピック開催
1971（昭和46）	児童手当法制定	1971-74 第二次ベビーブーム

平成		
1989（平成元）	国連で児童の権利に関する条約採択	
1994（平成6）	児童の権利に関する条約批准	1990 「1.57ショック」 1994 エンゼルプラン
1997（平成9）	児童福祉法の大改正（児童福祉施設名称変更、児童の自立支援の強化等）	1995 阪神・淡路大震災
2000（平成12）	児童虐待防止法制定、社会福祉法成立（措置制度から契約制度へ）	2003 次世代育成支援対策推進法 少子化社会対策基本法 2006 認定こども園制度開始
2008（平成20）	児童福祉法改正（小規模住居型児童養育事業（ファミリーホーム）、里親制度改革）	2011 東日本大震災 （児童虐待の増加） 2012 子ども子育て関連3法制定
2016（平成28）	児童福祉法改正（自治体の役割の明確化、児童相談所の体制強化、社会的養護における家庭養育優先の原則等）	
2017（平成29）	厚生労働省が「新しい社会的養育ビジョン」発表	

令和		
2022（令和4）	児童福祉法改正（こども家庭センター設置、社会的養護や児童の自立支援の充実、児童養護施設等の年齢制限の撤廃等〔施行は2024（令和6）年〕）、こども基本法制定	2022 成人年齢18歳に （4月から）
2023（令和5）	こども家庭庁発足	

社会的養護Ⅰ

第2版

監修
公益財団法人
児童育成協会

編集
相澤 仁
林 浩康

新 基本保育シリーズ

6

中央法規

新・基本保育シリーズ
第2版刊行にあたって

　保育所がお預かりしているものは「命」です。そしてその命は「日本の未来」です。私たちは、子どもの最善の利益と最大の発達を保護者とともに守り育んでいくことが使命です。そのためにはすべての子どもが、生涯にわたる人格形成の基礎を築き、自律し、自立した個人として楽しみながら健やかに成長することができること、それがどのような環境におかれている子どもにも等しく保障されることが活動に反映されなければなりません。

　また、私たちは保育事業の専門家として、日々の活動が独断と偏見に陥らないように科学的視点に立って、省察的に振り返りながら実践することが欠かせません。そのためには、私たちがめざすものが学問的・社会的に承認を受けた最新の指標に基づいていることを常に確認しながらの保育でなければなりません。

　前回の改訂（2019（平成31）年）以降、「保育・幼児教育」の根幹をなす重要事項の改正はありませんが、教授内容に関連する法制度やガイドライン等の改正、主要な統計の更新・新規公表などが行われています。主なものを以下に列挙します。

・法制度としては、児童福祉法、児童虐待防止法、子ども・子育て支援法、こども基本法など。

・国の方針やガイドラインとしては、保育所における自己評価ガイドライン、少子化社会対策大綱、日本人の食事摂取基準、授乳・離乳支援ガイド、食育推進基本計画、保育所におけるアレルギー対応ガイドラインなど。

・その他、子ども関連・社会的養育関連の統計更新、こども家庭庁の創設など。

　これらをふまえ、以下の4巻を改訂することにいたしました。

　第3巻　子ども家庭福祉（講義科目）、第4巻　社会福祉（講義科目）

　第5巻　子ども家庭支援論（講義科目）、第6巻　社会的養護Ⅰ（講義科目）

　本シリーズは、2018（平成30）年、新たに制定された保育士養成課程の教科目の教授内容に準拠し、保育者に必要な基礎知識の習得を基本に、学生の皆さんが理解しやすく、自ら考えることを重視した視点で作成しています。また、構成は養成校での講義を想定した講立てになっており、使いやすさにも配慮しました。

　本シリーズが、保育者養成の現場や保育者をめざす学生の皆さんに広く活用されることをこころより祈念しております。

公益財団法人　児童育成協会

新・基本保育シリーズ
刊行にあたって

　認可保育所を利用したくても利用できない、いわゆる「保育所待機児童」は、依然として社会問題になっています。国は、その解消のために「子育て安心プラン」のなかで、保育の受け皿の拡大について大きく謳っています。まず、2020年度末までに全国の待機児童を解消するため、東京都ほか意欲的な自治体への支援として、2018年度から2019年度末までの2年間で必要な受け皿約22万人分の予算を確保するとしています。さらに、女性就業率80％に対応できる約32万人分の受け皿整備を、2020年度末までに行うこととしています。

　子育て安心プランのなかの「保育人材確保」については、保育補助者を育成し、保育士の業務負担を軽減するための主な取り組みとして、次の内容を掲げています。

・処遇改善を踏まえたキャリアアップの仕組みの構築
・保育補助者から保育士になるための雇上げ支援の拡充
・保育士の子どもの預かり支援の推進
・保育士の業務負担軽減のための支援

　また、保育士には、社会的養護、児童虐待を受けた子どもや障害のある子どもなどへの支援、保護者対応や地域の子育て支援など、ますます多様な役割が求められており、保育士の資質および専門性の向上は喫緊の課題となっています。

　このような状況のなか、2017（平成29）年3月の保育所保育指針、幼稚園教育要領、幼保連携型認定こども園教育・保育要領の改定・改訂、2018（平成30）年4月の新たな保育士養成課程の制定を受け、これまでの『基本保育シリーズ』を全面的に刷新し、『新・基本保育シリーズ』として刊行することになりました。

　本シリーズは、2018（平成30）年4月に新たに制定された保育士養成課程の教科目の教授内容等に準拠し、保育士や幼稚園教諭など保育者に必要な基礎知識の習得を基本に、学生が理解しやすく、自ら考えることにも重点をおいたテキストです。さらに、養成校での講義を想定した目次構成になっており、使いやすさにも配慮しました。

　本シリーズが、保育者養成の現場で、保育者をめざす学生に広く活用されることをこころから願っております。

公益財団法人　児童育成協会

はじめに

　すべての国民は、明日を担うかけがえのない存在である子どもが、健やかに育つことを願っている。しかしながら児童虐待など子どもの問題も深刻化・顕在化しており、それにともない児童福祉施設や里親など社会的養護のもとで生活する子どもは増えている。

　子どもは未来の社会をつくる大切な存在であり、いかなる環境のもとで育った子どもであっても人格は尊重され、状況に応じた子どもの最善の利益を考慮し、その健やかな育ちが等しく確実に保障されることが求められている。

　本来、子どもは安全かつ安心のできる家庭環境で成長・発達すべき存在であり、社会は子どもが豊かに生活するための十分な環境を準備するべきである。しかしながら、何らかの事情で、その家庭環境を奪われた子ども、あるいはその家庭環境にとどまることが望ましくない子どもが少なからずいる。こうした子どもは国が保障する特別の保護および援助を受ける権利を有している。そのために国が整備した1つの特別の保護および援助体制が社会的養護である。

　したがって、社会的養護関係者は、子どもが心身ともに健全に成長・発達することのできる養育環境を整備し、一人ひとりの子どものニーズに応じた養育・支援を提供することにより、社会へ巣立つ際には、社会的養護のもとで育った子どもを、ほかの子どもたちと公平なスタートを切ることができるまでに育成することが求められている。

　そのためにも、社会的養護関係者は、あらゆる社会資源を活用しながら、関係するすべての方々と協働・連携して、総力をあげて取り組んでいくことが必要である。子どもの養育・支援のあり方はもとより、社会的養護に関する制度・施策についても十分に理解し、子どもの養育・支援に役立てていかなければならない。

　2016（平成28）年6月に児童福祉法が改正され、理念として子どもが権利の主体であることが明確化されたとともに、原則として家庭での養育が優先された。さらに改正された主な内容としては、母子健康包括支援センターの全国展開、市町村および児童相談所の体制の強化、里親委託の推進や年長児童の自立支援等があげられる。

2017（平成29）年８月には改正児童福祉法の理念を具体化するために「新しい社会的養育ビジョン」が公表された。ビジョンでは、在宅措置ケースについても社会的養護の一部と位置づけ、社会的養護の対象を拡大している。また、里親への包括支援体制の抜本的強化や里親制度の改革、永続的解決としての特別養子縁組の推進、子どものニーズに応じた養育の提供と施設の抜本改革などの着実な推進に向けての工程も示されている。

　また、2022（令和４）年６月に、すべての子どもが、その状況や環境などにかかわらず、人格形成の基礎を築き、自立した個人として健やかに成長ができ、将来にわたって健幸な生活を送ることができる社会の実現をめざして子ども施策を総合的に推進する「こども基本法」と、そのための新たな司令塔であるこども家庭庁を創設する「こども家庭庁設置法」が成立した。同時に子育て世帯に対する包括支援のための体制強化や子どもの意見聴取等のしくみの整備などが盛り込まれた児童福祉法が改正された。

　本書では、こうした新たな法律の制定や大幅な法改正などを受けて、それらに即した内容にするため、各講の記述の修正はもとより新たなコラムや資料を盛り込むなどの改訂を行った。

　本シリーズのなかでも、本書は、大学や専門学校などで保育士になるために日々勉学に励まれている学生のみなさんや、子どもを保育している保育士のみなさんなどに、こうした社会的養護の理念、制度、方法（実践）など基本的な内容について理解していただくために作成したテキストである。子どもの心に思いを馳せながら読み進めていただきたい。

　保育関係者の方々には、本書を有効活用していただき、社会的養護のもとで生活する子どもの養育などを行う保育士としての人間性や専門性の向上に役立てていただけたら幸甚である。

　　2022年12月

　　　　　　　　　　　　　　　　　　　　　　　相澤　仁・林　浩康

本書の特徴

- 3Stepによる内容構成で、基礎から学べる。

- 国が定める養成課程に準拠した学習内容。

- 各講は見開きで、見やすく、わかりやすい構成。

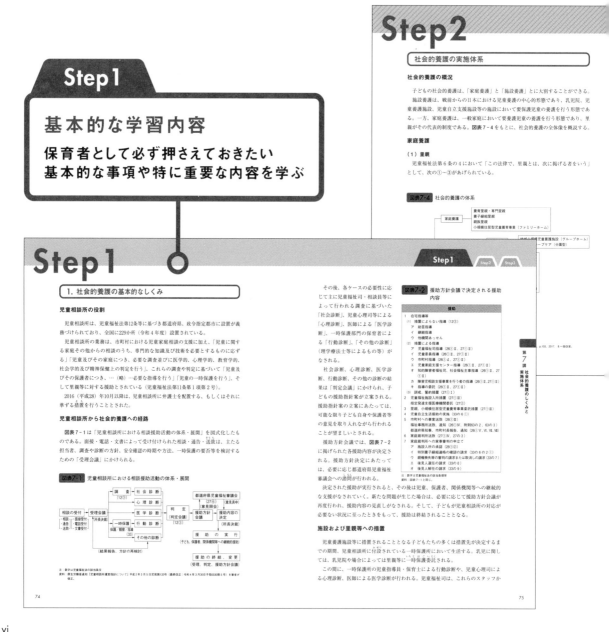

Step3

社会的養護に関する実施体系の将来

2011年7月の「社会的養護の課題と将来像」

図表7-5は、2011（平成23）年7月に児童養護施設等の社会的養護の課題に関する検討委員会・社会保障審議会児童部会社会的養護専門委員会によって発表された「社会的養護の課題と将来像」に示されたものである。

本報告では、日本の社会的養護では施設に入所する子どもたちが9割という現状から、「施設養護」「家庭養護」「家庭的養護」をそれぞれ3分の1ずつの割合にしていくという社会的養護の将来像が具体的に提示されることとなった。

さらに社会的養護に共通する課題として、「施設の運営の質の向上」「施設職員の専門性の向上」「親子関係の再構築支援の充実」「自立支援の充実」「子どもの権利擁護」「施設機能の在り方と相互連携」「社会的養護の地域化と市町村との連携」があげられた。これらの課題を改善するために、「社会的養護の課題と将来像」は「家庭的養護推進計画」と「都道府県推進計画」と連動する形で、2029（令和11）年を目標に計画的な推進が進められていた。

2017年8月の「新しい社会的養育ビジョン」

2017（平成29）年8月、「新しい社会的養育ビジョン」が策定された（168、197

ページ参照）。その内容は、2016（平成28）年の改正児童福祉法の理念を取り入れ、さらには2029（令和11）年を目標にしていた「社会的養護の課題と将来像」における数値目標を大幅に短縮した抜本的な見直し案であった（図表7-6）。

「新しい社会的養育ビジョン」における改革項目は、「市区町村の子ども家庭支援体制の構築」「児童相談所の機能強化と一時保護改革」「里親への包括的な支援体制（フォスタリング機関）の抜本的強化と里親制度改革」「永続的解決（パーマネンシー保障）としての特別養子縁組の推進」「乳幼児の家庭養育原則の徹底と、年限を明確にした取組目標」「子どもニーズに応じた養育の提供と施設の抜本改革」「自立支援（リービング・ケア、アフター・ケア）」「担う人材の専門性の向上など」「都道府県計画の見直し、国による支援」等、多岐にわたる。

しかし、特に社会的養護関係者に議論を巻き起こしている点は、おおむね5年以内に3歳児未満の里親委託率を75%にする、すなわち乳児院の施設養護機能が大きく変化する可能性がある点と、施設養護の「本体施設」は改革への対応がせまられているという点であった。特に、児童虐待通告件数が多い都市部では里親に委託することが困難なケースが多く、家庭養護だけでなく施設養護も増やす必要性があるという批判の声が関係者から上がることとなった。

図表7-6 「新しい社会的養育ビジョン」の数値目標および期限

資料：厚生労働省「新しい社会的養育ビジョン」および「社会的養護の課題と将来像」より抜粋し本稿作成。

83

---

①-ⅰ養育里親
保護者のない児童または保護者に監護させることが不適当であると認められる児童（「要保護児童」）を養育することを希望し、かつ、厚生労働省令で定める要件を満たす者であって、養育里親名簿に登録されたものをいう。

①-ⅱ専門里親
厚生労働省令で定める要件に該当する養育里親であって、①児童虐待等の行為により心身に有害な影響を受けた児童、②非行のあるもしくは非行に結びつくおそれのある行動をする児童、または③身体障害、知的障害もしくは精神障害がある児童のうち、都道府県知事がその養育に関し、特に支援が必要と認めたものを養育するものとして養育里親名簿に登録されたものをいう。

②養子縁組里親
養子縁組児童を養育することを希望する者であって、養子縁組によって養親となることを希望するもののうち、養子縁組里親名簿に登録されたものをいう。

③親族里親
要保護児童の扶養義務者およびその配偶者である親族で、要保護児童の両親その他保護者が当該児童を現に監護する者が死亡、行方不明、拘禁、疾病による入院等の状態となったことから、これらの者による養育が期待できない要保護児童の養育を希望する者のうち、都道府県知事が児童を委託する者として適当と認めるものをいう。

（2）小規模住居型児童養育事業（ファミリーホーム）
里親のうち5～6名の子どもを家庭的な環境のもとで養育する「小規模住居型児童養育事業（ファミリーホーム）」の形態をとるものも増えてきている。ファミリーホームの養育は、小規模住居型児童養育事業を行う住居に生活の本拠をおくものに限られ、「養育者2名（配偶者）＋補助者1名」が基本的な形態である。

施設養護

（1）乳児院
乳児院は児童福祉法第37条において「乳児（保健上、安定した生活環境の確保その他の理由により特に必要のある場合には、幼児を含む。）を入院させて、これを養育し、あわせて退院した者について相談その他の援助を行うことを目的とする施設」と定められており、乳幼児の基本的な養育機能に加え、被虐待児・病児・障害児などの専門的養育機能をもつ。在所期間は、6か月未満が約5割である。

児童相談所一時保護所は、乳児への対応ができない場合が多いため、乳児については乳児院が児童相談所から「一時保護委託」を受け、アセスメントを含めて実質

Step3

発展的な学習内容
近年の動向、関連領域の知識など、
発展的な内容を学ぶ

Step2

基本を深めた学習内容
Step1をふまえ、より詳しい内容、
多様化する保育者の役割、
児童福祉や教育との関連などを学ぶ

保育士養成課程——本書の目次
対応表

　指定保育士養成施設の修業教科目については国で定められており、養成課程を構成する教科目については、通知「指定保育士養成施設の指定及び運営の基準について」（平成15年雇児発第1209001号）において、その教授内容が示されている。

　本書は保育士養成課程における「教科目の教授内容」に準拠しつつ、授業で使いやすいよう全15講に目次を再構成している。

社会的養護Ⅰ「教科目の教授内容」	本書の目次
1. 現代社会における社会的養護の意義と歴史的変遷	
（1）社会的養護の理念と概念 →	第1講　社会的養護の理念と概念
（2）社会的養護の歴史的変遷 →	第2講　社会的養護の歴史的変遷
2. 社会的養護の基本	
（1）子どもの人権擁護と社会的養護 →	第3講　子どもの人権擁護と社会的養護
（2）社会的養護の基本原則 →	第4講　社会的養護の基本原則
（3）社会的養護における保育士等の倫理と責務 →	第5講　社会的養護における保育士等の倫理と責務
3. 社会的養護の制度と実施体系	
（1）社会的養護の制度と法体系 →	第6講　社会的養護の制度と法体系
（2）社会的養護の仕組みと実施体系 →	第7講　社会的養護のしくみと実施体系
	第8講　社会的養護とファミリーソーシャルワーク
4. 社会的養護の対象・形態・専門職	
（1）社会的養護の対象 →	第9講　社会的養護の対象と支援のあり方
（2）家庭養護と施設養護 →	第10講　家庭養護と施設養護
（3）社会的養護に関わる専門職 →	第11講　社会的養護にかかわる専門職
5. 社会的養護の現状と課題	
（1）社会的養護に関する社会的状況 →	第12講　社会的養護に関する社会的状況
（2）施設等の運営管理 →	第13講　施設等の運営管理の現状と課題
（3）被措置児童等の虐待防止 →	第14講　被措置児童等の虐待防止と現状と課題
（4）社会的養護と地域福祉 →	第15講　社会的養護と地域福祉の現状と課題

CONTENTS

第12講　社会的養護に関する社会的状況

第13講　施設等の運営管理の現状と課題

第14講　被措置児童等の虐待防止の現状と課題

第15講　社会的養護と地域福祉の現状と課題

参考資料

索引

企画委員一覧

編集・執筆者一覧

第 1 講

社会的養護の理念と概念

これから社会的養護について学んでいくうえで、はじめに「社会的養護とは何か」社会的養護の概念について理解し、その根本的な考え方である理念や原理について学ぶことが必要である。

そのため、本講では、社会的養護の概念およびその理念と原理について学ぶ。最初に、社会的養護の概念と基本的な理念について学ぶ。次に、社会的養護の原理について学ぶ。最後に、理念や原理に基づいた社会的養護の基盤づくりについて考えていく。

Step 1

1. 社会的養護とは何か

　社会的養護とは何を意味しているのであろうか。厚生労働省は「社会的養護とは、保護者のない児童や、保護者に監護させることが適当でない児童を、公的責任で社会的に養育し、保護するとともに、養育に大きな困難を抱える家庭への支援を行うこと」としている。

　本来、子どもは、1人の人間として尊重され、幸福、愛情および理解のある雰囲気に包み込まれた家庭生活のなかで、その親に大切に育てられ、健やかに成長・発達すべき存在である。しかしながら、世の中には親のいない子どもなど何らかの事情でその家庭環境を奪われた子ども、あるいは親による不適切なしつけや虐待、貧困などによってその家庭環境にとどまることが認められない子どもが少なくない。こうした子どもは国が与える特別の保護および援助を受ける権利を有している。そのために国が整備した、1つの特別の保護および援助体制が社会的養護である。

　社会的養護は、子どもが心身ともに健全に成長・発達できる養育環境を整備し、一人ひとりの子どものニーズに応じた養育・支援を提供することにより、社会へ巣立つ際には、社会的養護のもとで育った子どもを、ほかの子どもたちと公平なスタートを切ることができるまでに育成することが求められているのである。

　そのためにも、社会的養護に関係する者はもとより、地域住民など関係するすべての人と連携・協働して、この課題に総力をあげて、あらゆる社会的資源を活用しながら、社会全体で取り組んでいくことが必要である。

2. 社会的養護の基本理念

　社会的養護の基本理念と原理については、厚生労働省で策定し、通知として発出された①児童養護施設運営指針、②乳児院運営指針、③情緒障害児短期治療施設（現・児童心理治療施設）運営指針、④児童自立支援施設運営指針、⑤母子生活支援施設運営指針、⑥里親及びファミリーホーム養育指針において示されている。そして6つの指針で示された基本理念と原理の内容は、それぞれの目的や役割などの違いがあっても共通したものになっている。このことは、社会的養護（5つの児童福祉施設と里親・ファミリーホーム）における養育・支援などは、共通してめざすべき方向性や基本的な考え方に基づいて実施することを意味している。

　それでは、6つの指針にはどのような共通した基本理念が掲げられているのであろうか。その1つは「子どもの最善の利益のために」であり、もう1つは「すべて

の子どもを社会全体で育む」である。この2つが社会的養護の基本理念である。

子どもの最善の利益のために

　子どもの最善の利益は、1994（平成6）年に日本が批准した「児童の権利に関する条約」（児童の権利条約）において掲げられた基本原則である。この条約第3条には「児童に関するすべての措置をとるに当たっては、……児童の最善の利益が主として考慮されるものとする」と規定されており、子どもの福祉に際しては「子どもの最善の利益」を第1に考慮するものとされている。国は、この基本原則を子どもの権利擁護を図るためのしくみである社会的養護の基本理念として定めている。

　したがって、子どもの福祉にかかわるすべての人は、子どもの最善の利益のために何をすべきなのか最優先に考え実践しなければならない。

○子どもの権利に関する宣言における「最善の利益」

> **児童の権利に関するジュネーブ宣言（ジュネーブ宣言）**
> 　すべての国の男女は、人類が児童に対して最善のものを与えるべき義務を負うことを認め、…（略）…かつ自己の義務として受諾する。
> **児童の権利に関する宣言（児童権利宣言）　前文**
> 　人類は、児童に対し、最善のものを与える義務を負うものであるので、…（略）…立法その他の措置によってこれらの権利を守るよう努力することを要請する。

すべての子どもを社会全体で育む

　児童福祉法では、「全て児童は、児童の権利に関する条約の精神にのっとり、適切に養育されること、その生活を保障されること、愛され、保護されること、その心身の健やかな成長及び発達並びにその自立が図られることその他の福祉を等しく保障される権利を有する」（第1条）という理念が規定されている。

　また、「全て国民は、児童が良好な環境において生まれ、かつ、社会のあらゆる分野において、児童の年齢及び発達の程度に応じて、その意見が尊重され、その最善の利益が優先して考慮され、心身ともに健やかに育成されるよう努めなければならない」（第2条第1項）という国民の努力義務が規定されている。

　このように、子どもは権利の主体として社会的養護を受ける権利を有しており、国は、「すべての子どもを社会全体で育む」を社会的養護の基本理念として定めた。

　したがって、社会的養護関係者はもとより地域住民とともに社会全体で、社会的養護の必要な子どもたちを健やかに育てていくことが求められているのである。

Step2

　「子どもの最善の利益のために」「すべての子どもを社会全体で育む」の2つの理念をふまえ、国は、社会的養護の原理として、①家庭的養護と個別化、②発達の保障と自立支援、③回復をめざした支援、④家族との連携・協働、⑤継続的支援と連携アプローチ、⑥ライフサイクルを見通した支援、の6つを掲げている。ここでは国が掲げた6つの原理について概説し、筆者による説明を加えた。

家庭的養護と個別化

　すべての子どもは、子どもにとって適切でふさわしい家庭的な養育環境のなかで、安心感や信頼感をもって自身をゆだねることのできる養育者によって、個々の状態やニーズに応じながらきめ細やかにていねいに養育されるべきである。

　このような養育によって、一人ひとりの子どもが愛され、理解され、大切にされていると感じることのできる質の高い内容を提供することや、子どもが将来に夢や希望をもてる生活を保障していることが必要である。

　そして、こうした養育は、家庭での「あたりまえの生活」によって行われている場合が多い。子どもにとって「あたりまえの生活」とは、日常的に何気なく繰り広げられている家庭生活のことである。こころ温まる食事の提供、心身をゆっくりと癒したり休息したりできる場の提供などはもとより、問題や悩みごとがあれば相談し解決を図ったり、病気になれば看病してもらえたり、あるいはメンバーで娯楽を楽しんだりするような心身の安定や健康を図ることのできる営みである。

　施設で生活する子どもにも、家庭で一般的にみられる相手への配慮がすり込まれているさり気ないふるまいやしぐさによって展開されている何の変哲もないありふれた営み、すなわち「あたりまえの生活」を保障しなければならない。このような平凡な幸せを感じられるような「あたりまえの生活」の営みによって、子どもの養育を行いつつ、子どもの状況に応じた個別的な対応を行うことが大切なのである。

　養育者は、えてして意識されないうちに行われている「あたりまえの生活」について、疑問を抱かずに営んでいる場合が少なくない。「あたりまえの生活」であっても、その過程を評価しながら、常によりよい内容を維持し、変えていく努力を怠ってはいけない。それはとりもなおさず創意工夫であり、創意工夫をすることこそが日常生活におけるあたり前の営みなのである。

　人は、日常生活のなかでより「あたりまえの生活」を行おうとすればするほど、それができない事態に遭遇することになり、そこに「ずれ」を感じるようになる。

まして社会的養護の現場では、思い描いたような「あたりまえの生活」を展開しづらく、より多くの「ずれ」を感じている。したがって、その「ずれ」を課題にして創意工夫をしながら生活を展開していくことになる。「あたりまえの生活」を営むためには、創意工夫は必要不可欠なのである。

　「あたりまえの生活」というと、多くの人が一定の変化のない規則正しい生活をイメージするかもしれない。しかしながら、現実の生活ではそのような生活を営もうとするためには、養育者が生活する個々の子どもの状況の変化に気づき、そのニーズに配慮しながら、内容を変えることによって、はじめて「あたりまえの生活」を営むことが可能になる。そしてその創意工夫こそが、子どものこころに届き、自分自身と向き合うエネルギーとなるとともに、養育者の力量形成にもつながるのである。

　施設や養育者が「この日課や行事は伝統的に実施してきたのだからこのままでよい」という判断を下すということがあるとすれば、それは自分たちのやり方に合わせてもらうことを子どもに強いることを意味しているのである。そうではなく、子どものニーズにより適切に応じるために、日課や行事に創意工夫を加えながら営んでいくことこそが大切であり、筆者はこれもまた「あたりまえの生活」の重要な構成内容の1つであると考えている。

　また、国は「家庭養護」「家庭的養護」の推進とともに、一人ひとりの子どもをアセスメントに基づいてていねいにきめ細かく育む「個別化」を推進しようと考えている。したがって、施設および養育者には、個々の子どものアセスメントに基づき、そのニーズにマッチしたプランを立て、自立支援を展開することが求められている。

発達の保障と自立支援

　「児童の権利に関する条約」（児童の権利条約）には、「締約国は、児童の生存及び発達を可能な最大限の範囲において確保する」（第6条）と定められている。また、子どもの教育において指向すべきこととして「児童の人格、才能並びに精神的及び身体的な能力をその可能な最大限度まで発達させること」（第29条）と定められている。

　したがって、施設においても子どもの最大限の発達を確保しなければならない。子ども期には新生児期、乳児期、幼児期、学童期、思春期などの発達段階があり、その段階ごとに発達課題がある。養育者は、個々の子どもの発達・発育状態やレディネス（準備性）をふまえて、子ども自身が各段階での発達課題を達成できるよ

うに養育・支援することを求められている。

　特に、乳児期（生後18か月ごろまで）はアタッチメント（愛着）の発達にとって重要な時期となる。子どもは、この世に生まれてくると、家庭のなかでそのままの存在を受容され包み込まれる。その子どもがその子どもらしく健やかに育っていくためには、家庭という居場所のなかで、ある程度自由にふるまいながらも承認される営みや、癒されくつろぎを感じられる営みを通して、自分の存在価値、自尊感情、自己信頼感等を十分に実感させることが必要である。子どものニーズにそったやり方で応答していくことによって、子どもは自他に対する基本的信頼感を獲得していくのである。

　幼児期（就学まで）は言葉と運動の発達が顕著な時期であり、社会生活を営んでいくうえで必要な自己調整力や対人関係スキルなどを学び育む時期である。

　児童期（小学生の時期）において、子どもは社会生活に必要な知識や行動を獲得していく。具体的には、同年代の友人や仲間と同等に課題を達成できることが求められており、成功できると勤勉に学業などに取り組むことができるようになる一方で、失敗を繰り返すと劣等感を抱いてしまい、意欲が削がれてしまうことになる。

　思春期以降において、子どもは心身ともに大人になるための著しい変化を経験する時期である。移り変わっている自分自身にとまどいながらも自分の内面や存在に着目して問い直しながら、心理的自立に向けて発達していく。

　子どもの最大限の発達を確保するために重要なことは、子どもと養育者との間に基本的信頼感が形成、維持され、子ども自身が自己肯定感や自尊感情などをもちつつ主体的に物ごとに取り組めるように、よりよい環境づくりをすることである。

　子どもの自立や自己実現をめざして、子どもの主体的な活動を大切にするとともに、さまざまな生活体験などを通して、自立した社会生活に必要な基礎的な生活力を形成できるような生活環境づくりが必要なのである。

　社会的養護のもとで生活していた子どもが社会への巣立ちの時期を迎えたときには、子どもが退所後も安心して安定した生活を営んでいけるように、それまで以上に配慮しつつスモールステップ（12ページ参照）などの方法を用いながら慎重に支援していくことが大切になる。施設は、18歳以降も自立のために施設内での支援が必要と判断された子どもについては、20歳まで入所可能となる措置延長制度を積極的に活用すること、あるいは退所した子どもについてはていねいなアフターケア（106ページ参照）を行うことなど、子ども自身が自立して一人前になるために必要な継続的支援を求められているのである。

回復をめざした支援

　近年、施設で育つ子どものなかには、被虐待体験などによりこころに傷のある子どもが増加している。そうした子どもには、癒しや回復をめざした専門的ケアや心理的ケアなどの治療的な支援が必要となる。

　虐待を受けた子どもは、身体的な暴力によって生じる傷だけでなく、情緒や行動、自己認知・対人認知、性格形成など、非常に広範囲で深刻なダメージを受けている場合が少なくない。多くの子どもは、虐待を受けたことによって、本来「大切にされる体験」によって獲得されるべき「安心感」や「自信」を得られていない。

　虐待や不適切な養育環境から子どもたちを守るために、親子分離が行われ、この分離により子どもは、家族や親族、友だち、近所の住人、保育士や教師など地域で慣れ親しんだ人々との別れを経験することになる。多くの子どもが、虐待によるこころの傷に加えて養育環境からの分離という経験も重なり、「深刻な生きにくさ」をかかえることになる。したがって、施設の役割は、「安全で、安心感をもてる場所」となり、「大切にされる体験」を提供し、人への信頼感や自己肯定感（自尊心）を取り戻すための支援を行うことである。

　被虐待体験は、子どもにさまざまな影響を及ぼす。例えば、ささいなことで激しく怒り出したり、暴力によって問題解決を図る傾向が強まったりする。このような子どもに対しては、安全で安心できる環境を提供し、あたり前の日常生活の積み重ねのなかで、子ども自身が潜在的にもつ回復力をゆっくりと引き出し、被虐待体験による影響を修復していく治療的な支援が大切になる。

　子どもは本来、家庭で親によって育てられることが望ましい。なぜならば、親は子どもにとってかけがえのない存在であるからである。したがって、施設は、子どもができるだけ家庭復帰できるように、児童相談所とともに、子どもを虐待してしまった保護者に対して、虐待の再発を防ぐために必要な養育機能を高める支援などを提供することを求められている。

家族との連携・協働

　保護者がいない子どもや保護者がいても養育が困難だったり、保護者が不適切な養育を行ったり、あるいは虐待をしてしまうなど、「安心して自分をゆだねられる保護者」がいない子どもがいる。また一方で、子どもを適切に養育することができず、悩みをかかえている保護者もいる。さらに、配偶者による暴力（ドメスティック・バイオレンス（DV））などによって「適切な養育環境」を保てず、困難な状況

におかれている親子もいる。

　社会的養護とは、このような子どもや保護者の問題状況の解決や緩和をめざして、それに的確に相応するために、保護者とともに、保護者を支援しながら、あるいは保護者に代わって、子どもの最善の利益を考慮しつつ子どもの健やかな発達や養育を保障していく包括的な取り組みである。

継続的支援と連携アプローチ

　施設における子どもへの支援は、そのはじまりとしてのアドミッションケア（102ページ参照）からアフターケア（106ページ参照）まで継続しており、できる限り特定の養育者による一貫性のある養育が望ましい。子どもが施設に入所したあと、担当の職員が次々と変わり、そのたびに養育や支援の方針が変わったり、職員が変わる際に子どもへていねいな説明（職員の思いやこれからの生活など）がなかったりすれば、「子どもの最善の利益」が考慮されているとはいえない。

　しかしながら、子どもの入所が長期間になった場合、その子どもを入所から退所まで同じ職員が担当することが困難になる場合がある。あるいは措置変更により子どもが施設を移る場合もありうる。そうした場合、その子どもに対して、それぞれの施設、里親、児童相談所等のさまざまな社会的養護の担い手は、それぞれの専門性を発揮しながら、巧みに連携し合って、適切かつていねいな支援を提供することを求められている。すなわち、一人ひとりの子どもの社会的自立や親子の支援をめざしていく社会的養護の連携アプローチが求められているのである。

　連携アプローチには、例えば、児童養護施設に入所中の子どもが、児童心理治療施設へ通所して心理的ケアを受けるといった、同時に複数の社会的養護の担い手が連携して支援するような取り組みがある。また、養育者の変更や他施設への措置変更などが生じた際に、一貫性のある養育を保障するため、児童相談所や市町村等の関係機関も加わり、よりていねいな引き継ぎを行う連携アプローチなどもある。このように、社会的養護の担い手には、同時に複数で連携して支援に取り組んだり、支援を引き継いだり、あるいはもとの支援主体が後々まで継続的なかかわりをもつなど、それぞれの機能を有効に補い合い、重層的な連携を強化することによって、支援の一貫性・継続性・連続性というトータルなプロセスを確保していくことが求められているのである。

　また、社会的養護における養育は、「人とのかかわりをもとにした営み」である。子どもが歩んできた過去と現在、そして将来をよりよくつなぐために、一人ひとりの子どもに提供される社会的養護の過程は、「つながりのある道すじ」として、子

ども自身にも理解されるような内容でなければならない。そのためには、子どもにかかわった養育者との思い出などがその子どものこころのなかに残り、「自分は愛され、見守られ、大切にされてきた」という気持ちを育めるように支援していくことが大切である。

　なお、子どもの記録やその引き継ぎ、そのつながりを子ども自身が理解できるツールについて、社会的養護関係者で構成された「社会的養護における「育ち」「育て」を考える研究会」で検討が重ねられ、2011（平成23）年には「育てノート」、また2012（平成24）年には「育ちアルバム」が作成されている（国立武蔵野学院ホームページ（http://www.mhlw.go.jp/sisetu/musashino/））。

　「育てノート」は養育者が作成し、引き継いでいく記録であり、「育ちアルバム」は、子どもの意思を尊重し、子どもが主体となって作成する、子どものための生い立ちの記録である。

ライフサイクルを見通した支援

　施設や養育者は、社会的養護のもとで育った子どもの社会生活を見通した支援を提供するとともに、退所後や委託終了後も長く関係性を保持し、帰属意識をもつことができる場や存在になっていくことが重要である。

　施設や里親から巣立っていった子どもとのかかわりを継続するためには、アドミッションケアからアフターケアまでの養育者によるコミュニケーションや生活の質の良し悪しにかかっている。養育者には子どもとの間に信頼感を形成できるようなかかわりの質が求められているのである。

　自立して社会生活を営んでいる子どもが、孤立感にさいなまれ、対処できる課題も解決できず、結果として苦境に陥ってしまうような場合が少なくない。このような事態を防ぐためにも、子どもが気がねなく気軽に相談できるような関係性や施設等への帰属意識を育てることが重要である。

　また、養育される側であった子どももやがて親となり、子どもを養育する側になっていく。このような、世代をつないで繰り返されていく子育てのサイクルを考慮に入れた支援を行うことも必要である。

　さらに、虐待を経験した子どもが親となったときに虐待をしてしまう、あるいは、貧困家庭に育った子どもが大人になったときに貧困状態に陥るなどの世代間連鎖が生じることが少なくない。したがって、社会的養護関係者には虐待や貧困の世代間連鎖を断ち切っていけるような支援が求められている。

Step3

社会的養護の基盤づくり

　周知のとおり、2022（令和4）年6月こども基本法（以下、「基本法」）および改正児童福祉法（以下、「改正法」）が成立した。基本法の基本理念の1つとして、「全てのこどもについて、その年齢及び発達の程度に応じて、自己に直接関係する全ての事項に関して意見を表明する機会及び多様な社会的活動に参画する機会が確保されること」と規定された。また、改正法においても、一時保護や入所措置における子どもの意見聴取等の手続の整備、児童自立生活援助対象の子どもの年齢制限の緩和などが図られた。社会的養護はこれらの規定に基づき、子どもの声を大切にして、子どもの権利擁護の推進に、今まで以上に取り組むことが求められることになったのである。

　社会的養護の変革の方向性としては、「家庭養護・家庭的養護の推進」である。国は、家庭的養護を推進していくために、原則として、地域のなかで養育者の家庭に子どもを迎え入れて養育を行う家庭養護（里親やファミリーホーム）を優先するとともに、児童養護施設、乳児院等の施設養護も、できる限り小規模で家庭的な養育環境（小規模グループケア、グループホーム）の形態に変えていく方針を打ち出している。また、家庭的養護の推進は、養育の形態の変革とともに、養育の内容も刷新していくことが重要である。

　また、改正法により、親子の再統合を図るための親子再統合支援事業、社会的養護経験者などの相互交流や必要な支援を提供する社会的養護自立支援拠点事業、子どもの意見表明を支援する意見表明等支援事業、家庭生活に支障のある特定妊婦などに必要な支援を行う妊産婦等生活援助事業、要支援児童の保護者等への訪問支援をする子育て世帯訪問支援事業など、新たに7つの事業が創設され、規定された。

　施設は、地域の拠点として、家庭復帰した子どもへの継続的なフォロー、里親支援、自立支援やアフターケア、地域の子育て家庭への支援など、地域支援機能やソーシャルワーク機能など多機能化・高機能化していくことが求められている。

スモールステップによる支援

　かつての児童福祉施設の支援は、多くの場合、退所時において個人的居場所である家庭への適応と社会的居場所である学校・職場への適応の2つのことを同時に子どもに対して求めてきた（**12ページ参照**）。養育上の問題や心理的な問題を抱えて

＊1　厚生労働省「新規学卒就職者の就職後3年以内の離職状況」（令和3年10月22日）

いる子どもに対して2つの居場所への適応を同時に求めることは大きな心理的負担をかけることになり、不適応状態になるリスクは高まる。そうでなくても中学校卒業後に就職した者の1年以内での離職率は35.8%[*1]（2018（平成30）年）と高い。

　児童福祉施設に入所している子どもに対する退所後の社会適応を図る場合には、少なくともリービングケア段階からスモールステップによって社会的居場所への適応を図ってから、次に個人的居場所への適応を図ることが大切であろう。

　どのようなケースであっても、子どもが自立した生活をするためには社会的居場所と個人的居場所は必要であり、その2つの居場所への適応はスモールステップの積み重ねの過程を経て実現されるのではないだろうか。

　具体的にどのようなスモールステップシステムによって支援をしていけばよいのであろうか。筆者は長い現場実践から、それぞれの子どもへのケア段階で必要と思われる支援を組み入れたスモールステップシステムを提案として示した。それが**図表1-1**と**図表1-2**である。

　この提案はソーシャルワークの視点からすれば、「あたり前の過程」であろう。

図表1-1

スモールステップによる子ども家庭支援システム

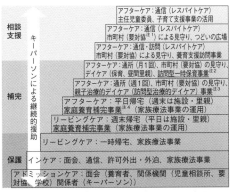

※　下線を引いた事業は筆者が考案した事業であり、注を参照。
注1：要対協は要保護児童対策地域協議会の略。
注2：訪問型一時保育事業：保護者からの申請に基づいて、その家庭に保育士を派遣し一時保育を行う市町村事業。
注3：親子治療的デイケア事業：在宅支援として、施設の地域交流スペースなどを活用して、親子のニーズに応じて親子が自由に利用できる心理治療的なデイケアを行う事業。
注4：家庭養育補完事業：精神的な障害があり、毎日養育ができない保護者など、その保護者の状況によって子どもを毎週数日間施設で預かるといった子育て家庭の養育を補完する事業。
資料：相澤仁「第2回児童養護施設等の社会的養護の課題に関する検討委員会（平成23年2月15日）資料3-2」p.6、2011. をもとに作成。

図表1-2

スモールステップによる年長児童自立支援システム

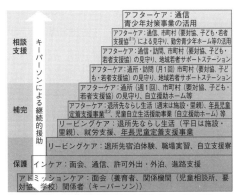

※　下線を引いた事業は筆者が考案した事業であり、注を参照。
注1：要対協は要保護児童対策地域協議会、子ども・若者支援協は子ども・若者支援地域協議会、の各略。
注2：年長児童定着支援事業：措置解除させた中学校卒業生から22歳未満の子どもまでがスムーズな社会適応を図るために一時的に施設や里親家庭で生活しながら職場への適応を図るとともにひとり暮らしの準備をするための事業。
資料：相澤仁「第2回児童養護施設等の社会的養護の課題に関する検討委員会（平成23年2月15日）資料3-2」p.6、2011. をもとに作成。

現場実践では、このような「あたり前の過程」を大切にして支援することが基本であり、すなわち、このようなシステム試案によって、児童福祉施設を退所した年長児童がスムーズに社会適応できるように支援すべきではないだろうか。

人材育成

　社会的養護を必要としている子どもがかかえている問題は深刻化していることから、社会的養護に求められている専門性はますます高くなっており、これを担う人材の育成・確保が重要な課題となっている。社会的養護を担う機関や組織においては、その取り組みの充実強化と運営能力の向上が強く求められている。

参考文献

● 相澤仁・柏女霊峰ほか編『子どもの養育・支援の原理』明石書店，2012.
● 相澤仁・野田正人編『施設における子どもの非行臨床』明石書店，2014.

COLUMN　社会的養護に関する用語

(1)　家庭養護：里親や小規模住居型児童養育事業（ファミリーホーム）のような家庭のなかで子どもを預かり、養育する形態を「家庭養護」と呼んでいる。

(2)　家庭的養護：地域小規模児童養護施設（グループホーム）や小規模グループケア等を「家庭的養護」と呼んでいる（**第7講参照**）。

(3)　アタッチメント：ボウルビィ（Bowlby, J.）により、「ある人物が特定の他者との間に結ぶ情愛的な絆（きずな）」を表すものとして提唱されたもので、「愛着」と呼ばれることもある。

(4)　スモールステップ：最初から高い目標を設定するのではなく、目標を細分化して小さな目標を掲げ、その目標を達成する体験を積み重ねながら、最終目標に近づいていく方法をいう。

(5)　個人的居場所：ここでいう個人的居場所とは、そこにいると安らぎを覚えたり、ほっとすることができ、自分であることを取り戻し実感することのできる場所をいう。その代表が家庭やひとり暮らしである。

(6)　社会的居場所：ここでいう社会的居場所とは、自分の資質や能力を発揮することが求められており、自分の存在が他人によって必要とされ役立ち認められている場所をいう。その代表が学校や職場である。

（相澤　仁）

第 2 講

社会的養護の歴史的変遷

現在の社会的養護について理解を深めるためには、社会がどのような方法で児童を養護してきたのか、その歴史を振り返る必要がある。

そのため、本講では社会的養護の歴史的変遷について学ぶ。はじめに欧米における社会的養護の歴史を学び、次にわが国における社会的養護の歴史を学ぶ。最後に、これらの歴史をふまえ、子ども観の変遷について理解する。

Step 1

1. イギリスにおける社会的養護の歩み

エリザベス救貧法と労働力としての子ども

　中世のイギリスでは、封建階級の解体や囲い込み運動の活性化によって、多くの貧民、浮浪者、犯罪者が生み出された。このような増大する貧困者への対策として、救貧を慈善家に頼ることの限界から国家的対応を迫られ、1601年にエリザベス救貧法が公的救貧制度として制定された。しかし、貧困は社会問題ではなく貧困者個人の問題としてとらえられ、貧民の抑圧と管理が行われた。孤児や棄児や貧困ゆえに親からの養育が困難な子どもは、徒弟奉公に出されて強制的に働かされた。働く意欲がないと判断された子どもは、ワークハウス（救貧労役場）に収容され、厳しい管理のもとで成人の病人や犯罪者などと一緒に労働を強いられた。

産業革命と児童問題

　18世紀末から19世紀にかけて産業革命が起こり、機械の発明や改良などによって熟練労働が不要となった。その結果、賃金の安い子どもは工場に送り込まれ、過酷な労働環境のなかで働かされるようになった。このような状況に対し、児童労働調査委員会が将来の労働力の供給源が枯渇することへ危機感を示した。また、オウエン（Owen, R.）らによる子どもの労働環境の改善、教育の必要性を訴えた運動の影響もあり、1802年に最初の「工場法」が制定された。その後、いく度かの改正を経て、1833年の「工場法」によって、9歳未満の子どもの雇用を禁止し、13歳以下の子どもの労働時間が、1日最長8時間までに制限されるなど、子どもが過酷な労働から保護される第一歩となった。

混合救済からの子どもの分離

　1869年には、浮浪児、孤児の救済・保護のために活動する全国児童ホーム（National Children's Home）が設立された。1870年にバーナード（Barnardo, T. J.）は、浮浪児などの施設としてバーナード・ホームを設立し、小舎制を採用するとともに里親委託も試みた。また、リバプール児童虐待防止協会が1883年に結成され、1889年には「児童虐待防止法」（あるいは「児童虐待防止保護法」）が成立した。

児童法の成立と福祉への展開

　1908年には、それまでの要保護児童の保護と、非行少年の処遇を統合するものと

してイギリス最初の「児童法」が成立した。この「児童法」では里子（さとご）の保護、虐待の防止、非行犯罪少年の処遇を成人から分離することなどが規定された。1918年に託児（たくじ）・保育サービスを必要とする母子のための「出産・児童福祉法」が制定され、1926年には養子を搾取（さくしゅ）や虐待から保護することを目的とした「養子法」が制定された。そして、1933年には「児童青少年法」が制定され、少年の年齢を17歳未満と規定し、雇用の制限、虐待防止の強化、児童青少年に対する処遇を刑罰（けいばつ）から福祉へ展開するなどの政策が盛り込まれた。これら子どもに関連した法律が順次制定された。

第2次世界大戦中から戦後の児童保護

1942年に、イギリス国民の生活を「ゆりかごから墓場まで」保障する「ベバリッジ報告書」が出された。その後、1946年の要保護児童に対する処遇に関する「カーチス報告書」を受けて、1948年に「児童法」が制定された。この「児童法」は、保護が必要な児童への行政の責任を明確にし、できるだけ児童を家庭から分離せず、必要がある場合は里親委託が望ましいとする家庭養育の考え方を示した。1963年および1969年の「児童青少年法」制定では、児童の福祉をまもる直接の責任者である地方当局の権限の規定や、非行少年に対してコミュニティホームにおける処遇が導入された。

児童福祉の法整備

1975年の「児童法」では、それまでの親権の尊重より子どもの安全を最優先する原則が打ち出された。1980年には子どもの福祉をまもるために、子どもへの権利侵害に対して予防的側面と保護的側面を結合した「児童ケア法」が成立した。また、1989年にはあらためて「児童法」が成立し、親は子どもに対して第一義的な責任を負うことが確認され、親と地方公共団体のパートナーシップの必要性が強調された。そして、子どもの福祉を第一に考え、親の子どもに対する扶養責任（ふようせきにん）を明確にした「児童扶養法」が1991年に成立した。その後、2004年の「児童法」では、離婚によるひとり親家庭の増加、低年齢児の保育需要の増加、虐待問題、教育問題などへの対応に向けて、子どもの保護に関する新たな施策が盛り込まれた。また、同年に発表された「子どもと学習者のための5か年戦略」と「親の選択、子どもの最善のスタート——児童ケア10年戦略」を受け、2006年に成立した「児童ケア法」によって、すべての子どもを対象とした「普遍的な児童ケア」の普及という方向性が法的に整備された。

2. アメリカにおける社会的養護の歩み

植民地時代の児童

　アメリカ独立以前の植民地時代では、勤労が美徳とされ貧しい者への救済は最小限にとどめられた。孤児などの貧しい子どもへの救済は、イギリスのエリザベス救貧法を応用した「植民地救貧法」によって行われた。イギリスと同様に徒弟となった子どもたちは労働力として扱われ、強制的な労働を強いられた。その後、徒弟制度への社会的批判が高まったことから、18世紀に入ると公立の救貧院が設立され、また孤児院などの施設が民間の慈善団体によってつくられた。孤児院は、孤児に衣食住を与えるとともに教育を行うことを目的としていたが、実際には強制的な労働をともなったものであった。

公的救済による児童保護事業

　アメリカでも1800年代の初頭に産業革命が始まり、社会の変化によって失業、貧困、疾病、浮浪、犯罪などの社会問題が拡大した。これらの社会問題に対処するため、1824年に「ニューヨーク州カウンティ救貧院法」が制定され、その後「救貧院（プアハウス）」が各地に設置された。しかし、救貧院では、救済を必要とするあらゆる人が子どもと一緒に収容され、子どもへの教育や訓練も提供される一方、労働を強制され、過酷な生活を強いられた。

家庭養育の強調

　1909年、セオドア・ルーズベルト（Roosevelt, T. D.）大統領によって、「子どもに関するホワイトハウス会議」が開かれ、子どもにとっての家庭生活の重要さが確認された。第1回会議では「家庭は人類が生み出した最高の産物」であると宣言され、1912年にはアメリカ連邦政府に児童局が設けられた。この会議は10年ごとに開催され、1970年まで続いた。

国家による児童保護

　1929年から始まった世界大恐慌によって、貧窮児、孤児、浮浪児の増加が問題となった。1933年に登場したフランクリン・ルーズベルト（Roosevelt, F. D.）大統領によるニューディール政策の一環として、1935年に「社会保障法」が成立した。「社会保障法」では児童家庭福祉政策を組み込み、国の政策課題として位置づけた。

これを契機に、アメリカの児童家庭に関する社会的サポートは、国家による政策的課題として位置づけられていった。また、社会保障法成立時に「要扶養児童扶助（ADC：Aid to Dependent Children）」が制定され、親の死亡、家庭における継続的な不在、身体的・精神的障害等の理由によって、親による扶養や世話を剥奪されている16歳未満の子どもに対して現金給付が行われた。

貧困の再発見と社会的養護

　第2次世界大戦後のアメリカは経済的繁栄のもとで、大多数の者が「豊かな社会」から恩恵を得ていた。しかし、1960年代に入ると貧困が再発見され、離婚の増加によるひとり親家庭の増加、児童の非行・犯罪、麻薬、児童虐待など、子どもに関する問題が深刻化した。このような状況のなか、「要扶養児童扶助（ADC）」は子どもへの給付というよりも家族への給付という性格が強まったため、1962年の改正では、「要扶養児童家庭扶助（AFDC：Aid to Families with Dependent Children）」に名称を変更し、対象範囲の拡大に加え、就業促進などの自立を目的としたプログラムが組み込まれた。この当時は、このような要保護児童に対して脱施設化運動が広がり、地域の小集団での生活を基本とする児童福祉施設が導入された。さらに、「社会的養護」が強調され、里親制度の充実とできるだけ地域の普通の住宅のグループホームで養育の推進をめざした。また、1965年には「特別就学前教育制度」（ヘッド・スタート）が発足し、低所得層の3〜5歳の子どもとその家族に就学援助などのサービスが提供された。

近年の社会的養護

　1980年には「養子縁組支援・児童福祉法（AACWA：Adoption Assistance and Child Welfare Act）」が制定され、家族の再統合または養子縁組を行うなど、パーマネンシー・プランニング（子どもが永続的かつ恒久的に生活できる家庭環境で心身の健康が保障された生活を実現するための援助計画）の必要性が強調された。また、それまで公的扶助として中心的な役割を果たしていた要扶養児童家庭扶助（AFDC）は、1996年に「貧困家庭への一時的扶助（TANF）」へと変更され、「福祉から就労へ」の理念のもと、金銭給付が就労までの限定的な支援に位置づけられた。その後、家族の再統合から養子縁組へと政策が転換され、1997年に出された「養子縁組・家庭安全法（ASFA：Adoption and Safe Family Act）」では、児童の健康と安全を重視する文言が挿入され、親権停止の迅速化や養子縁組に対する補助金が創設されるなど、児童の安全と養子縁組の促進が強調された。

第2講　社会的養護の歴史的変遷

17

Step2

1. 江戸時代までの社会的養護の歩み

　わが国最初の児童救済事業は、593年に聖徳太子が設立した「悲田院」とされ、皇族・貴族や寺院によって慈善活動が行われた。しかし、当時の貧窮児への対応は所属する氏族の内部での相互扶助によって行われた。鎌倉時代に入ると、武士の台頭により封建社会の確立とともに、親の権力はさらに強まったことで、庶民の子どもは労働力として公然と売買された。そのため、児童救済事業は、仏教の僧である叡尊、忍性などによって、乞食・免囚者などを救済し、悲田院をつくるといった窮民救済など、仏教による救済事業が中心であった。

　室町時代から戦国時代は、戦乱のため町民や農民の生活は困窮を極めたことから相互扶助が追いつかず、口べらしのために、堕胎、生まれた赤ん坊を殺す間引き、捨て子、借金返済のための子女の身売りが行われた。この時代にも仏僧を中心として、棄児・病人・免囚などへの保護が行われた。また、室町時代の末期にはキリスト教的慈善も広がりはじめた。江戸時代に入ると、幕府が藩を統治し支配権を握っていたため、庶民の生活は幕府や藩からの搾取によって苦しく、加えて天災、飢餓によって農民の生活は困窮を極め、間引き・棄児・人身売買なども多かった。その結果、人口や労働力が減少して租税収入に影響を与えることとなり、幕府は1690年に「棄児禁止令」を出し、また1767年には「間引き禁止令」を出した。

2. 明治・大正時代の社会的養護の歩み

恤救規則の制定

　明治維新とともにわが国が近代国家へ変化するなか、急激な社会変動から貧困者が増大した。1874（明治7）年に全国的な制度として貧困者救済のための恤救規則が制定された。この法律で、13歳以下の孤児を養育している者に年間7斗の米が給付されたが、救済は十分ではなかった。そのため、堕胎や間引きが後を絶たず、捨てられる子どもや身売りされる子どもなど、放任状態の子どもが多く存在した。

キリスト教を背景とした育児事業

　明治期には公的救済・保護が乏しかったため、主にキリスト教の宣教師や信者による孤児院が設立された。1869（明治2）年に松方正義は「日田養育館」を設立し、1872（明治5）年にカトリック修道女ラクロット（Roclot, M.）が「慈仁堂」、

1874（明治 7 ）年に岩永マキらが「浦上養育院」を設立した。1877（明治10）年には「神戸女子教育院」、1887（明治20）年には石井 十 次による「岡山孤児院」、1890（明治23）年に小橋勝之助による「博愛社」が設立された。保育事業では、1890（明治23）年に赤沢鍾美が託児所「私立静 修 学校」を設立した。1900（明治33）年には野口幽香、森島美根が貧民幼稚園「二葉幼稚園」を設立した。

非行少年保護と感化事業

　非行少年の保護の先駆的事業として、1884（明治17）年に池上雪枝が大阪の神道祈祷所に不良少年の保護施設、翌年に高瀬真卿が「東京 感化院」、1899（明治32）年に留岡幸助が「家庭学校」を開設した。そして、1900（明治33）年に感化法が制定され感化院は法律に規定された児童施設となった。1908（明治41）年には刑法改正にともない感化法も改正されて「感化院」は道府県に設置が義務づけられた。

障害児の保護教育

　障害のある子どもの保護施設は、1878（明治11）年に古河太四郎らにより「京都盲唖院」、1880（明治13）年に「楽善会訓盲院」、1903（明治36）年に言語障害児のための「楽石社」が井沢 修 二により設立された。知的障害児施設については、石井 亮 一が1891（明治24）年に「滝乃川学園」を開設したことをはじめ、1909（明治42）年に脇田 良 吉が知的障害児の教育をする施設「白川学園」を設立した。

工場法の成立

　大正期に入ると、産業の近代化のなかで女性や子どもは安価な労働力として酷使され、子どもの労働時間が16～17時間に及ぶことも多くみられた。このような過酷な児童労働を制限するために、工場法が1916（大正 5 ）年に実施された。加えて日清戦争、日露戦争の軍人家族の遺児や、地震、津波、凶作などの自然災害、経済不況などによる孤児や貧児が増え、託児所（保育所）の設置が広がりはじめた。また、このころから孤児院は育児院と呼ばれるようになった。

3. 昭和初期の社会的養護の歩み

　昭和初期の長引いた深刻な経済不況は、大量の生活困窮者を生み出した。乳幼児死亡率の急上昇、小児結核や栄養失調、欠 食 児童、親子心 中、児童の人身売買、虐 待酷使、そして非行児童などが急増し、社会問題となった。そのため、救済対

象を広げ施設入所による救済を法的に認めた救護法が1929（昭和４）年に制定され、救護施設の１つに孤児院があげられた。1933（昭和８）年には旧・児童虐待防止法と少年教護法が制定され、感化法は廃止となった。感化院は少年教護院と名称変更され、少年鑑別所も併設された。

　第２次世界大戦の戦時中は国民の生活が困窮し、子どもの栄養障害、軍事産業での児童労働などが問題となった。民間の施設は、戦争で焼失したり、経営困難によって激減したりし、困窮児の保護に十分な機能を果たすことができなかった。

4. 戦後の社会的養護の歩み

児童福祉法の誕生

　第２次世界大戦後は、戦災孤児、引き揚げ孤児、浮浪児など緊急に保護を要する児童が多くいた。1947（昭和22）年に要保護児童だけでなく、次代を担うすべての子どもの福祉を目的とした児童福祉法が制定された。また、児童育成の責任を保護者とともに国および地方公共団体が負うという公的責任についても明らかにされた。これにより子どもの社会的養護は体系化され、児童福祉施設は、当時の名称で助産施設、乳児院、母子寮、保育所、児童厚生施設、養護施設、精神薄弱児施設、療育施設、教護院の９種類となり、里親制度も社会的養護として位置づけられた。

ホスピタリズム論争

　1948（昭和23）年には、児童福祉施設の設備や職員の資格、配置基準等を定めた児童福祉施設最低基準が公布され、1951（昭和26）年には児童憲章が制定された。また同時期には、孤児に対する社会的養護についてイギリスの精神科医、ボウルビィ（Bowlby, J.）の報告が紹介され、わが国でもホスピタリズム論争が展開された。1960年代以降になると、施設に入所している子どもの状況が変化し、すでに心身の発達に遅れや心に傷を負って施設に入所する子どもへの支援が課題となった。

5. 社会的養護の基盤整備

高度経済成長と社会問題

　1960年代からの高度経済成長によって、国民の生活水準は飛躍的に向上した。し

かし、都市化、核家族化、地域社会の変容といった社会構造が大きく変化し、公害、交通事故の増加、家族機能の脆 弱 化、女性就労の増加による保育所不足などが社会問題として発生した。このような状況のなか、1963（昭和38）年の『児童福祉白書』において子どもの危機的状況が指摘された。

児童福祉法の改正と社会福祉基礎構造改革

　社会福祉基礎構造改革の流れのなかで、1997（平成9）年には、児童福祉法が改正され要保護児童施策において児童の自立支援が強調された。2000（平成12）年には、「児童虐待の防止等に関する法律」の制定により、虐待に対する行政の緊急介入の強化や、虐待をした保護者に対して行政の指導が義務づけられた。さらに、虐待を繰り返す親からの分離保護が必要な子どもが増えるなか、施設不足と家庭養護の推進から里親制度の改革が2002（平成14）年に実施された。また、福祉サービスの利用に関して措置制度から契約制度へ転換された。2001（平成13）年4月から保育所や母子生活支援施設についても、利用者が施設を選択し市町村と契約する方式の導入や児童委員の活性化などが盛り込まれた。

近年の動向

　2004（平成16）年の児童福祉法改正で、子ども家庭相談に関して市町村が第一義的機関として位置づけられた。また、2008（平成20）年の児童福祉法改正では、小規模住居型児童養育事業（ファミリーホーム）が規定され、里親についても法的に養育里親と養子縁組里親が分けられた。2012（平成24）年に厚生労働省から「児童養護施設等の小規模化及び家庭的養護の推進について」が通知され、施設の小規模化の推進とそのための計画を策定することが示された。2016（平成28）年の児童福祉法の改正では、児童福祉法の理念や国・都道府県・市町村の役割の明確化、市町村・児童相談所の体制強化、子ども家庭総合支援拠点の設置などについて規定され、2019（令和元）年の改正においては、施設長等による体罰の禁止や児童相談所の機能強化などに関する規定が整備された。そして、2022（令和4）年の改正では、市区町村に「こども家庭センター」設置の努力義務、一時保護で保護者の同意が得られないケースでの「司法審査」の導入、児童養護施設等の子どもの自立支援での年齢制限の撤廃などが盛り込まれた（2024（令和6）年4月1日施行）。

Step3

子ども観の変遷

小さな大人

　古代・中世社会では、大人は子どもを遺棄^{いき}しても殺しても、咎^{とが}めを受けることはなく、児童は「大人の従属物」でしかなかった。アリエス（Ariès, P.）は『〈子供〉の誕生』において、近代以前の社会では子ども期はなかったと指摘している。近代社会でも、子どもは「労働力としての子ども」であり、働き手という意味で「小さな大人」であり続けた。その一方で、次代の国民となる子どもを大切にしようという気運も高まるが、子どもは労働の手段として位置づけられる傾向にあった。

近代における子ども観

　産業革命による急激な社会変動によって、子どもは安い労働力として扱われ、過^か酷^{こく}な労働によって大人になる前に亡くなる子どもが多かった。1819年の工場法の制定は、子どもの雇用と労働時間が規制され、子どもの義務教育制の確立という点からも、児童保護の展開過程において重要なものであった。子どもを労働力とする側面のみからみていたそれまでの子ども観から、次代の国民として教育していくという子ども観に変化する第一歩となった。

「子どもの発見」

　18世紀から19世紀にかけて、子どもは「小さな大人」ではなく固有の存在であることが、社会思想家によって提唱された。子どもの発見者といわれるフランスの思想家ルソー（Rousseau, J.）が著書『エミール』で述べた「子どもの発見」は、子どもを主体的な存在として位置づけ、子どもには大人と異なる固有の世界があるとした。教育思想を説いたスイスのペスタロッチ（Pestalozzi, J. H.）は先駆的な幼児教育を実践した。また、スウェーデンのケイ（Key, E. K. S.）は子ども中心の教育の必要性を訴えた。これらの教育理論や実践が土台となり、子どもの権利への認識が高まる契機となった。

ジュネーブ宣言

　第1次世界大戦で多くの子どもが犠牲^{ぎせい}になったことへの反省から、子どもの権利保障への機運が高まった。1922年にイギリスの児童救済基金団体連合によって世界児童憲章の草案が作成された。これをもとに、1923年には「児童の権利に関する宣

言」が提唱され、1924年に国際連盟において「児童の権利に関するジュネーブ宣言」（ジュネーブ宣言）が採択された。ジュネーブ宣言では、子どもたちが人種・宗教・国籍などに関係なく保護される権利が強調され、「人類が子どもに対し最善のものを与える義務を負う」という目標が掲げられた。

児童権利宣言

第2次世界大戦後の1948年には「世界人権宣言」が採択され、すべての人に保障される人権の国際的基準が示された。世界人権宣言では、子どもが教育を受ける権利や保護される権利など、子どもの人権保障が強調された。これらの流れを受け、1959年に、国際連合（国連）第14回総会で「ジュネーブ宣言」の流れをくむ「児童の権利に関する宣言」（児童権利宣言）が採択された。それまで子どもを社会的弱者と位置づけ保護を受ける対象ととらえていたものを、権利の主体としてとらえるなど、子ども観を転換する契機となったが、まだ保護の対象というわくにとどまった。

児童の権利に関する条約（児童の権利条約）

1989年、国連第44回総会において「児童の権利に関する条約」（児童の権利条約）が採択された。この条約では、子どもの受動的な権利だけでなく、意思表明や表現の自由、思想・良心・宗教の自由など、能動的な権利が保障された。子どもを保護される存在としてとらえると同時に、子どもが固有の権利をもち、権利を行使する主体であることが明確にされた。日本は1994（平成6）年に158番目の締約国として「児童の権利条約」を批准した。

子どもの権利と社会的養護

児童の権利条約の批准にともなう国連・児童の権利に関する委員会からの勧告や、2009年に国連で採択された「児童の代替的養護に関する指針」（子どもの代替的養育に関する国連ガイドライン）などが日本の社会的養護に大きな影響を与えた。国連・児童の権利に関する委員会は、日本に対して2度にわたり施設中心の社会的養護のあり方の見直しを求めた。ガイドラインでは、親子分離の予防施策の充実や3歳未満の子どもへの家庭養護の提供など、脱施設化方針に照らし代替養護策は発展すべきとの見解が示された。また、施設養護は家庭的で少人数グループに近い環境であるべきとされた。このガイドラインに基づき、2010（平成22）年に日本は3度目の勧告を受け、社会的養護改革を強く迫られることになった。

参考文献

● 井村圭壯・相澤讓治編『児童家庭福祉の理論と制度』勁草書房，2011.

● 川﨑二三彦『子どものためのソーシャルワーク 3 家族危機』明石書房，2000.

● 菊池正治ほか編『日本社会福祉の歴史 付・史料 改訂版』ミネルヴァ書房，2014.

● 桑原洋子『英国児童福祉制度史研究——足枷から慈悲へそして福祉へ』法律文化社，1989.

● 室田保夫編著『人物でよむ西洋社会福祉のあゆみ』ミネルヴァ書房，2013.

● 仲村優一・一番ヶ瀬康子ほか編『世界の社会福祉 4 イギリス』旬報社，1999.

● 仲村優一・一番ヶ瀬康子ほか編『世界の社会福祉 9 アメリカ・カナダ』旬報社，2000.

● 吉田久一『新・日本社会事業の歴史』勁草書房，2004.

COLUMN 子どもを中心とした社会の実現にむけて

　コロナ禍の影響を受け、子どものおかれる環境がさらに厳しくなるなか、子どもを中心においた社会の実現にむけ、児童福祉法の改正やこども家庭庁の創設が予定されている。子どもを中心とした社会とは、既存の制度やしくみに子どもを合わせるのではなく、子どもに合わせた制度やしくみがつくられる社会といえよう。そのためには、まず、子どもの声を社会が聴くしくみを整備することが重要となる。

　2021（令和 3）年に公表された厚生労働省の「子どもの権利擁護に関するワーキングチームとりまとめ」において、①子どもの意見表明権の保障として児童相談所が措置や一時保護を行う際などに子どもの意見を聴取すべきこと、②政策決定プロセスへの子どもの参画として子ども家庭福祉に関する制度・政策を決定するプロセスや都道府県等が策定する社会的養育推進計画などへの参画を保障すること、③権利擁護のしくみとして意見表明を支援する者の配置や児童福祉審議会の体制整備などがとりまとめられた。また、全国的に子どもの権利擁護にかかる体制の構築を進めるため、児童福祉審議会を活用した子ども権利擁護対応ガイドラインに基づくしくみのモデル的な実施を支援する「子どもの権利擁護に係る実証モデル事業」が実施されている。子どもの権利を守り推進するためのアドボケイトでは、子どもの権利条約に基づき、子どもの年齢や居所、障害の有無などにかかわらず、すべての子どもの権利が保障される社会がめざされる。それは、さまざまな養育環境で育った子どもが、いつでも受け入れられる地域社会がつくられることであり、関連制度などに子どもの声を反映させるアドボカシーの体制整備が重要となる。

（小川幸裕）

第3講

子どもの人権擁護と
社会的養護

本講では、社会的養護における子どもたちの人権擁護のとらえ方、その具体的擁護のあり方やその課題について学ぶ。なお本講では、子どもの人権を社会権、特に生存権を柱とした受動的権利ととらえる。しかしながら、あとに述べるように受動的権利保障のみならず、自由権を中心とした能動的権利保障の視点も社会的養護において重要であることから、人権および能動的権利を含む用語として本講では「権利」という言葉を使うこととする。

Step 1

1. 子どもが家庭で育つ権利保障

家庭養育優先原則と子どもの意見表明権

　児童福祉法第1条において、すべての子どもは適切に養育され、心身の健やかな成長発達やその自立が図られる権利を有することが規定されている。さらに第3条の2において、子どもを家庭において養育することが困難である場合や適当でない場合にあっては、子どもが家庭における養育環境と同様の養育環境において継続的に養育されること、また子どもを家庭や当該養育環境において養育することが適当でない場合にあっては子どもができる限り良好な家庭的環境において養育されるよう、必要な措置を講じなければならないとし、子どもが家庭あるいは家庭的な環境で育つ権利を明確に規定している。また第2条第1項において、すべて国民は子どもが良好な環境において生まれ、社会のあらゆる分野において、子どもの年齢や発達の程度に応じて、その意見が尊重され、その最善の利益が優先して考慮され、心身ともに健やかに育成されるよう努めなければならないとされ、子どもの最善の利益を具体化する要件として、子どもの意見表明権が位置づけられている。

里親委託と施設養護

　これまで日本における里親委託状況は、里親委託率が相対的に高い一部の欧米・オセアニア諸国と比較して批判されてきた。これら諸外国では、パーマネンシー・プランニング（**17ページ参照**）の理念に基づき主たる養育者の永続した一貫性が重視されてきた。したがって交代勤務や職員の入れ替わりが一般的である施設養護は、きわめて限定的に活用されている。また諸外国における施設養護は日本において主流を占める大舎制の施設ではなく、同じ敷地内に複数の小舎が存在するコテージ・システムや、地域の家屋で生活するグループホームが主流である。それらの国々における施設養護の主たる役割は、治療的機能の提供による短期入所（長くても2年）に限定される傾向にある。

　児童の権利に関する条約第20条には、親子分離された子どもについてとるべき方法として、里親委託、養子縁組または必要な場合には、児童の監護のための適当な施設への入所をあげている。この規定からまず里親を検討し、家庭復帰が困難な場合においては養子縁組の提供を考え、施設養護はその必要性が考慮される特別な場合に限定すると解釈できる。しかし先に述べたように、日本では子どもの大部分は施設で生活している。

　これまでもホスピタリズム論に代表される入所施設の問題性については指摘されてきた。これが主張された当時から比べれば、施設は大きく改善されてきた。しかしながら、施設であるがゆえの限界が、子どもの養育においては存在する。年齢や子どもの発達課題上、施設養護が望ましい子どもも存在するといわれるが、あまりに里親委託率が低いといえる。特に乳幼児の場合には、家庭養育の可能性を十分に検討する必要があろう。諸外国では子どもが個別の家庭をもつ権利の保障を目的に、里親を日本に比べ積極的に活用してきた。

　こうしたことをふまえれば、施設養護が主流を占める日本は、子どもの権利を十分には保障していないといえる。かつてあまりに低水準な児童福祉施設の最低基準について子どもへの人権侵害という指摘もなされた。施設養護が主流という現状をふまえ、子どもの権利のあり方を論じるだけではなく、子どもが永続的な家庭をもつ必要性を社会的に認識し、それを社会的に具体化していくことが、社会的養護における子どもの権利を論じる前提として重要なことであろう。

2. 子どもの権利の視点

　1989年に児童の権利に関する条約が国際連合において採択され、日本においては1994（平成6）年にそれが批准され、それまでの救済的・保護的ともいえる子どもの権利観を大きく変化させた。すなわち子どもを権利行使の主体として位置づけ、保護される権利という受動的権利だけでなく、意見表明権に代表される市民社会への参画に関する能動的権利保障への認識が深まったといえる。

　権利意識とは「自分を大切にしたい」と思う心の有り様である。換言すれば、自尊感情といえる。この自尊感情を培うためには、「人から尊重されている」「人から大切にされている」といった思いを育むことが必要である。他人の権利への認識はこうした「自分を大切にしたい」という意識のうえに成り立つものである。自尊感情が他尊感情すなわち他者の権利を尊重するという意識を育むといえる。権利の侵害を受け、自尊感情を育むことが困難な子どもは結果的に、他者の権利を侵害し、自己否定感をさらに強化するという悪循環に陥る傾向にある。この悪循環に関与するところに、専門性が要求される。

子どもの権利と援助観

　近年、非行と被虐待体験との関係が論じられ、加害者として位置づけられてきた犯罪少年の被害者としての側面が顕在化してきたため、支援者はそれを視野に入れ

第3講　子どもの人権擁護と社会的養護

27

て関与する必要性があるといえる。けっして被虐待体験を抱えたり、差別され疎外された人間すべてが犯罪に及ぶわけではないし、疎外され差別されたからといって、犯罪が容認されるわけではない。こうした言動は社会的には受け入れられないし、犯罪者の勝手な言いわけとして片づけられるであろう。しかしながら犯罪少年の人間としての回復を考えるならば、この勝手な言い訳を言い分としてとらえ直し、それへのていねいな対応がきわめて重要となってくる。この言い分は「被害者性」あるいは「イノセンス」としてとらえられ、その表出を受容されることなく自らの「加害者性」への自覚はあり得ないという考え方が基本にある。

　生育過程において虐げられた体験を抱えざるを得なかった者は、ときに人や社会に対する怒りを抱え、反社会的あるいは非社会的行為に及ぶことがある。そうした怒りの裏には「自分は悪くない」「自分には責任がない」といった思いが潜在化する傾向にある。そうした怒りについて自分の言葉や価値観で語り、聴いてもらえたという実感をもつことは、自身の被害者性ともいえる「怒り」をともなう感情から、適切な自己認識に向かう契機を提供してくれる。人は自らの体験とその思いを語り、受けとめられることでそれらを客観視でき、自らの生き方を問い直すことができる場合が多い。またそれを傾聴し、語りにていねいに向き合うことは聴く者と子どもとの協働関係の形成をうながし、問題への対応方法をともに対等な立場で考える可能性を高める。

　この被害者性の受容が、基本的には子どもたちの信頼感や安心感につながる。しかしながらときに「指導」という名のもとで、子どもの語りを阻害していることはないだろうか。「きまりを守れない子どもには権利がない」「悪いことをしたから罰を与える」といった考え方が、さらにこうした指導を強化し、子どもの語りを阻害することがあるのではないだろうか。

　精神的剥奪状況（せいしんてきはくだつじょうきょう）ともいえる自己否定感による生活意欲の喪失状況（そうしつじょうきょう）にある者が、他者の権利の大切さを実感したり、他者に共感したりすることは困難である。すなわち自らの権利が侵害されてきた者は命の尊さや、人権の大切さを諭されても、それらの大切さを取り込む精神的準備体制が備わっていないといえる。また権利侵害行為により、無力化された状況にあることから、自らへの権利侵害に対しても被害者性をもって社会に訴えることが困難である。権利が適切に保障されていることを実感している子どもは、他者の権利に関しても配慮できるものである。そうした実感により、他者の権利への自覚をうながし、自らの権利と他者の権利の折り合いをつけながら生きていくことの大切さを理解していくと考えられる。したがって社会的養護での生活を余儀なくされる子どもたちの理不尽と感じざるを得ない生

育過程にまなざしを向け、施設での育ちの過程において権利が確実に保障されていると子どもたち自身が実感できる体験を積み重ねられるよう、子どもたちに関与することが重要である。

3. 権利のとらえ方と権利擁護に向けた取り組み

　児童の権利に関する条約に規定されている権利内容は、①生存・発達のために必要なものを与えられる権利、②有害なものから保護される権利、③自分にかかわることに参画する権利に分類できる。子どもの権利は、①や②のように「○○が与えられる権利」「○○から保護される権利」といった権利享受の主体としての子ども観に基づいた受動的権利の保障という側面と、③のように子どもが主体的に参画するという権利行使の主体としての子ども観に基づいた能動的権利の保障という双方の側面からとらえる必要がある。受動的権利保障においては、子どもへの適切なケア保障という観点から、養護のあり方を検討することが求められる。

　今日論じられる子どもの権利は、こうした保護主義的な視点だけではなく、③に示すような子ども自身の意思と自律を権利概念のなかに導入するところに特徴がある。もちろん受動的権利は基本的人権といった観点から重要であるが、子どもの能動的権利への視点を欠いたまま「子どものことを思って」ということで、大人側が一方的に子どもを保護の対象としてとらえる子ども観や、大人による子どもへの一方的な行為に対し、大人自身が自覚的になる必要がある。そこでは子どもの言い分に耳を傾ける、あるいは子ども自身から教えてもらうという寛容さや謙虚さが大人側に要求される。

　権利擁護を意図した児童福祉法に基づいた取り組みとしては、施設入所など措置が必要な場合には、児童相談所長が都道府県知事に報告する書類に、子どもと保護者の意向を記載しなければならないこと、施設入所などの措置、措置解除、措置変更に際して保護者や子どもの意向と当該措置が一致しないときなどに、都道府県知事は都道府県児童福祉審議会の意見を聴かなければならないことなどがあげられる。また近年子どもを一時保護するに際し、親権者の同意を得られない場合、司法が関与する制度が導入されることとなった。さらに社会福祉法は事業経営者に利用者等からの苦情の適切な解決に努めなければならないと規定し、児童福祉施設の設備及び運営に関する基準も、児童福祉施設は入所している者またはその保護者等からの苦情に迅速かつ適切に対応するために、苦情を受け付けるための窓口を設置する等の必要な措置を講じなければならないと規定している。

Step2

1. 体罰の禁止

　これまでしつけ名目の体罰がエスカレートし、幼い命が奪われる事件が相次いできた。こうした事件をふまえ2011（平成23）年の民法改正において、懲戒権は「子の利益」のために限る旨が追記され、監護や教育に必要な範囲内での行使が明示された。しかしながら、監護教育上「子の利益のため」であれば、暴力を用いたしつけが認められるというとらえ方は根強く存在し、同様な事件があとを絶たないなかで、親権者等によるいかなる体罰も禁じる法改正がなされ、2020（令和2）年4月改正法が施行された。

　児童虐待の防止等に関する法律第14条第1項において、しつけに際して、体罰を加えることは、監護や教育に必要な範囲を超える行為であるとされ、親権者による体罰が禁止された。児童福祉法第33条の2第2項において、児童相談所長に対し一時保護下にある子どもへの体罰が禁じられ、第47条第3項において、児童福祉施設の長、里親、ファミリーホームの養育者に対しても体罰が禁じられた。児童相談所長以外の一時保護所職員や施設長以外の児童福祉施設職員に関しては、懲戒権を有しないことから、従来から体罰を含め懲戒行為は禁じられていた。

　しかしながら、体罰以外の罰についてはしつけの範囲内というとらえ方もあり、罰を与えるという養育観は根強く残っている。社会的養護における子どもたちは深刻な被害体験や喪失体験を抱えている傾向にある。そうした子どもたちに罰を与えて行動変容を促すことは二次被害をもたらすこともある。以下に論じるトラウマインフォームドケアを支援者間で共有し、子どもへの対応のあり方について共有することが重要である。

2. トラウマインフォームドケア（TIC）

　トラウマインフォームドケア（TIC：Trauma-Informed Care）とは、支援にかかわる人たちが子どもの行動化の背景に「トラウマがあるかもしれない」という観点をもち、トラウマに関する知識や対応技術を身につけ対応する支援の枠組みである。すなわち子どもの行動化をトラウマ症状やトラウマ反応としてとらえ、罰、ルール、禁止といった方法で対応するのではなく、まず子どもの自己否定的な認知の修正を図るために、トラウマ症状について支援者とともに学んだうえで、本人と課題を分離して、その対応方法を支援者とともに学ぶという考え方である。トラウマ症状は日常生活における多様な体験が引き金となり現れ、自身の心構えで制御す

ることが困難である。そのような症状といえる行動化に対し、支援者や養育者が罰等を用いて対応すると、なかなか改善しない子どもの行動化に対しますますと威圧的対応を強化させ、結果的に子どもが自己否定感を強めたり、症状を悪化させたりするといった二次被害を子どもにもたらすこともある。こうした二次被害を予防するうえで、TICという考え方は有効である。

　TICという考え方は、2000年代以降、北米を中心に認識が広がり、近年日本においても、医療、福祉、司法、教育など多様な領域においてその枠組みの活用が進んできた。TICの背景には、1990年代後半から行われてきた小児期逆境体験（ACE：Adverse Childhood Experiences）研究の知見がある。ACEとは、多様な深刻な被害体験や喪失体験を意味し、そうした体験を抱える人たちに関する研究で、逆境体験を重ね、適切な支援や対応がなければ行動面、心理面、健康面のリスクが高まることが明らかにされてきた。逆境体験がすべてトラウマになるとは限らないが、トラウマを理解して適切に対応し、二次被害を予防したり、潜在的にもっているレジリエンスの回復を図るためにTICの必要性が認識されるようになってきた。

3. 近年における新たな動向

こども家庭庁の設置

　子ども施策における縦割り行政を排し、子ども中心の行政運営を図ることで、子どもの権利を包括的に保障することを目的に、子ども施策を一元的に統括するこども家庭庁が2023（令和5）年4月から発足する。こども家庭庁は3つの部門により構成され、「企画立案・総合調整部門」は、これまで各省庁が別々に行ってきた子ども施策に関する総合調整機能を一元的に集約し、子ども施策に関連する大綱を作成・推進する。「成育部門」は、子どもの安全・安心な成長に関する事務を担うとし、施設の類型を問わずに共通の教育・保育を受けられるよう、文部科学省と協議し、幼稚園や保育所、認定こども園の教育・保育内容の基準を策定する。子どもの性被害を防ぐため、子どもとかかわる仕事をする人の犯罪歴をチェックするシステムの導入を検討するほか、子どもの死亡に関する経緯を検証し、再発防止につなげる「CDR＝チャイルド・デス・レビュー」を行う。「支援部門」は、子ども虐待やいじめ、ひとり親家庭など、さまざまな困難を抱える子どもや家庭の支援を担い、重大ないじめに関しては、文部科学省と情報を共有して対策を講じるととも

に、特に必要がある場合は、文部科学省に説明や資料の提出を求めるなどの勧告を行う。さらにヤングケアラーについて、福祉や介護、医療などの関係者で連携して早期の把握に努め、必要な支援につなげるほか、施設や里親のもとで育った若者らの支援を進める。

こども基本法の制定

　国際条約であり、日本も批准している児童の権利に関する条約は、子どもの基本的な権利を国際的に保障するために定められた。18歳未満の子どもは権利をもつ主体と位置づけ、一人の人間として社会が保障するべき権利内容を定めている。子どもの権利は、「生きる権利」「育つ権利」「守られる権利」「参加する権利」の4つに分けられる。これらを国内法においても規定し、子どもの権利に特化した法制定の必要性が認識され、国内法においてすべての子どもの権利保障を規定した法律である「こども基本法」が制定された（2023（令和5）年4月1日施行）。法の目的として、次代の社会を担うすべての子どもが、生涯にわたる人格形成の基礎を築き、自律した個人として健やかに成長することができ、心身の状況、置かれている環境等にかかわらず、その権利擁護が図られ、将来にわたって幸福な生活を送ることができる社会の実現を目指し、子ども施策を総合的に推進することと規定されている。

4. 子どもの権利保障と支援者の支援

　子どもへの思いや養育への意欲は環境に多分に影響を受ける。個々人に人権意識や倫理観が備わっていたとしても、一定の環境に追い込まれることで、養育意欲、自己統制力、共感性を低下させ、子どもへの不適切な対応を引き起こすこともある。一定の環境とは、過重労働、孤立化、過度なストレスや抑圧など構造的課題である。結果的に自らの実践を振り返ったり、内省することが困難となり、一生懸命やっているのに子どもの状況が改善しないことの要因を子ども自身の問題としてとらえることで、自己を維持しようというメカニズムに陥る傾向にあり、それが暴力を引き起こすことも考えられる。このような状況に陥る予防策として養育に携わる者の支援も重要である。また研修等を通して知識や技術を蓄える機会が必要である。支援される環境、知識、技術は子どもへの寛容性や肯定的な思いを育むことに大きく寄与する。

5. 養育者と子どものエンパワメント

　権利擁護の基本はセルフ・アドボカシーであり、子どもが安全かつ安心な環境の
なかで権利について学習の機会を得て、主体的に声をあげられるようエンパワーす
ることである。アドボケイトとは何か、自分たちにどんな権利があるのか、そう
いった自身に関係が深い権利に関する学びは重要である。そうした過程が養育の営
みとして位置づけられる必要がある。

　しかしながら、児童福祉施設には「職員・子ども管理型アプローチ」の問題が存
在する。「職員・子ども管理型アプローチ」とは管理者が、子どもの問題の顕在化
を阻止することを各担当職員に強いて、徹底した担当職員個人の責任の強調および
職員間の力関係の活用により、職員・子どもを管理することととらえることができ
る。担当職員には、子どもへの罰や規則・日課・役割の完全なる執行が求められ、
表面的な集団としてのまとまりや整然とした集団生活の具体化が求められる。

　一方、「権利基盤型アプローチ」は国連・子どもの権利に関する委員会（子ども
の権利委員会）が明らかにした概念であるが、日本では、あらゆる子ども施策にお
けるこうした視点が希薄であるとされている。権利基盤型アプローチとは、権利の
保有者である子どもとの対話、子どもの参加、子どもとのパートナーシップの精神
にのっとって、子どもの権利や人間としての尊厳の確保につながる変革をもたらそ
うとするアプローチと定義できる。子どもが安心できる環境の保障に向け、例えば
施設の管理者はパートナーシップ関係に基づき、子どもの運営への参画を促しつつ
施設づくりに取り組む必要性をこの定義から認識できる。受動的権利のみならず、
とりわけ参画を基盤とした能動的権利保障に向けた具体的取り組みを提示している
ところに、このアプローチの特徴がある。周囲の大人が、子どもの権利の享受・
行使を適切に援助できるようエンパワーされる必要性があるといえる。

　職員・子どものエンパワメントとなるふだんの生活における参画保障、ストレン
グス視点に基づいた職員・子どもの肯定的評価、説明や納得に基づいた「ひらか
れた会話」といったことが保障されなければ、セルフ・アドボカシーも困難とな
り、子どもの権利ノート、意見箱、苦情窓口といった権利擁護の取り組みを形骸化
することとなる。

Step3

権利擁護施策の維持

　現在、社会福祉法に基づく苦情解決のしくみである苦情窓口、第三者委員、運営適正化委員会、「子どもの権利ノート」といったものの実効性をともなった継続的取り組みが困難な状況にある。例えば「子どもの権利ノート」が配布されるや否や、折り目もついていない状態でごみ箱に捨てられている状況や、苦情受付のための意見箱にクモの巣が張り、意見を入れる子どもがまったくいない状況などである。

　導入当初はそれなりに実効性をともなっていたが、数年経過することで形骸化している状況も見受けられる。既存の施策の実効化に向けた継続的取り組みが重要である。近年、社会的養護関係施設は3年に1回以上、第三者評価の受審が義務づけられたが、その形骸化を予防し、実効性ある評価システムとして機能するよう継続した検討が必要である。

権利擁護施策の課題

　権利擁護施策が機能しない要因としてさまざまなことが考えられるが、そういったことについて話し合い、それらを実効性あるものにする方法を考えることが重要である。権利擁護システムのメンテナンスが常に求められているといえる。

　しかしながら一方で、果たしてこれまでの施策が、子どもにとって有効であったのかに関する検証も必要であろう。自らの権利が擁護されてきた、保障されてきたという実感が不十分な子どもたちにとって、そうしたシステムの重要性を子ども自らが認識することが困難ともいえる。すなわち、その重要性を理解する準備体制が、子ども自身に備わっていないとも考えられる。子どもの自身の権利、他者の権利、双方への認識の希薄さは、子ども自身が安全・安心感を実感できなかった環境に負うところが大きい。それは社会的責任として受け止めなければならない。子ども自身が「心の納得」をもって権利、人権、いのちの大切さを実感することは、まさに生きる力、すなわち自立力の獲得を意味する。まず子ども自らが「大切にされている」という実感をもつことが、何よりも重要なことであるといえる。

子どもアドボケートの体制づくり

　今後、能動的権利保障やそれを保障するための支援のあり方について検討する必

要がある。自律概念をより広い視野から考える「支援された自律*¹」という考え方はそうした意味で示唆的である。自立の尊重と支援や援助を対立概念としてとらえるのではなく、一定の支援に基づいた自立の尊重という考え方である。

　いわゆる「みせかけの参画」や形式的参画、あるいは十分な配慮のない、いわば一定の支援に基づかない無防備な参画は、ときに子ども自身を傷つけたり、「子どもの最善の利益」というお題目でもって、子どもを納得させるという状況に追い込むことも考えられる。北米やイギリスにおける状況に鑑みて、子どもの参画要件として一定の支援や配慮に基づいたアドボケートが考えられる。措置過程において子どもの意向や意見を聴く役割を担うアドボケート（意見表明支援員）の配置が制度化されたが、日本文化やコミュニケーションスタイルに適った日本独自のアドボケートの開発についての検討も必要である。イギリスにおけるアドボケートは、子どもの声のマイクのような存在であり、子ども自身の声に他人が声をつけ足すことはできないとされている*²。またアドボケートは子どもの最善の利益のために活用するのではないとされ、アドボケートは子どもがどのような成りゆきを望んでいるのか、どのような選択を行うかにかかわらず100％子どもに導かれる形で動かなければならないとされている*³。子どもの最善の利益を考慮して活動する専門職とは別にこうした立場で関与するアドボケートは、「子ども中心」の実践活動において必要不可欠であるとイギリスでは認識されている。中立的ではなく子どもの味方となって関与する専門職がいてこそ、子どもの最善の利益を考慮した「子ども中心」の実践が可能となるといえる。

　だれもが子ども期を体験するという事実は、ときに子どもの気持ちをだれでも理解できるという傲慢な態度で接することをうながす面もある。児童福祉現場において、子どもの語りに継続的に寄り添いその語りの変化につきあう、その変化を待つ姿勢をもつ、子どもの当該所属に関係のない第三者を子どもに提供することが、子どもの喪失感の緩和をうながすと考えられる。日本では集団秩序や協調性が強調され、部活動での体罰問題が近年事件として顕在化した。自らの感情を言葉にし、伝えることが困難な状況にある男子生徒がとくに自死に追いやられる傾向にあることが理解できる。いじめに関しても、被害者は他国に比較して他言しない傾向にあるといえる。子どもの気持ちに寄り添う専門職が日本だからこそ必要といえる。

---

*1　秋元美世『社会福祉の利用者と人権』有斐閣，pp.65〜66，2010.
*2　堀正嗣編『子どもアドボカシー実践講座』解放出版社，p.13，2013.
*3　同上，p.43，2013.

参考文献

● 平野裕二「子どもの権利条約実施における権利基盤型アプローチの意味合いの考察」『子どもの権利研究』第5号，pp.79～85，2004.
● 芹沢俊介『現代「子ども」暴力論』大和出版，1989.
● 秋元美世『社会福祉の利用者と人権』有斐閣，2010.
● 堀正嗣編『子どもアドボカシー実践講座』解放出版社，2013.

COLUMN 子どものアドボカシー(権利擁護)と「子どもの権利ノート」

　子どものアドボカシーは権利侵害からの保護・回復を意図した取り組みであり、子どもの意見表明権に基づき子ども自らが権利侵害を訴えるためのシステムも包括した取り組みである。

　権利行使が困難な子ども、寝たきりの高齢者、障害者など、本来個々人がもつ権利をさまざまな理由で行使することが困難な状況にある人に代わり、その権利を代弁・擁護し、権利実現を支援する機能をアドボカシー（advocacy）と呼び、代弁・擁護する人をアドボケート（advocate）と従来呼んできた。しかしながら、こうした代弁・擁護という視点だけではなく、子ども自身が意向を表明できるような支援のあり方や、そうした意向に対応するシステムも重要である。

　社会的養護の場で生活する子どもたちは、さまざまな喪失感を経験してその場に至っている。専門職のいかなる善意に基づいた支援であっても、子ども本人が不当な介入と感じることは多々ある。そうした思いに十分に耳を傾けられずに、適応を強いられることもある。非難されずに聴いてもらえた、思いに共感してもらえたという体験を積み重ねることで、自尊心を向上させ、希望をもって生活することが可能となる。生活をともにする大人が聴く場合が多いが、一緒に生活するがゆえに表明することが困難な場合もある。ともに生活をしない外部の第三者が一定の関係を形成したうえで、そうした意向を聴くという取り組みも近年児童養護施設で行われている。また、子ども自身にそうした意向を表明する権利があることなどを知らせる義務も支援者にはあるといえる。アドボカシー活動の1つである「子どもの権利ノート」は、主として児童養護施設や里親等に措置された子どもを対象とした冊子であり、基本的に守られなければならない権利内容や権利が侵害された場合における対処方法等が記載されている。

（林　浩康）

第 4 講

社会的養護の基本原則

現在、社会的養護の基本原則は、「家庭養育優先原則」である。

現在と前置きをしたのは、この原則はごく最近にできたものだか

らである。近年、わが国の社会的養護は、家庭養育優先原則の実

現に向けて大きく舵_{かじ}をきっている。

　本講では、家庭養育優先原則の根拠となる法律や条約等を参照

した後、国内外の養子研究と施策の動向を紹介し、家庭養育を優

先すべき理由を確認する。最後に、アイデンティティ形成の観点

から養育環境について考える。

Step1

1. 児童福祉法の2016（平成28）年改正

　「家庭養育優先原則」とは、端的にいうと、子どもを施設よりも家庭で養育すべきとする決まりのことである。この決まりは、2016（平成28）年に改正された児童福祉法によって定められた。これまでも児童福祉法は改正されてきたが、この改正は抜本的改正と評されている。ここでは、3つにポイントを絞って解説する。

児童の権利に関する条約と児童福祉法の理念の明確化

　まず、何よりも注目すべき点は、児童福祉法は「児童の権利に関する条約」の精神に則していることが、第1条に明記され、理念の中核に据えられたことである。児童福祉法の理念は、1947（昭和22）年の制定時から一度も見直されることがなかったため、この改正はことさら大きな意味をもつ。

　第1条の改正前と改正後の変化に着目してほしい（**図表4-1**）。まず、改正前の「すべて国民は」が、改正後には「全て児童は」と主語が大人（国民）から子どもに置き換わっており、また「権利」という文言が導入されている。つまり第1条によって、子どもが権利の主体として位置づけられたのである。

　さらに改正後の第2条では、「（児童の年齢及び発達の程度に応じて）その意見が

図表4-1　児童福祉法：新旧対照表【児童の福祉を保障するための理念の明確化】

改正後　※下線部が改正部分	改正前
第1条　全て児童は、児童の権利に関する条約の精神にのつとり、適切に養育されること、その生活を保障されること、愛され、保護されること、その心身の健やかな成長及び発達並びにその自立が図られることその他の福祉を等しく保障される権利を有する。	第1条　すべて国民は、児童が心身ともに健やかに生まれ、且つ、育成されるよう努めなければならない。 ②　すべて児童は、ひとしくその生活を保障され、愛護されなければならない。
第2条　全て国民は、児童が良好な環境において生まれ、かつ、社会のあらゆる分野において、児童の年齢及び発達の程度に応じて、その意見が尊重され、その最善の利益が優先して考慮され、心身ともに健やかに育成されるよう努めなければならない。 ②　児童の保護者は、児童を心身ともに健やかに育成することについて第一義的責任を負う。 ③　国及び地方公共団体は、児童の保護者とともに、児童を心身ともに健やかに育成する責任を負う。	第2条　国及び地方公共団体は、児童の保護者とともに、児童を心身ともに健やかに育成する責任を負う。

尊重され、その最善の利益が優先して考慮され」るよう記されている。ここにも児童の権利に関する条約（第3条「児童の最善の利益」、第12条「意見表明権」）の影響がみてとれる。

家庭と同様の環境における養育の推進

2つ目のポイントは、家庭養育優先原則の根拠となる条文が新設されたことである（第3条の2）。この条文によって養育の優先順位が以下のとおり示された。

① 児童が家庭において健やかに養育されるよう、保護者を支援すること。

② 家庭における養育が適当でない場合、児童が「家庭における養育環境と同様の養育環境」において継続的に養育されるよう、必要な措置をとること。

③ ②の措置が適当でない場合、児童が「できる限り良好な家庭的環境」で養育されるよう、必要な措置をとること。

説明を加えると、①における家庭とは、実父母や親族等による養育を指し、②の「家庭における養育環境と同様の養育環境」とは、養子縁組（特別養子縁組を含む）による家庭、里親家庭、小規模住居型児童養育事業（ファミリーホーム）を指す。最後の③における「できる限り良好な家庭的環境」には、施設ではあるものの小規模で家庭に近い環境の、地域小規模児童養護施設（グループホーム）と小規模グループケア（分園型）等が該当する。

児童育成の責任

3つ目のポイントとして、「児童育成の責任」として新設された第2条第2項をあげておく。

> **児童福祉法**
> 第2条　略
> ② 児童の保護者は、児童を心身ともに健やかに育成することについて第一義的責任を負う。
> ③ 国及び地方公共団体は、児童の保護者とともに、児童を心身ともに健やかに育成する責任を負う。

つまり、改正前は、児童育成の責任に関して国及び地方公共団体と児童の保護者は共同の責任を有していたといえるが、改正後には、まず保護者が根本的な責任を負うことが確認され、そのうえで「国及び地方公共団体は、児童が家庭において心身ともに健やかに養育されるよう、児童の保護者を支援しなければならない」（第3条の2の冒頭）とされたため、家庭養育の尊重と支援が法律で示されたことになる。

第4講　社会的養護の基本原則

2. 児童の代替的養護に関する指針

　上記のように、児童福祉法の2016（平成28）年改正は、家庭養育優先原則の根拠になるものではあるが、なぜ家庭養育が優先されるべきなのか、その理由は条文には明記されていない。

　しかし、児童の権利に関する条約の前文には、家庭養育が優先される理由を認めることができる。そこでは、「家族が、社会の基礎的な集団として、（中略）児童の成長及び福祉のための自然な環境」であるとうたわれている。さらには、2009（平成21）年に国連総会で採択された「児童の代替的養護に関する指針」はそれを発展させ、以下のように明記している（注：代替的養護とは、社会的養護の、特に児童が保護者と分離して養育されている形態を指す）。

児童の代替的養護に関する指針　Ⅱ．一般原則及び展望－A．児童とその家族

3．家族は社会の基本的集団であると同時に、児童の成長、福祉及び保護にとって自然な環境であるため、第一に、児童が両親（又は場合に応じてその他の近親者）の養護下で生活できるようにし、又はかかる養護下に戻れるようにすることを目指して活動すべきである。国は、家族がその養護機能に対する様々な形態の支援を受けられるよう保障すべきである。

　このほかにも、児童の代替的養護に関する指針には、家庭養育優先原則を支持する項目が豊富にみられる。それは、改正された児童福祉法の理念は、児童の権利に関する条約の精神に則したものであることに加え、改正部分の多く、特に新たに追加された第3条の2が、児童の代替的養護に関する指針の影響を受けてつくられたからであろう。

3. 児童福祉法のさらなる改正

　抜本的な改正といわれた2016（平成28）年の児童福祉法改正から6年後の2022（令和4）年、児童虐待（じどうぎゃくたい）の相談対応件数の増加など、子育てに困難を抱える世帯がこれまで以上に顕在化（けんざいか）してきている状況等をふまえ、児童福祉法のさらなる改正案が可決、公布された（児童福祉法等の一部を改正する法律、一部を除き2024（令和6）年4月1日施行）。ここでは、本講のテーマに特に関連が深いと考えられる改正内容3点にしぼって概要を解説する。

　1点目として、子どもの意見聴取等のしくみの整備をあげる。子どもの権利擁護（けんりようご）の取り組みを推進するため、子どもの権利擁護の環境整備を行うことを都道府県等

の業務として位置づけ、都道府県知事または児童相談所長が行う措置等の決定時において、子どもの意見聴取等を行うこととし、子どもの意見表明等を支援するための事業を制度に位置づけ、その体制整備に努めることとされた。児童の権利に関する条約のいわゆる意見表明権（第12条）と、2016（平成28）年改正児童福祉法で子どもの意見の尊重（第2条第1項）が謳われているにもかかわらず不十分である実態に対して、確実な改善を求める内容になるであろう。子どものアドボケート（**36ページ COLUMN 参照**）の制度化と拡充を期待したい。

2点目として、一時保護開始時の判断に関する司法審査の導入がある。改正法施行後は、一時保護の適正性の確保や手続きの透明性の確保のため、親権者等が一時保護に同意した場合を除き児童相談所は事前、または保護開始から7日以内に裁判所に一時保護状を請求することになる。児童の権利に関する条約第9条と、保護者に子ども育成の一義的責任を負わせた2016（平成28）年改正法に実効性を与える改正内容になっている。

児童の権利に関する条約　第9条
1　締約国は、児童がその父母の意思に反してその父母から分離されないことを確保する。ただし、権限のある当局が司法の審査に従うことを条件として適用のある法律及び手続きに従いその分離が児童の最善の利益のために必要であると決定する場合は、この限りではない。（略）
2　すべての関係当事者は、1の規定に基づくいかなる手続きにおいても、その手続きに参加しかつ自己の意見を述べる機会を有する。
3～4　略

最後の改正点として、子ども家庭福祉の実務者の専門性の向上をあげる。子ども家庭福祉の現場にソーシャルワークの専門性を十分に身につけた人材を早期に輩出するため、まずは一定の実務経験のある有資格者（社会福祉士、精神保健福祉士）や現任者について、国の基準を満たした認定機関が認定した研修等を経て取得する認定資格を導入する。つまり、今後児童福祉司の任用要件が児童福祉法等に位置づけられる新たな認定資格によって裏づけられることになる。資格のあり方については施行後2年を目途に検討がされ、その結果に基づいて必要な措置が講じられることになっている。今後の動向を注目したい。

第4講　社会的養護の基本原則

Step2

Step 2 では、家庭養育優先を裏付ける研究の先駆けとなったルーマニアでの養子研究や国内外の取り組みについて概観（がいかん）し、なぜ家庭養育が優先されるべきなのか理解を深めたい。

1. 大規模施設養護が子どもの心理・発達に与える影響

1989年、ルーマニア革命でチャウシェスク独裁政権が崩壊した。その際西欧メディアの報道により、ルーマニアの孤児院で暮らす子どもたちの惨状が明らかになった。子どもたちは、予算が不十分な国営大型施設に過密な状態で集団養育されており、飢えや虐待（ぎゃくたい）に苦しんでいた。これらの子どもたちに対して、多くの人道的支援が慈善団体（じぜんだんたい）や里親支援団体等によって行われた。

また、子どもたちに関する研究も行われた。とりわけ、イギリスで行われた「ERA 研究（English and Romanian Adoptees Study）」とアメリカで行われた「ブカレスト早期介入プロジェクト（Bucharest Early Intervention Project：BEIP）」は、大規模な疫学調査を行った。これらの研究はともに、劣悪な環境にあった大規模施設で養育を受けた子どもには、知的な遅れ等の発達上の問題がみられることを明らかにした。ERA 研究によると、大規模施設養護の影響として、疑似自閉症、脱抑制型アタッチメント、不注意・過活動、等のあらわれがあったことが確認されているが、孤児院の子どもをイギリスに養子縁組した後に追跡調査を行った結果、生後6か月までにイギリスに養子縁組された子どもにみられた心理的問題はわずかであったことが明らかにされた。また BEIP でも、施設養育から里親養育へ移行となった子どもに、明らかな認知機能の回復がみられたことが報告されている。

これらの研究によって、乳幼児期、それも早期に家庭的環境に委託（いたく）されるという条件がそろえば、一度親子分離を経験した子どもであっても発達を取り返すことができるということが示された。

これらの研究で得られた教訓をわが国の現状に置き換えてみよう。ルーマニアの孤児院と日本の施設では状況が異なるが、現在の日本では、社会的養護の子どもの大多数が施設で養育を受けている。しかし、今までのところ、社会的養護の子どもを対象とした全国的な追跡研究はほとんど行われておらず、国の責任として行われている社会的養護のアウトカム（結果）を検討するためのデータを蓄積するしくみは存在しない。そのため、「どのような支援に効果があるのか」という基本的な検証が非常に困難な状況にある。同様に、乳幼児期から長期間の施設養育を受けることで子どもに及ぼされる負の影響は、正確に判定されていない。児童の代替的養護

に関する指針の第69項には、「（社会的養護にかかわる）政策は信頼できる情報及び統計データに基づくべきである」と明記されている。わが国で家庭養育優先原則が採択されたのは喜ばしいことには違いないが、独自の実証データに基づいた政策および実践が行われることを切に望む。

2. 家庭養育にかかる社会的コスト

　つづいて、社会的養護を措置費等、必要なコストの観点から調査した報告書を紹介する。2017（平成29）年7月に日本財団が作成した「子どもの家庭養育のコスト構造に関する調査報告書」において、児童養護施設（グループホーム含む）で支払われている子どもの生活のための費用（措置費）は、民間児童養護施設（グループホーム含む）は里親委託の2.61倍、乳児院は里親委託の3.74倍であるという結果が示された。

　同年の8月に、厚生労働大臣の下に設置された「新たな社会的養育のあり方に関する検討会」が、「新しい社会的養育ビジョン」を取りまとめた。「新しい社会的養育ビジョン」は、家庭養護や家庭的養育を推進するための工程と数値目標を示した点で画期的だった（数値目標や内容については**82、83、168、197ページ参照**）。この「新しい社会的養育ビジョン」に沿って多くの社会的養護の子どもが家庭養育に移行するとすれば、既存の施設はより高度で短期間に集中的な治療的ケアの提供を求められる（例えば、医師等、専門職の配置など）ことから、そのような施設が必要とする措置費などのコストはこれまでより高くなることが予想されている。さらに、里親によるケアが主流になると、地域での手厚い支援が必要となるだろう。これには、乳児院や児童養護施設や里親支援機関が児童相談所と協働してあたることになる。これらの事情を総合すると、社会的養護全体のコストが下がる、すなわち「より安い支援」への移行ではなく、これまで施設に支払われていた予算を地域での支援に付け替えることで、子どもの家庭養育を後押しするという視点が必要となる。

　諸外国では、子どもが育つ場のパーマネンシー（永続性）保障の視点だけではなく、コストという側面からも、養子縁組の活用が促進されている。現在日本で成立する特別養子縁組は年間600〜700件に過ぎないが、「新しい社会的養育ビジョン」ではこの件数を倍増することを目標として掲げている。今後、日本で養子縁組が活用されるようになるためには、後ほど触れるような児童相談所を中心とした集中的な取り組みが必要となるだろうと同報告書は結んでいる。

第4講　社会的養護の基本原則

43

3. 諸外国の取り組み

　社会的養護の子どもを施設養育から家庭養育に切り替えることを目的に設立された国際NGOであるLUMOSの取り組みを例にみてみよう（注：LUMOSは、ハリー・ポッターの著者であるローリング（Rowling, J. K.）が出資し、2005年に設立された。ちなみにハリー・ポッターの物語において、「LUMOS」は「光よ」と訳される魔法の呪文である）。

　LUMOSでは、子どもを施設から地域生活に移行する際に最も大切な原則として「子どもにいかなる害も与えてはならない（Do No Harm）」としている。そのためには、施設閉鎖をゴールとするのではなく、親が子どもを育てられない状況に目を向け、それを解決するための手立てを考えることが必要である。多くの場合、それは新たな施設をつくることではなく、家族を支援する人的資源（専門職）の養成が重要となる。したがって、「施設か里親か？」の二者択一ではなく、そもそも親子分離を防止するための「早期介入」を中心とした考えに重きがおかれている。

　類似の取り組みとして、政府などから資金を得て、虐待や非行、犯罪などさまざまな分野の早期介入を研究し、その成果を報告して政策に影響を与えているイギリスの「早期介入財団（Early Intervention Foundation：EIF）」では、①子どもの社会的ケア、②犯罪や反社会的行動、③ニート、が社会的コストの面からも、子どもの機会の喪失という側面からも、重篤な損害を及ぼす3大要素であると指摘しており、それらに対する早期介入の必要性と介入が遅れた場合の社会的損失にまで言及し、政府や社会全体に対して情報提供をしている。

　特筆すべきは、このような早期介入に使われる子育て支援サービスは、社会的養護の子どもへの支援だけではなく、すべての子どもへの支援として提供されるという点である。したがって、これまで不利な状況におかれてきた社会的養護の子どもやその家族が支援を受けながら地域生活を継続することができる地域をつくることは、すべての住民が子育てのしやすい社会をつくることなのである。

4. 日本国内での取り組み

　Step 2 の最後に、早期介入の示唆に富む取り組みとして、福岡市における家庭養育推進に関する先進的な取り組みを紹介する。福岡市では、2014（平成26）年度から「家庭移行支援係」を独自に設置するなどして、社会的養護のもとで暮らす子どもの可能な限り早期の家庭復帰や里親委託に尽力してきた。福岡市の「施設入退

44

所調査」（2015（平成27）年11月時点）によると、施設入所が3年を超える子ども
は、実親との面会等の交流が減り、その後の長い子ども期を社会的養護のもとで暮
らすリスクが増えるという。特に入所期間が3年を超えた児童の実に約65％が18歳
の措置解除年齢まで社会的養護のもとで暮らしている。福岡市では、このデータに
基づき、3年以内に家庭復帰できるようはたらきかけを強化すると同時に、それが
困難なケースでは早期に特別養子縁組や里親委託を検討するようにしている。

　福岡市では具体的に、NPOなどと協働してこれまでとは異なる手法（スーパー
マーケットやショッピングモール等の身近な場所でのチラシ配布、子育て世代の多
い住宅街でのポスティング、おしゃれなカフェでの里親制度周知イベントなど）を
用いて里親を開拓し、施設養育の負の影響を受けやすい乳幼児の里親委託に向けた
集中的な取り組みを行っている。その結果、2005（平成17）年には10.6％であった
里親委託率が2016（平成28）年度末には39.7％にまで上昇している。

　このように、その地域の子どものデータに基づいて、政策の設定を行い、実践現
場でも意思統一を図り、1つひとつのケースに影響を与えていくことは、「エビデ
ンスに基づく実践」としてより広く取り入れられるべき実践である。

　Step 2 では、家庭養育優先原則を裏づける研究と実践を概観した。ルーマニア
の養子研究は、大規模施設を不適切な養育環境とみなす決定的なエビデンスにな
り、施設養育よりも家庭養育を優先する国際的潮流を生んだ。「新しい社会的養育
ビジョン」の乳幼児の家庭養育原則の徹底も、同研究を背景にしているに違いな
い。親子を分離せず、可能な限り地域で生活していけるような支援の提供をこれか
らの社会的養護の原則として据えることはさまざまな側面から疑いの余地はない。
そのためには、①既存の支援の枠を超えた、家庭への早期介入や支援の提供、②エ
ビデンスに基づく政策の決定や集中的な資金注入などの改革、などの新たな実践が
求められているといえる。

第4講　社会的養護の基本原則

Step3

養育の営みにおいて促進されるのは、脳と身体の発達だけではない。私たちがあたりまえにもっている「私が私である」という感覚もまた、発達過程の原初において、親など身近な養育者とのかかわりを通じて形成されるものである。つまり、養育の質が問われるのである。Step 3 では、養育との関係における、こころの発達に目を向けてみる。

1. アイデンティティの形成と強化

アイデンティティは、発達心理学者のエリクソン（Erikson, E. H.）によって唱えられた概念で、「自己同一性」や「存在証明」と訳される。それは「自分は何者であるか」「自分は何をすべきか」等、個人のこころのなかで形成される複合体で、自己が環境や時間の変化にかかわらず同一のものであるという実感である。

しかし、私たちは通常、自らのアイデンティティについて、意識して生活することはない。というのも、自分が自分であることは、「当たり前のこと」として感じられているからである。だが、私たちが「過去の自分」と「現在の自分」が同一の存在であると認識することができるのには、実は明確な根拠があるわけではない。仮に、記憶を幼児期までさかのぼって幼い自分の姿を思い返すことができたとしても、ある時点から昔は記憶がないはずである。

では、記憶がない時代の自分は、自分として認められないのだろうか。そうではないだろう。われわれは乳児の頃の記憶を思い返すことはできないが、それらは家族や身近な他者の語りによって補完され、自らのアイデンティティの一部になっている。例えば、アルバムの写真に写っている赤ちゃんが、かつての自分であったと認めるためには、「この子はあなたですよ」という他者からの承認が必要なのである。きっと写真とともに、「このときのあなたは○○だったのよ」というようなエピソードもつけ加えられるだろう。さらには、母親のおなかのなかにいるときによく動いたとか、産まれたときはどんなだったとか、亡き祖父母に似ているとか、さまざまなエピソードがいく重にも重なり、過去の自分、ひいては現在の自分を肉厚に形づくっている。

程度の差はあるが、一般家庭に育つ子どもは、家庭にアルバムがある。そして、写真に添えられるエピソードや語りにふれながら成長していくはずである。なぜなら、その子どもを一貫して養育する大人がいるからである。

われわれがここで問題にするのは、社会的養護の、特に施設養護にある子どもは、成育歴に沿ったアルバム（記録）をもっていることが少ないということであ

る。写真やその子どもの成長にまつわるエピソード（記憶）についても、古くから働く職員がいれば幸運だが、職員の異動や離職が多い施設であれば、子どもが自分の幼少期を知る機会を逸してしまうだろう。ましてや施設を転々とする子どもについては、「記憶」どころか「記録」についてもおぼつかなくなってしまう。そのような状態は、養育の継続性と養育者の一貫性を欠くために生じる。つまり、社会的養護下にある子どもは、記録や記憶があいまいになりがちで「自分は何者なのか？」というアイデンティティの危機に陥る可能性がある。それゆえ、この点から考えても、家庭養育が適切なのである。

　では、施設養護でアイデンティティへのケアはできないのであろうか。児童の代替的養護に関する指針の第100条には、「児童の自己認識感覚を養うために、適切な情報、写真、私物、記念の品で構成される自分の歴史に関する本を児童と一緒に作り、生涯にわたって児童が使用できるようにすべきである」と記載されている。

2. ライフストーリーワーク

　アイデンティティへのケアとしてあげられる代表的なものは、イギリスで生まれた「ライフストーリーワーク」であろう。イギリスでは、社会的養護のもとで育った子どもが自分の実親や家族について知り、さらには施設への入所理由や将来展望について、子どもと支援者がともに考えるためのツールとして実施されている。自己の生い立ちや家族について知ることは、自己を理解するうえで非常に重要である。特に、幼少期から社会的養護のもとで育った子どもにとって、ライフストーリーワークは、自分が覚えていない幼い頃のエピソードなどにふれる貴重な機会になる。これらの情報は、ともすれば措置変更や家族との音信不通、児童相談所の担当者の変更などによって失われる危険性があるからだ。

　厚生労働省から出された「里親及びファミリーホーム養育指針」（2012（平成24）年）にも、「自己の生い立ちを知ることは自己形成にとって不可欠」と明記され、ライフストーリーワークが有効な支援法の１つとしてあげられている。このようにアイデンティティのケアにまつわる問題意識はわが国でも広がりをみせ、近年は各地の児童相談所や児童福祉施設において、ライフストーリーワークや「育ちアルバム」「育てノート」が普及しはじめている。これらは、家庭外養育の弱点を補うツールとしてのみならず、養子縁組家庭や里親家庭でも、今後ますます必要とされていくであろう。

　類似の視点として、「新しい社会的養育ビジョン」で子どもの出自を知る権利の

保障（児童の権利に関する条約第7条）が言及されてはいるが、そこでは知る内容は「出自」に留まり、支援の対象は養子縁組成立前後の養親や養子をターゲットにしている。アイデンティティの確立の観点からいうと、どの養育形態をとっているかにかかわらず、子どもの出生から現在までの連続を、知る権利の範疇（はんちゅう）に含めたいものである。

児童の権利に関する条約　第7条

1　児童は、出生の後直ちに登録される。児童は、出生の時から氏名を有する権利及び国籍を取得する権利を有するものとし、また、できる限りその父母を知りかつその父母によって養育される権利を有する。

2　略

参考文献

● 外務省「児童の権利に関する条約　全文」　https://www.mofa.go.jp/mofaj/gaiko/jido/zenbun.html

● 上鹿渡和宏「英国・欧州における社会的養護に関する実証的研究の変遷と実践への影響」『長野大学紀要』第34巻第2号，2012.

● 上鹿渡和宏「社会的養護の動向と喫緊の課題──『今を生きる子ども』の最善の利益から考える」『信州公衆衛生雑誌』第6巻第2号，2012.

● K・レンチ・L・ネイラー，才村眞理・徳永祥子監訳『施設・里親家庭で暮らす子どもとはじめる　クリエイティブなライフストーリーワーク』福村出版，2015.

● 厚生労働省「社会的養護」　https://www.mhlw.go.jp/stf/seisakunitsuite/bunya/kodomo/kodomo_kosodate/syakaiteki_yougo/index.html

● 中央法規出版編集部編『改正児童福祉法・児童虐待防止法のポイント（平成29年4月完全施行）──新旧対照表・改正後条文』中央法規出版，2016.

● 松原康雄「子どもの命と成長発達を守る──新たな子ども家庭福祉のあり方に関する専門委員会報告書と児童福祉法等改正を踏まえて」『子どもの虹情報研修センター紀要』第14号，子どもの虹情報研修センター，2016.

● 新たな社会的養育の在り方に関する検討会「新しい社会的養育ビジョン」2017.

● 厚生労働省子ども家庭局家庭福祉課「社会的養護の推進に向けて」2017.

● 厚生労働省子ども家庭局長通知「『都道府県社会的養育推進計画』の策定について」（平成30年7月6日子発0706第1号）

● M・ラター，上鹿渡和宏訳『イギリス・ルーマニア養子研究から社会的養護への示唆──施設から養子縁組された子どもに関する質問』福村出版，2012.

● 徳永祥子「子どもたちの人生の可能性をより良くするための早期介入」『子どもの虐待とネグレクト』第20巻第20号，2018.

● 日本財団「子どもの家庭養育のコスト構造に関する調査報告書」2017.

● 厚生労働省「『確かな絆をすべての子どもに──里親委託と特別養子縁組に関する調査』──愛知県・静岡市・福岡市における里親委託と特別養子縁組の推進状況を中心として」2018.

第 5 講

社会的養護における
保育士等の倫理と責務

倫理とは、社会生活上の行動規範である。

対人支援を行う支援者には高い倫理観が求められる。これは、

子どものケアにかかわる社会的養護の担い手にも同様のことがい

える。では、支援者に求められる「倫理」とは何か。なぜ、支援

者には倫理が求められるのか。

本講では、社会的養護にかかわる専門職の倫理と責務について

考える。

Step 1

1. 倫理とは

　倫理とは何か、具体的にイメージすることは難しい。「倫理」という言葉の意味について、『広辞苑 第7版』では「人倫のみち。実際道徳の規範となる原理。道徳」と説明しており、広く弾力的な意味をもっているが、社会生活を送るうえでの一般的な決まりごと・行動規範ととらえることができる。

2. 対人支援における倫理

　ここでは、対人支援の専門職であるソーシャルワーカーを例に取り上げる。

　近年、子どもとその家庭を取り巻く環境が多様化し、複雑になっている。子育てに対する不安や地域における孤立感などを背景に、子どもや子育てに関する相談のニーズも増大している。そのため、保育所における保護者に対する子育て支援においては、保護者が支援を求めている子育ての問題や課題に対して、保護者の気持ちを受け止めつつ、必要に応じて他の関係機関や専門の福祉機関と連携をとりながら行われることが求められる。そして、こうした支援を行うために、保育士にもソーシャルワークの基本的な姿勢や知識、技術等が必要とされている。

　ソーシャルワーク（social work）とは、「社会福祉援助」などを表す言葉として用いられている。

　ソーシャルワークとは何か、明確に定義することは難しいが、生活上の課題や問題が原因で支援を必要とする人（利用者）に対して、直接的・間接的な支援の提供を通して課題・問題の解決を図っていくことが基本である。そして、ソーシャルワークを実践するソーシャルワーカーは、ソーシャルワークの価値を基盤に専門の知識とスキルを活用する専門職である。

　ソーシャルワーカーの専門性を構成する基本的要素に、①価値（専門職としての価値と倫理）、②知識（専門的な知識）、③スキル（専門的な技術・技能）の3つがあるとされる。

　ソーシャルワーカーは支援過程において、クライエントのニーズや、利用者を取り巻く環境に対して、専門職的な判断を行うことになる。その際のソーシャルワーカーの意思決定の判断基準、指針の1つになるものが「倫理」であるといえる。

価値と倫理

　「倫理」と密接にかかわるものとして「価値」がある。「価値」という言葉にはさ

まざまな意味があるが、「善きもの・望ましいものとして認め、その実現を期待するもの」として何を大切にすべきか、行動の指標として示されるものであり、ものごとの判断に影響を与える。この「価値」を具体化したものが倫理であるといえる。

　人は、これまでの生活における周囲の人々や社会とのかかわり合いのなかで、個人としての価値観を形成している。また、集団が社会的に共有している価値、所属する機関や施設の価値などから影響を受ける。このことは、対人支援の専門職も同様である。ブトゥリム（Butrym, Z. T.）はソーシャルワークの基本的価値の前提として、①人間尊重、②人間の社会性、③変化の可能性の３点をあげている*1。

3. 支援における倫理の必要性

　対人支援においては、支援者が倫理を守ることが求められる。

　ここでもソーシャルワークを例にとるが、ソーシャルワークの実践活動は、利用者へのアセスメントを通して、ニーズを把握し、利用者に最も適合するサービスを提供することであるといえる。利用者との支援関係の形成を重視するソーシャルワークにおいては、利用者自身や、利用者を取り巻く環境について総合的に理解することを通じて、課題解決につながるような支援、サービスにつなげていく。

　利用者やその環境について理解しようとする際、生活に密着した相談にともなって収集する利用者の情報は、本来ならば他者には知られたくない事柄などが含まれる可能性も高く、プライバシーに踏み込んだものとなる。利用者は自身の相談内容（困りごと）について、現在の状況だけでなく、過去の状況や経緯、自身の希望について話すことになるかもしれない。そのため、利用者から見れば支援者であるソーシャルワーカーの姿が強者に映ることもあるかもしれない。対人支援の関係性においては本来、利用者と支援者は対等な関係であることが求められるが、「支援をする人／される人」といった支援者が優位な関係性に変質する可能性もあり、こうした立場を利用した権利侵害が生じることもありうるだろう。

　このように、ソーシャルワーカーは個人情報について知りえる立場にあることや、支援者が利用者よりも優位な立場になる可能性があることなどから、ソーシャルワーカーには高い倫理性が求められるのである。

*1　Z・T・ブトゥリム，川田誉音訳『ソーシャルワークとは何か——その本質と機能』川島書店，pp.55〜56，1986.

第5講　社会的養護における保育士等の倫理と責務

4. 施設のケアにおける職員の責務と倫理

　児童福祉施設に限らず、福祉施設に入所している利用者にとって、福祉施設は生活の拠点となるだろう。そのため、入所施設の職員の役割として、その施設が利用者一人ひとりにとって、地域における生活の場となるような実践を行うことが求められる。また、通所施設で働く職員の役割については、地域における利用者の生活支援があげられるであろう。通所施設でのケアにおいては、利用者本人のみならず、家族への支援も視野に入れたものとなる。

　入所施設の職員は、利用者の日々の生活において、食事や住環境、あるいは趣味・娯楽、学習、社会参加の活動など、利用者の暮らし全体を視野に入れたQOL（Quality of Life：生活の質）の向上をめざす営みが求められる。

　このように、入所施設においてケアを担う職員には、利用者の生活の質をより高めていくことができるよう支援を行うことが求められる。しかし、それと同時に、職員は利用者の生活全体に密接にかかわりをもち、利用者の人としての尊厳や権利とかかわることになるため、その支援の実践には高い倫理性が要求される。

5. 社会的養護におけるケアと倫理

　このことは、子どものケアを行う社会的養護の担い手についても同様である。

　現在、何らかの事情により実親のもとで暮らすことができず、社会的養護の対象となる子どもは、約4万2000人とされている。このうち、約80％が施設養護であり、約20％が里親等家庭養護に委託されており、里親等の家庭養護への委託率は少しずつ増加してきている。

　社会的養護の対象となる子どもの数は増加傾向にある。また、虐待を受けた経験のある子どもが増加しており、児童養護施設に入所している子どもの約7割は、虐待を受けた経験があるというのが現状である。

　虐待の経験をもつ子どもの一般的な心理的問題として、他者への基本的信頼感や安心感を獲得していないため、乳幼児期の心理的発達課題を数多く引きずっていること、心的外傷（トラウマ）体験を負っていること、そしてそれを癒す場が家庭にないことなどがあげられる[2]。社会的養護は要保護児童に対して、実親に代わって代替的にケアを提供するが、社会的養護の対象となる子どもは、それまでの生活の

---

*2　西澤哲「子ども虐待がそだちにもたらすもの」『そだちの科学』第2号, pp.10〜16, 2004.

なかで形成された一定の行動パターンや対人関係パターンを有していることが推察^(すいさつ)できる。また、先述したように、要保護児童の多くは、程度の差はあるが虐待を経験している。社会的養護の担い手には、複雑なニーズを有する子どもの安心・安全の確保とともに、子どもの権利の尊重、子どもの最善の利益を保障した支援を行うことが求められる。そのため、社会的養護の担い手にも高い倫理観^(りんりかん)が求められることはいうまでもないだろう。

「児童福祉施設の設備及び運営に関する基準」において、児童福祉施設の職員について**図表5-1**のように言及している。「児童福祉施設に入所している者の保護に従事する職員は、健全な心身を有し、豊かな人間性と倫理観を備え、児童福祉事業に熱意のある者であって、できる限り児童福祉事業の理論及び実際について訓練を受けた者でなければならない」とされており、子どものケアを行う職員には「豊かな人間性と倫理観」を求められている。

図表5-1 児童福祉施設の設備及び運営に関する基準（昭和23年厚生省令第63号）より一部抜粋

（児童福祉施設における職員の一般的要件）
第7条　児童福祉施設に入所している者の保護に従事する職員は、健全な心身を有し、豊かな人間性と倫理観を備え、児童福祉事業に熱意のある者であって、できる限り児童福祉事業の理論及び実際について訓練を受けた者でなければならない。
（児童福祉施設の職員の知識及び技能の向上等）
第7条の2　児童福祉施設の職員は、常に自己研鑽^(さん)に励み、法に定めるそれぞれの施設の目的を達成するために必要な知識及び技能の修得、維持及び向上に努めなければならない。
2　児童福祉施設は、職員に対し、その資質の向上のための研修の機会を確保しなければならない。
（他の社会福祉施設を併せて設置するときの設備及び職員の基準）
第8条　児童福祉施設は、他の社会福祉施設を併せて設置するときは、必要に応じ当該児童福祉施設の設備及び職員の一部を併せて設置する社会福祉施設の設備及び職員に兼ねることができる。ただし、入所している者の居室及び各施設に特有の設備並びに入所している者の保護に直接従事する職員については、この限りでない。
（入所した者を平等に取り扱う原則）
第9条　児童福祉施設においては、入所している者の国籍、信条、社会的身分又は入所に要する費用を負担するか否かによって、差別的取扱いをしてはならない。
（虐待等の禁止）
第9条の2　児童福祉施設の職員は、入所中の児童に対し、法第33条の10各号に掲げる行為その他当該児童の心身に有害な影響を与える行為をしてはならない。
（懲戒に係る権限の濫用禁止）
第9条の3　児童福祉施設の長は、入所中の児童に対し法第47条第1項本文の規定により親権を行う場合であって懲戒するとき又は同条第3項の規定により懲戒に関しその児童の福祉のために必要な措置を採るときは、身体的苦痛を与え、人格を辱める等その権限を濫用してはならない。

第5講　社会的養護における保育士等の倫理と責務

53

Step2

1. 専門職の倫理としての職業倫理

　専門職の定義については、議論が重ねられてきたが、研究者間では、専門職の特性として、①独自の専門的知識・技法に基づく仕事に従事する職業であること、②当該職業が使用する知識や技術は長期の教育訓練でなければ獲得できないものであること、③当該職業の実践の基盤となる専門的知識体系と教育体系を有していること、④社会の安寧と公共の利益をめざしたサービスと貢献であること、⑤サービスの提供にあたっては、プロフェッショナルとしての倫理的規範にしたがうこと、⑥サービスを提供するための能力、倫理的規範、自律性を維持するための専門職組織と倫理規定が存在すること、などがあげられている[*3]。

　「職業倫理」とは、ある職業に就いている個人や団体が自らの社会的な役割や責任を果たすために、職業人としての行動を律する基準・規範であるといえる。具体的には、「何を目標として、どのように働くべきか」といったことを中心的な内容とするが、必ずしも明文化されているわけではない。弁護士や医師、看護師、社会福祉士、精神保健福祉士、保育士、介護福祉士などについては、それぞれの職能団体が専門職倫理（倫理綱領）を定めている。倫理綱領は、専門職として準拠する価値や、専門職団体の立場・目的・方針、個人の行動規範などを要約して表したものである。倫理綱領の機能としては、①教育・開発的機能、②価値志向的機能、③管理的機能、④制裁的機能、などがあげられる。

2. 子どものケアにかかわる専門職

　対人支援の専門職が支援を展開する際、支援者がどのような価値観や倫理観をもってクライエント自身やクライエントを取り巻く状況および課題をとらえるかにより、援助に用いる専門知識や専門技術の活用方法も異なることとなる。

　社会的養護の担い手は、子どもが安心できる環境で継続的に生活できるよう、子どもの最善の利益・子どものウェルビーイングを追求することが求められる。また、支援において、適切な倫理観をもつことが求められる。

　では、子どものケアにかかわる専門職の倫理とは何か。それぞれの専門職は、どのような考え方をして、どのように行動すべきなのだろうか。

---

*3　井部俊子・中西睦子編『看護における人的資源活用論 第2版』日本看護協会出版会，pp.4〜13，2011.，滝下幸栄・岩脇陽子・松岡知子「専門職としての看護の現状と課題」『京都府立医科大学雑誌』第120巻第6号、pp.437〜444，2011.

　社会的養護にたずさわる職種は多く、保育・福祉・心理・教育・栄養・調理など
さまざまな分野の職員が施設に勤務している。また、家庭養護で子どものケアを行
う里親の背景はさらに多岐にわたる。「児童福祉施設の設備及び運営に関する基準」
には、児童福祉施設に配置される職員（職種）が規定されている。例として、①子
どもやその保護者の相談支援・助言指導を行う職員（児童指導員・母子支援員・児
童自立支援専門員など）、②子どもの日常的なケアを行う職員（主として保育士）、
③治療的・専門的なケアを行う職員（嘱託医・看護師・心理療法担当職員など）、
④施設の管理・運営を行う職員（施設長・作業員・事務員など）があげられる。

　また、社会的養護に関連する専門職の国家資格としては、保育士・社会福祉士が
あるが、社会的養護にかかわる施設には保育士の資格を有する職員が多い。児童指
導員・母子支援員・児童生活支援員（保育士が児童自立支援施設に配置された際の
職名）・児童自立支援専門員といった職種は、国家資格ではなく、任用資格であり、
社会福祉領域の職種に配属される場合に名乗ることのできる資格である。

　ここでは、国家資格である社会福祉士・保育士の専門職倫理について考えたい。

3. 社会福祉士の倫理綱領

　「社会福祉士の倫理綱領」は、日本の社会福祉の専門職4団体（日本ソーシャル
ワーカー協会、日本医療社会事業協会、日本精神保健福祉士協会、日本社会福祉士
会）で組織する社会福祉専門職団体協議会によって2005（平成17）年に策定され
た。この倫理綱領は国際ソーシャルワーカー連盟（IFSW）の倫理原則に準拠して
いる。「社会福祉士の倫理綱領」が策定される以前にも、日本ソーシャルワーカー
協会によってソーシャルワークの倫理綱領が規定されていたが、その後の社会福祉
基礎構造改革等を受け、新たに専門職4団体により改訂が行われ、段階的な改訂の
あと2005年に最終案がとりまとめられ、策定されたものが「社会福祉士の倫理綱
領」である。また、日本社会福祉士会は、倫理綱領の策定と同時期に独自に行動規
範を策定し、2005年に倫理綱領・行動規範を採択した。さらに、これらは時代の変
化に応じた内容に改定されており、倫理綱領は2020（令和2）年6月に、行動規範
は2021（令和3）年3月に最新のものが採択されている。

　「社会福祉士の倫理綱領」は、「前文」「原理」「倫理基準」から成り立っている。
「前文」ではソーシャルワーク、ソーシャルワーカー、倫理綱領について説明され
ている。「原理」では、①人間の尊厳、②人権、③社会正義、④集団的責任、⑤多
様性の尊重、⑥全人的存在の6つの原理が明記されている。「倫理基準」では、ク

ライエント（利用者）に対する倫理責任、実践現場における倫理責任、社会に対する倫理責任、専門職としての倫理責任について言及している。「社会福祉士の倫理綱領」は、社会福祉士（ソーシャルワーカー）の専門職としての価値態度や、実践における倫理的行動規範、義務の指針を明文化したものであるといえる。

4. 保育士の倫理綱領

　保育士の倫理綱領として、全国保育士会が保育士資格の法定化を契機として、保育士のさらなる質の向上をめざし、2003（平成15）年に策定・採択した「全国保育士会倫理綱領」（188ページ参照）がある。「全国保育士会倫理綱領」は、前文と、①子どもの最善の利益の尊重、②子どもの発達保障、③保護者との協力、④プライバシーの保護、⑤チームワークと自己評価、⑥利用者の代弁、⑦地域の子育て支援、⑧専門職としての責務、の条文から成り立っている。

　前文では、どのような視点で子どもをとらえ、保育を行うかという保育士の基本姿勢を表し、子どもの育ちにかかわるすべての保育士のための倫理綱領として「子どもの育ちを支える」「保護者の子育てを支える」「子どもと子育てにやさしい社会をつくる」ことが謳われている。①子どもの最善の利益の尊重では、子どもの最善の利益を尊重し、保育の実践において追求する姿勢を示している。②子どもの発達保障では、子どもが主体的・意欲的に活動できるよう、一人ひとりの発達段階に応じたかかわりを行うことや、乳幼児期の個人差に配慮しながら安全な環境を整えることについて言及している。③保護者との協力では、子どもをめぐる家庭・家族の状況や子育てに対する保護者の意向を受け止めながら、保護者との相互理解を図るよう努め、信頼関係を築き、子どもと保護者の支援を行うことを示している。④プライバシーの保護では、社会福祉の専門職としての保育士の守秘義務について明記されている。⑤チームワークと自己評価では、施設職員間の連携および、関連する地域の諸機関との多職種連携の必要性について言及している。また、保育士自らの専門性や保育所の機能の強化のために、自らの実践の振り返りと評価を行う必要性を示している。⑥利用者の代弁では、保育士が子どもの代弁者となること、また、保護者などの子育て家庭の代弁者となることについて言及している。⑦地域の子育て支援では、子どもの「育ち」と「育て」を支えるため、地域の人々や関係機関とのネットワーキングの必要性を示している。⑧専門職としての責務では、研修や自己研鑽を通して保育士の専門性の向上に努めることが求められている。

　ここまで、保育士の倫理綱領について概観してきたが、倫理基準として示された

8つの条文のうち、②子どもの発達保障については、これまで保育士の役割として期待され、広く認識されてきた役割であるといえる。このほかの条文のなかには、人権の尊重や、アドボケート機能、地域ネットワーキングなどについて言及されている条文もあり、ソーシャルワークの価値・倫理に類似した内容が示されている。

　社会福祉の専門職である保育士としてソーシャルワークの視点をもつことが求められているのではないだろうか。

保育士の専門性

　厚生労働省の「保育所保育指針」（平成29年厚生労働省告示第117号）では、保育所の保育士について、「保育所の役割及び機能が適切に発揮されるように、倫理観に裏付けられた専門的知識、技術及び判断をもって、子どもを保育するとともに、子どもの保護者に対する保育に関する指導を行うものであり、その職責を遂行するための専門性の向上に絶えず努めなければならない」としている。「保育所保育指針」では、保育における留意点として以下の6点をあげている。保育士は、これらの点に配慮しながら子どもや保護者とかかわることが求められる。また、日々の保育では、保育に関する専門的知識や技術だけでなく、倫理観に裏づけられた判断が求められる。こうした専門性を養成するために、日々の実践のなかで保育士自身が常に自己を振り返り、状況に応じた判断を行うとともに、保育士の成長を支援する指導体制と研修の保障が重要である。研修等の組織的な実施体制を確保することが、保育士の専門性の維持・向上にもつながるだろう。

保育所保育指針　第1章―1―(3)保育の方法
ア　一人一人の子どもの状況や家庭及び地域社会での生活の実態を把握するとともに、子どもが安心感と信頼感をもって活動できるよう、子どもの主体としての思いや願いを受け止めること。
イ　子どもの生活のリズムを大切にし、健康、安全で情緒の安定した生活ができる環境や、自己を十分に発揮できる環境を整えること。
ウ　子どもの発達について理解し、一人一人の発達過程に応じて保育すること。その際、子どもの個人差に十分配慮すること。
エ　子ども相互の関係づくりや互いに尊重する心を大切にし、集団における活動を効果あるものにするよう援助すること。
オ　子どもが自発的・意欲的に関われるような環境を構成し、子どもの主体的な活動や子ども相互の関わりを大切にすること。特に、乳幼児期にふさわしい体験が得られるように、生活や遊びを通して総合的に保育すること。
カ　一人一人の保護者の状況やその意向を理解、受容し、それぞれの親子関係や家庭生活等に配慮しながら、様々な機会をとらえ、適切に援助すること。

第5講　社会的養護における保育士等の倫理と責務

Step3

1. 倫理綱領の主な機能、意義

　Step 2において、社会的養護の専門職としての社会福祉士および保育士の倫理綱領について概観してきた。

　先述したように、専門職として望ましい価値、実践における倫理的行動規範、義務の指針を明文化したものが倫理綱領である。倫理綱領は専門職が専門的スキルを実践するうえでの行動の指針であるが、個別的あるいは具体的な実践場面でとるべき行動を詳細に規定しているわけではない。

　対人支援において、支援者に倫理が求められることはすでに述べた。専門職としての行動規範が倫理綱領であり、専門職団体によりこうした倫理綱領を定められていることが専門職としての要件の1つでもある。社会的養護にかかわる専門職も、それぞれの専門的価値に基づき支援を行うが、その際の基準を倫理綱領において定めることで、倫理的判断を行う際の指針となるのである。

　また、具体的状況下でしたがうべきルールや、具体的な行動をまとめたものが実践基準や行動規範であり、社会福祉士については日本社会福祉士会により行動規範が定められている。

倫理綱領と倫理的ジレンマ

　「倫理的ジレンマ」とは、相反する2つか、それ以上の価値に直面したときに生じる葛藤であり、いわば、板挟みの状態に陥ることである。例えば、子どもへの不適切なかかわり（子どもへの暴力や拒否的な言動等）がみられる母親の支援において、支援者個人の感情として、その母親に不満を抱いたり、否定的な感情を抱くことがあるが、母親との支援関係構築のために、そうした個人の感情を制御し、専門職としてのあるべき感情の表出や母親の受容が求められる。

　支援者の専門職としての価値と個人的な価値とが相反する場合や、クライエント（利用者）やその家族との関係において、専門職としての役割以上のことが求められたときや、支援者が所属する機関や施設等の利益や意向とクライエントの利益や意向が相反する場合に、何を優先させるかなど、どのようにクライエントに接し、どのような決断をするか判断が難しい状況となる場合がある。このような状況を倫理的ジレンマという。

　実際の対人支援の場面においては、こうしたさまざまなジレンマが生じる可能性がある。こうしたなかで、支援者にとって何らかの判断指針が必要になるが、それが倫理綱領なのである。

2. 社会的養護の担い手と倫理

　ここまで、専門職が支援を行ううえでの倫理の重要性についてみてきた。最後に、社会的養護にたずさわる支援者の専門性や倫理について考えてみたい。乳児院や児童養護施設といった児童福祉施設には、保育士も配置されており、保育士もまた、社会的養護にたずさわる専門職の一人であるといえる。

　社会的養護において支援者は、子どもが安心できる環境で、継続的に生活することができるよう、子どもの最善の利益・子どものウェルビーイングを追求することが求められる。

　しかし、先述したように、児童 虐 待の増加にともない、子どものケアはますます複雑になり、支援者には専門的な知識や技術が求められる場面もある。虐待場面を再現しようとする行動や、試し行動などによって、支援者が疲弊していき、マルトリートメント（虐待を含む、子どもへの不適切なかかわり）に発展してしまうことを防ぐため、支援者自身の専門性の向上やほかの専門職との連携が必要となる。

　こうした一連の流れにおいても、社会的養護にかかわる専門職の倫理を確立することは重要な意味をもつものであるが、社会的養護の仕事にたずさわる支援者の生活歴や職業的背景はさまざまであり、共通基盤を明らかにすることは困難である。加えて、専門性の向上についても課題であるといえる。

　近年、全国児童養護施設協議会において「全国児童養護施設協議会倫理綱領」（**190ページ参照**）が策定されるなど、施設職員の倫理を明確にしようとする動きがみられている。

　また、2022（令和４）年６月には改正児童福祉法が成立した。この改正では児童相談所が一時保護や、里親委託・施設入所を決定する際、子どもから意見を聴くことなどが義務づけられた。このほか、子どもへのわいせつ行為によって保育士の登録を取り消された者等の再登録を厳格化したほか、国がこうした保育士のデータベースを整備し、保育士を雇用する際などに活用することも盛り込まれた。これらは、子どもの権利を守るためのしくみづくりにもつながっている。

　先述したマルトリートメントや倫理的ジレンマなど、倫理に関する問題は表面化することなく内在化している場合もあることから、子どもの意見に耳を傾け、その権利を守ることは保育士の日々の実践においても重要である。

　子どもの権利を守るためにも、日々の実践において、こうした倫理綱領に基づき、支援者が専門的判断を行ったり、自身の支援を振り返ることが重要であろう。

第 5 講　社会的養護における保育士等の倫理と責務

参考文献

● 谷川友美「保育を学ぶ学生の倫理教育に関する研究——道徳的推論および道徳的発達段階の調査より」『別府大学短期大学部紀要』第30号，pp.35〜46，2011.

● 小山隆「第9章 ソーシャルワーク関係における『自己決定』」嶋田啓一郎監，秋山智久・高田真治編『社会福祉の思想と人間観』pp.149〜163，ミネルヴァ書房，1999.

● 小山隆「福祉専門職に求められる倫理とその明文化」加茂陽編『ソーシャルワーク理論を学ぶ人のために』pp.54〜81，世界思想社，2000.

● 小山隆「ソーシャルワークの専門性について」『評論・社会科学』第57号，pp.65〜82，1997.

● 外崎紅馬「福祉専門職としての援助者の質に関する研究」『会津大学短期大学部研究年報』第63号，pp.29〜42，2006.

● 厚生労働省「社会的養護の現状について」2017.

● 高橋久雄「施設養護の専門性に関する考察」『人間社会学部紀要』第761号，pp.58〜66，2004.

● 新保育士養成講座編纂委員会『新保育士養成講座⑤ 社会的養護 改訂3版』全国社会福祉協議会，2018.

● 山縣文治・林浩康『よくわかる社会的養護 第2版』ミネルヴァ書房，2013.

● 太田義弘ほか編著『ジェネラル・ソーシャルワーク』光生館，1999.

COLUMN 施設実習における倫理

　実習において最も重要なことの1つとして、利用者の人権の尊重があげられる。特に、「実習生にも守秘義務がある」ということを常に自覚しておくことが重要である。例えば、実習中にほかの実習生と電車の中で「Aちゃんはお母さんにネグレクトされていたという話を聞いた」「B君はひとり親家庭らしい」など、実習で知りえたことを話していたとしよう。その話を利用者の家族や知人が聞いている可能性がある。さらに、虐待やネグレクト、ドメスティック・バイオレンス（DV）を受けた利用者については、加害者に居住地を秘匿することが求められており、情報の漏えいが重大な権利侵害につながるおそれがある。

　たとえ実習生という立場であっても、利用者の人権を侵害するようなことがあってはならない。そのため、保育所や児童養護施設での現場実習において、実習生は現場の支援職員と同様に、対象となる子どもやその家族などの情報を保護し、秘密を守る立場となるということを十分に自覚しておくことが重要である。

　このほか、実習ノートの取り扱いなど、さまざまな場面で守秘義務が問われるだろう。どのようなことが守秘義務となるのか、どのようにすれば守秘義務をまもれるのか、常に考えながら実習に臨むことが求められる。

（山口敬子）

第6講

社会的養護の制度と法体系

東南アジア等を旅すると、物乞いをする子どもやストリートチルドレンに出会うことがある。ところが、日本でそういった子どもに出会うことはほとんどないであろう。それは、日本では社会的養護の法体系が整備され、その法体系に基づいて制度が機能しているからである。

本講では、「措置制度」とその背景原理、児童福祉法の概要、関連法規について学び、日本の社会的養護の制度と法体系について理解することを目的とする。

Step 1

1. 社会的養護の制度の根幹——措置制度

「社会福祉基礎構造改革」と社会的養護

2000（平成12）年6月、社会福祉事業法が社会福祉法に改称され、またこれに併せてほかの社会福祉関連法の改正も実施された。この改正は、「社会福祉基礎構造改革」と呼ばれている。

「社会福祉基礎構造改革」の大きな特徴は、「措置から契約へ」という言葉に集約されるといっても過言ではない。それまでの日本における社会福祉サービスは、主に行政が行政処分によりサービス内容を決定する「措置制度」によって実施されていた。ところが「社会福祉基礎構造改革」によって、日本における多くの社会福祉サービスにおいては、利用者が事業者と対等な関係に基づきサービスを選択する「利用制度」へと転換が図られることとなったのである。

しかし、特に子ども家庭福祉の分野では、社会的養護に関する制度の母子生活支援施設を除いた主たる部分に「措置制度」が残されることとなった。

なぜ「措置制度」が、社会的養護に関しては残されることになったのであろうか。

この背景を知るために、ここではまず児童福祉法に残された「措置」の概念について確認することからはじめていきたい。

児童福祉法と措置制度

児童福祉法の第2章第6節（第25条～第33条の9の2）には「要保護児童の保護措置等」に関する条文が掲載されている。この部分は、児童福祉法の根幹をなす、「措置」に関する内容が記されている。

このなかで、第27条第1項は「都道府県の採るべき措置」に関する条文となっている。

> **第27条** 都道府県は、前条第1項第1号の規定による報告又は少年法第18条第2項の規定による送致のあった児童につき、次の各号のいずれかの措置を採らなければならない。
> 一 児童又はその保護者に訓戒を加え、又は誓約書を提出させること。
> 二 児童又はその保護者を（中略）児童福祉司、知的障害者福祉司、社会福祉主事、児童委員若しくは当該都道府県の設置する児童家庭支援センター若しくは当該都道府県が行う障害者等相談支援事業に係る職員に指導させ、又は市町村、当該都道府県以外の者の設置する児童家庭支援センター、当該都道府県以外の障害者等相談支援事業を行う者若しくは前条第1項第2号に規定する内閣府令で定める者に委託して指導させること。

　三　児童を小規模住居型児童養育事業を行う者若しくは里親に委託し、又は乳児院、児童
　　養護施設、障害児入所施設、児童心理治療施設若しくは児童自立支援施設に入所させる
　　こと。
　四　家庭裁判所の審判に付することが適当であると認める児童は、これを家庭裁判所に送
　　致すること。

　この条項の前にある第26条第1項第1号では、「児童相談所長の採るべき措置」
として「次条の措置を要すると認める者は、これを都道府県知事に報告すること」
とされている。ここでは、行政機関としての児童相談所が行う第27条の措置は、都
道府県知事の権限のもとに実施されていることを確認しておきたい。
　上記の第27条第1項第3号は、児童相談所の報告をふまえて都道府県が行う、社
会的養護の施設等への措置について規定した部分である。この措置については、第
27条第4項において親権者等の意に反して行うことができないと規定されている。
そのため、児童相談所は子どもや親権者等の意見を聞きながら、適切な措置を選択
するためのケースワーク（個別相談援助）を行う。
　ところが、親が措置に同意しない場合も存在する。例えば、児童相談所が親の養
育を「虐待」であると判断し、子どもを守るためには家族分離が必要と判断する
場合がある。しかし、同意すれば自らの虐待を認めることにもつながることから、
親が子どもの施設入所に同意しない場合も少なくない。このような場合、家庭裁判
所の承認があれば、都道府県は親権者等の意思を超えて措置を行うことができるこ
とが児童福祉法第28条第1項に規定されている。

第28条　保護者が、その児童を虐待し、著しくその監護を怠り、その他保護者に監護させる
　ことが著しく当該児童の福祉を害する場合において、第27条第1項第3号の措置を採るこ
　とが児童の親権を行う者又は未成年後見人の意に反するときは、都道府県は、次の各号の
　措置を採ることができる。
　一　保護者が親権を行う者又は未成年後見人であるときは、家庭裁判所の承認を得て、第
　　27条第1項第3号の措置を採ること。
　二　保護者が親権を行う者又は未成年後見人でないときは、その児童を親権を行う者又は
　　未成年後見人に引き渡すこと。ただし、その児童を親権を行う者又は未成年後見人に引
　　き渡すことが児童の福祉のため不適当であると認めるときは、家庭裁判所の承認を得て、
　　第27条第1項第3号の措置を採ること。

　さらに、親権者が親権を濫用したり、著しく不行跡（品のよくないこと）で
ある場合に、児童相談所長は親権喪失等の請求を行う権限（第33条の7）をも有し
ている。

従来、児童福祉法では児童相談所長による親権喪失の審判の請求を行う権限のみが認められていたが、権限の行使が非常に難しいという声があがっていた。そういった声をふまえ、民法における親権および懲戒権の規定の改正とともに、新たに最長2年を上限として親権を制限できる「親権停止」の制度が創設され、2012（平成24）年4月より施行された。

2. 「措置制度」の背景にあるパレンス・パトリエの考え方

　こういった強い権限を都道府県および児童相談所がもつのは、いったいどのような理由によるものなのだろうか。

　子ども家庭福祉の研究者である柏女霊峰は、子どもの権利保障の系譜を紹介する論文のなかで、「パレンス・パトリエ（Parens Patriae：国親）」の概念に言及している。

　「パレンス・パトリエ」は、ラテン語で「国民の父親」という意味である。ここから転じて、法律用語としては「本人にとって有益であることを前提として、行為の自由に干渉することを正当化する」という「パターナリズム（父権主義）」の考え方に基づく国家による個人への干渉のことを指す。子ども家庭福祉における「パレンス・パトリエ」は、「親によって保護と救済が十分に受けられない児童を、国家が親に代わって保護と救済を行うという考え方」のことである[1]。

パレンス・パトリエと子どもの権利擁護

　「パレンス・パトリエ」の考え方は、「児童の権利に関する条約」（児童の権利条約）においても子どもが保護を受け、援助を受けるための権利として位置づけられている。

　ちなみに「児童の権利条約」は、1989年の第44回国連総会において採択され、1990年に発効した。日本では1994（平成6）年に批准されている。

　以下、条文をもとに、「児童の権利条約」に位置づけられた「パレンス・パトリエ」の考え方を確認していきたい。

　本条約の第18条第1項～第2項は、子どもの権利としての社会的養護の位置づけについて規定している条文である。

---

[1]　柏女霊峰『現代児童福祉論　第8版』誠信書房, pp.61～62, 2007.

児童の権利条約　第18条

1　締約国は、児童の養育及び発達について父母が共同の責任を有するという原則についての認識を確保するために最善の努力を払う。父母又は場合により法定保護者は、児童の養育及び発達についての第一義的な責任を有する。児童の最善の利益は、これらの者の基本的な関心事項となるものとする。

2　締約国は、この条約に定める権利を保障し及び促進するため、父母及び法定保護者が児童の養育についての責任を遂行するに当たりこれらの者に対して適当な援助を与えるものとし、また、児童の養護のための施設、設備及び役務の提供の発展を確保する。

3　略

第18条第1項では、子どもの養育と発達に関して、父母および国の果たすべき役割を規定している。ここでは、父母および法定保護者が子どもの養育と発達に関する「第一義的な責任」をもつ存在であると規定していることに注目しておきたい。

他方、第18条第2項では、主に子どもの養育と発達に関する国の役割として、父母および法定保護者の養育への援助を定め、さらに児童の養護のための施設等を発展させる役割を規定している。

次に、本条約の第20条を見ていこう。第18条では父母および法定保護者を子どもの養育と発達に関する「第一義的な責任」者として位置づけていたが、本条では何らかの理由があって家庭環境を奪われた等の子どもを保護・援助するための国の役割を規定した条文である。

児童の権利条約　第20条

1　一時的若しくは恒久的にその家庭環境を奪われた児童又は児童自身の最善の利益にかんがみその家庭環境にとどまることが認められない児童は、国が与える特別の保護及び援助を受ける権利を有する。

2　締約国は、自国の国内法に従い、1の児童のための代替的な監護を確保する。

3　2の監護には、特に、里親委託、イスラム法のカファーラ、養子縁組又は必要な場合には児童の監護のための適当な施設への収容を含むことができる。解決策の検討に当たっては、児童の養育において継続性が望ましいこと並びに児童の種族的、宗教的、文化的及び言語的な背景について、十分な考慮を払うものとする。

第20条第2項および第3項は、社会的養護における施設養護と家庭養護を国が準備すべきことを定めた条文である。

このように、「児童の権利条約」には「パレンス・パトリエ」の考え方が反映されており、特に日本では「児童の権利条約」に先行する児童福祉法において位置づけられ続けてきたのである。

Step2

1. 社会的養護の基本法——児童福祉法

児童福祉法が制定されるまで

　厚生省（当時）は、終戦から約 1 か月後となる1945（昭和20）年 9 月20日に「戦災孤児等保護対策要綱」を発表した。本要綱では、保護の対象を「保護育成ノ対象ハ主トシテ今次戦争下戦災ニ因リ父母其ノ他ノ適当ナル保護者ヲ失ヒタル乳幼児学童及青少年」とし、独立生計を営むまで保護を行うとした。

　保護の内容としては、「個人家庭ヘノ保護委託」「養子縁組ノ幹旋」「集団保護」があげられていたが、本要綱の実効性は低く、靴磨き等の労働や物乞い、徒党を組み窃盗を行うなどの方法で自活していかざるをえない戦災孤児も多かった。

　ちなみに1948（昭和23）年 2 月に厚生省が実施した全国孤児一斉調査では、終戦後 2 年以上を経過した時点で12万3511名の孤児が確認されている。

児童福祉法の制定

　「戦災孤児等保護対策要綱」等の戦災孤児対策が功を奏せずに 1 年が経過した1946（昭和21）年 9 月17日、連合国軍最高司令官総司令部（GHQ）公衆衛生福祉部では「監督保護を要する児童の件」に関する会議が行われた。そこでは、児童福祉を前進させるための行動計画を指導するためには厚生省の 1 局があたるべきとされた。また、中央社会事業協会等の団体は、児童の保護に関する法律の制定を求める意見書を提出した。

　1947（昭和22）年 8 月11日、政府は児童福祉法案をまとめ、第 1 回国会に提出した。国会における慎重な審議を経て、1947（昭和22）年12月12日に児童福祉法が成立、翌1948（昭和23）年 1 月 1 日から施行となった。

　戦前の児童保護関連法制は「保護を要する児童のみへの対応」に関するものであったが、児童福祉法では「すべての児童の生活保障と愛護」が謳われることとなった。

　日本の児童福祉実施体制を構築するうえで重要な助言を行った人物として、アメリカの児童養護施設「ボーイズタウン」の創設者フラナガン（Flanagan, E. J.）の存在を忘れることはできない。フラナガンは1947（昭和22）年 4 月から 6 月までの約 2 か月間、日本に滞在し、日本各地の現状を視察するとともに施設の設備、職員の資格、配置基準等について定めた「児童福祉施設最低基準」を設定すべき等の勧告を行った。

児童福祉法の原理

児童福祉法の根幹である「措置制度」に関する部分に関しては **Step 1** にて説明したので、以下では児童福祉法の原理的規定について説明していく。

児童福祉法は、「総則」「福祉の保障」「事業、養育里親及び養子縁組里親並びに施設」「費用」「国民健康保険団体連合会の児童福祉法関係業務」「審査請求」「雑則」「罰則」の全8章と「附則」によって構成されている。

ほかの多くの法律と異なり、児童福祉法は法の冒頭部に「目的」が掲げられていない。その代わりとして第1条から第3条までの部分に、「児童福祉の理念」「児童育成の責任」「原理の尊重」等に関する内容が記されている。

〔児童の福祉を保障するための原理〕
第1条 全て児童は、児童の権利に関する条約の精神にのっとり、適切に養育されること、その生活を保障されること、愛され、保護されること、その心身の健やかな成長及び発達並びにその自立が図られることその他の福祉を等しく保障される権利を有する。

第1条では、「適切な養育」「生活保障」「愛護」「健全な成長と発達と自立」「その他の福祉の保障」は子どもの権利であることが宣言されている。

2016（平成28）年に児童福祉法の改正が行われ、同法は児童の権利に関する条約の精神に則したものであること、法の対象は児童であることが明確化された。

〔児童育成の責任〕
第2条 全て国民は、児童が良好な環境において生まれ、かつ、社会のあらゆる分野において、児童の年齢及び発達の程度に応じて、その意見が尊重され、その最善の利益が優先して考慮され、心身ともに健やかに育成されるよう努めなければならない。
② 児童の保護者は、児童を心身ともに健やかに育成することについて第一義的責任を負う。
③ 国及び地方公共団体は、児童の保護者とともに、児童を心身ともに健やかに育成する責任を負う。

第2条では、国民、子どもの保護者、国および地方公共団体には子どもを育成する責任があることが記されている。

〔原理の尊重〕
第3条 前2条に規定するところは、児童の福祉を保障するための原理であり、この原理は、すべて児童に関する法令の施行にあたって、常に尊重されなければならない。

第3条は、第1条および第2条における規定が、日本におけるすべての児童関係の法令のなかで最優先に尊重される原理であることを位置づけている条文である。

2. 児童福祉法においてなされている基本的定義
—社会的養護に関連する部分

　以下、児童福祉法においてなされている基本的定義に関して、特に社会的養護に関連する部分を**図表6-1**に抽出してみていくこととしたい。

　児童福祉法の規定では18歳未満が法律の対象である。しかし、社会的養護の施設等に措置された子どもに関しては、児童福祉法第31条において満20歳に達するまで措置の延長ができることとされている。さらに2024（令和6）年4月1日施行予定の改正児童福祉法では、高校や大学の在籍者、やむを得ない事情で児童自立生活援助の実施が必要な者については年齢制限が弾力的に運用されることとされた。

図表6-1 児童福祉法における社会的養護に関係する基本定義

用語		定義など
児童　（第4条第1項）		満18歳に満たない者
	乳児	満1歳に満たない者
	幼児	満1歳から、小学校就学の始期に達するまでの者
	少年	小学校就学の始期から、満18歳に達するまでの者
障害児　（第4条第2項）		①身体に障害のある児童、②知的障害のある児童、③精神に障害のある児童など
要保護児童 （第6条の3第8項）		保護者のない児童または保護者に監護させることが不適当であると認められる児童
里親　（第6条の4）		①養育里親、②養子縁組里親、③親族里親
児童福祉施設 （第7条第1項）		①助産施設、②乳児院、③母子生活支援施設、④保育所、⑤幼保連携型認定こども園、⑥児童厚生施設、⑦児童養護施設、⑧障害児入所施設、⑨児童発達支援センター、⑩児童心理治療施設、⑪児童自立支援施設、⑫児童家庭支援センター、⑬里親支援センター（2024（令和6）年度から）
障害児入所支援 （第7条第2項）		障害児入所施設に入所し、または指定発達支援医療機関に入院する、①障害児に対して行われる保護、日常生活における基本的な動作および独立自活に必要な知識技能の習得支援、②障害児のうち知的障害のある児童、肢体不自由のある児童または重度の知的障害および重度の肢体不自由が重複している重症心身障害児に対し行われる治療
児童相談所　（第12条）		都道府県（政令指定都市および中核市並びに児童福祉法に規定する児童相談所設置市（特別区を含む））は、児童相談所を設置しなければならない。
一時保護所 （第12条の4）		児童相談所には、必要に応じ、児童を一時保護する施設を設けなければならない。
児童福祉司　（第13条）		都道府県は、児童相談所に、児童福祉司をおかなければならない。児童福祉司は、児童相談所長の命を受けて、児童の保護その他児童の福祉に関する事項について、相談に応じ、専門的技術に基づいて必要な指導を行う等児童の福祉増進に努める。

3. 児童福祉法等の近年の改正点

　児童虐待に対する対応等の改善を行うために、児童福祉法改正の頻度（ひんど）が近年上がっている。本書で学ぶ皆（みな）さんは、最新の改正内容を把握（はあく）するように心がけていただきたい。ここでは、2016（平成28）年6月3日に公布され、2017（平成29）年4月1日に全面施行となった児童福祉法等の一部を改正する法律（平成28年法律第63号）、および2022（令和4）年6月15日に公布された児童福祉法等の一部を改正する法律（令和4年法律第66号）の概説を行う。

2016（平成28）年の法律改正

　すべての児童が健全に育成されるよう、児童虐待について発生予防から自立支援まで一連の対策のさらなる強化等を図るため、児童福祉法の理念を明確化するとともに、母子健康包括支援センターの全国展開、市町村および児童相談所の体制の強化、里親委託（いたく）の推進等の所要の措置を講ずることが本改正の趣旨である。

　具体的には、児童福祉法が「児童の権利に関する条約」の精神に則（のっと）ったものであることを明示する等の「理念の明確化等」が行われるとともに、市町村母子健康包括支援センターの設置を努力義務と定める等の「児童虐待の発生予防」についての規定、市町村における児童等支援拠点の整備を努力義務と定める等の「児童虐待発生時の迅速（じんそく）・的確な対応」についての規定、親子関係再構築支援を施設、里親、市町村、児童相談所などの関係機関等が連携して行うべき旨（むね）を明確化した規定がそれぞれなされた。

2022（令和4）年の法律改正

　まず、市区町村に「こども家庭センター」設置の努力義務等が課された。また、訪問型家事支援や子どもの居場所づくり支援、親子関係形成支援事業が新設され、児童発達支援センターの役割の明確化と児童発達支援の類型の整理がなされた。さらに、一時保護所の環境改善整備、児童相談所と民間の協働による親子再統合事業の実施、里親支援センターの児童福祉施設として位置づけ、困難をかかえる妊産婦（にんさんぷ）等への支援事業の創設が行われた。そして、施設入所や一時保護等における子どもの意見聴取等のしくみを整備し、一時保護開始時の判断に関する司法審査の導入の準備を進めることとなった。最後に、子ども家庭福祉の実務者向けの認定資格を準備して児童福祉司の任用条件に追加する、子どもにわいせつ行為を行った保育士の資格管理を厳密化し、児童をわいせつ行為から守る環境整備を進めることとなった。

Step3

> ## 社会的養護に関するさまざまな関連法規等

児童虐待の防止等に関する法律（児童虐待防止法）

児童虐待の防止等に関する法律は2000（平成12）年11月に施行された。本法律の施行前も児童相談所は児童虐待ケースに対応していたが、本法律により児童虐待とは何かについての定義が明確化された。本法律においては、保護者等がその監護する児童に対して、「身体的虐待」「性的虐待」「放置（ネグレクト）」「心理的虐待」の行為を行うことを児童虐待と定めている。

2004（平成16）年施行の改正法では、「心理的虐待」の定義に、「児童が同居する家庭における配偶者に対する暴力」を子どもに見せる等の行為（いわゆる「子どものドメスティック・バイオレンス（DV）目撃」）等が含まれることとなった。

2008（平成20）年4月から施行された改正法では、「児童相談所による立入調査等の権限の強化」「保護者に対する面会・通信等の制限の強化」「保護者に対する都道府県知事の命令等に従わなかった場合の措置」について規定がなされた。

2016（平成28）年10月から施行となった改正法では、「親権者は、児童のしつけに際して、監護・教育に必要な範囲を超えて児童を懲戒してはならない」旨が明記された。さらに2017（平成29）年6月の改正法では、親権者等の意に反して施設入所等の措置がとられている場合に加え、児童虐待を受けた児童について、保護者の同意の下で施設入所等の措置が採られ、または一時保護が行われている場合にも、接近禁止命令を行うことができる等の改正がなされた。

児童福祉施設の設備及び運営に関する基準

児童福祉施設の人員配置や環境設定等は、「児童福祉施設最低基準」という厚生省令で定められてきた。

ところが、2012（平成24）年4月から施行された「地域の自主性及び自立性を高めるための改革の推進を図るための関係法律の整備に関する法律」（地域主権改革一括法）によって、「従業員の資格および員数」「居室の面積基準」「人権侵害の防止等に関する事項」は厚生労働省の定める設備運営基準にしたがい、「生活指導及び家庭環境の調整」「関係機関との連携」等に関しては厚生労働省の定める設備運営基準を参考に都道府県が条例により「最低基準」を定めてよいこととなった。

この改正に合わせて、児童福祉法第45条では「都道府県は、児童福祉施設の設備及び運営について、条例で基準を定めなければならない。この場合において、その

基準は、児童の身体的、精神的及び社会的な発達のために必要な生活水準を確保するものでなければならない」と規定され、また「児童福祉施設最低基準」は「児童福祉施設の設備及び運営に関する基準」（設備運営基準）へと名称が変更された。

　都道府県が条例で定めるべき児童福祉施設の「最低基準」とは、「都道府県知事の監督に属する児童福祉施設に入所している者が、明るくて、衛生的な環境において、素養があり、かつ、適切な訓練を受けた職員の指導により、心身ともに健やかにして、社会に適応するように育成されることを保障するもの」とされている。

　「設備運営基準」では、「児童福祉施設における職員の一般的要件」として、「児童福祉施設に入所している者の保護に従事する職員は、健全な心身を有し、豊かな人間性と倫理観を備え、児童福祉事業に熱意のある者であって、できる限り児童福祉事業の理論及び実際について訓練を受けた者でなければならない」（第7条）と定められている。また、「入所した者を平等に取り扱う原則」（第9条）、「虐待等の禁止」（第9条の2）、「懲戒に係る権限の濫用禁止」（第9条の3）、「秘密保持等」（第14条の2）、「苦情への対応」（第14条の3）が、職員および施設長等の遵守すべき事項として明記されている。

　職員配置基準の変遷について整理しておこう。1979（昭和54）年の「児童福祉施設最低基準」改正以降、例えば児童養護施設では、保育者の人数が小学生以上の子ども6名につき1名と規定されていた。ところが、これは原則8時間勤務という保育者の労働条件が勘案されていない基準であり、実際には子ども18名に対し職員1名の確保さえも困難な状況が40年近くも続いてきたのであった。2013（平成25）年4月に「児童福祉施設の設備及び運営に関する基準」が改正されると、児童養護施設の職員配置基準は、保育者の人数が小学生以上の子ども5.5名につき1名へと引き上げられた。さらに、2015（平成27）年4月からスタートした子ども・子育て支援新制度では、小学生4名につき保育者1名となるように改善がはじめられている。

里親委託ガイドライン

　2011（平成23）年4月から実施されている「里親委託ガイドライン」は、2018（平成30）年3月の時点で4回の一部改正を経ているが、特に2017（平成29）年3月には大きな改正がなされている。それまでは「里親委託を優先して検討することを原則とするべき」としていたところが、本改正以降は「養子縁組里親を含む里親委託を原則として検討する」ことが明記されたのである。この改正によって、家庭養護を中心とする社会的養護の時代に向かう新しい里親委託の方針が示されることとなった。

参考文献

●小木曽宏・宮本秀樹ほか編著『よくわかる社会的養護内容 第3版』ミネルヴァ書房，2015.

COLUMN　親権と社会的養護を必要とする子どもたち

　民法第818条では親権の規定がなされており、その第1項において「成年に達しない子は、父母の親権に服する」とされている。

　親権は、「財産管理権」と「身上監護権」から構成されている。

　民法第824条には「親権を行う者は、子の財産を管理し、かつ、その財産に関する法律行為についてその子を代表する」と、財産管理権の規定がなされている。また、民法第5条には「未成年者が法律行為をするには、その法定代理人の同意を得なければならない」と親権者の同意権の規定がされており、これも財産管理権の構成要素と考えられている。

　身上監護権には、居所指定権（民法第821条）、懲戒権（民法第822条）、職業許可権（民法第823条）、そして身分行為（嫡出否認の訴え等）に関する法的代理権・同意権（民法第772条ほか）などがある。

　社会的養護のもとにおかれた子どもたちの場合、児童福祉法第47条第1項にて「児童福祉施設の長は、入所中の児童で親権を行う者又は未成年後見人のないものに対し、親権を行う者又は未成年後見人があるに至るまでの間、親権を行う」という規定がなされている。一方、里親に関しては児童福祉法第47条第2項において「児童相談所長は、小規模住居型児童養育事業を行う者又は里親に委託中の児童等で親権を行う者又は未成年後見人のないものに対し、親権を行う者又は未成年後見人があるに至るまでの間、親権を行う」とされており、児童相談所長が親権を行うこととされている。

　なお、里親等に関しては、受託中の子どもの監護・教育等に関し必要な措置をとることができるとされている（児童福祉法第47条第3項）。

（鈴木崇之）

図表　親権の構成

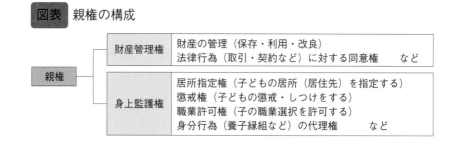

親権	財産管理権	財産の管理（保存・利用・改良） 法律行為（取引・契約など）に対する同意権　　など
	身上監護権	居所指定権（子どもの居所（居住先）を指定する） 懲戒権（子どもの懲戒・しつけをする） 職業許可権（子の職業選択を許可する） 身分行為（養子縁組など）の代理権　　など

第7講

社会的養護のしくみと実施体系

社会的養護のもとで暮らす子どもたちは、施設や里親家庭に措置される前はどこにいて、どのようにして、現在の生活に至っているのだろうか。そして、だれがどのようにその施設あるいは里親家庭を選んだのだろうか。

本講では、児童相談所から社会的養護の施設や里親家庭に至るまでのソーシャルワーク過程、そして社会的養護の施設等の目的と概要、今後の課題について学び、社会的養護のしくみと実施体系について理解することを目的とする。

Step1

1. 社会的養護の基本的なしくみ

児童相談所の役割

　児童相談所は、児童福祉法第12条等に基づき都道府県、政令指定都市に設置が義務づけられており、全国に229か所（令和4年度）設置されている。

　児童相談所の業務は、市町村における児童家庭相談の支援に加え、「児童に関する家庭その他からの相談のうち、専門的な知識及び技術を必要とするものに応ずる」「児童及びその家庭につき、必要な調査並びに医学的、心理学的、教育学的、社会学的及び精神保健上の判定を行う」、これらの調査や判定に基づいて「児童及びその保護者につき、…（略）…必要な指導を行う」「児童の一時保護を行う」、そして里親等に対する援助とされている（児童福祉法第11条第1項第2号）。

　2016（平成28）年10月以降は、児童相談所に弁護士を配置する、もしくはそれに準ずる措置を行うこととされた。

児童相談所から社会的養護への経路

　図表7−1は「児童相談所における相談援助活動の体系・展開」を図式化したものである。面接・電話・文書によって受け付けられた相談・通告・送致は、主たる担当者、調査や診断の方針、安全確認の時期や方法、一時保護の要否等を検討するための「受理会議」にかけられる。

図表7-1　児童相談所における相談援助活動の体系・展開

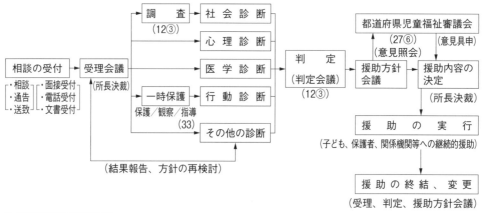

注：数字は児童福祉法の該当条文
資料：厚生労働省通知「児童相談所運営指針について」平成2年3月5日児発第133号（最終改正：令和4年3月30日子発0330第5号）を筆者が修正。

その後、各ケースの必要性に応じて主に児童福祉司・相談員等によって行われる調査に基づいた「社会診断」、児童心理司等による「心理診断」、医師による「医学診断」、一時保護部門の保育者による「行動診断」、「その他の診断」（理学療法士等によるもの等）がなされる。

社会診断、心理診断、医学診断、行動診断、その他の診断の結果は「判定会議」にかけられ、子どもの援助指針案が立案される。援助指針案の立案にあたっては、可能な限り子ども自身や保護者等の意見を取り入れながら行われることが望ましいとされる。

援助方針会議では、**図表7-2**に掲げられた各援助内容が決定される。援助方針決定にあたっては、必要に応じ都道府県児童福祉審議会への諮問が行われる。

図表7-2 援助方針会議で決定される援助内容

援助
1　在宅指導等
（1）措置によらない指導（12③）
ア　助言指導
イ　継続指導
ウ　他機関あっせん
（2）措置による指導
ア　児童福祉司指導（26①Ⅱ、27①Ⅱ）
イ　児童委員指導（26①Ⅱ、27①Ⅱ）
ウ　市町村指導（26①Ⅱ、27①Ⅱ）
エ　児童家庭支援センター指導（26①Ⅱ、27①Ⅱ）
オ　知的障害者福祉司、社会福祉主事指導（26①Ⅱ、27①Ⅱ）
カ　障害児相談支援事業を行う者の指導（26①Ⅱ、27①Ⅱ）
キ　指導の委託（26①Ⅱ、27①Ⅱ）
（3）訓戒、誓約措置（27①Ⅰ）
2　児童福祉施設入所措置（27①Ⅲ） 指定発達支援医療機関委託（27②）
3　里親、小規模住居型児童養育事業委託措置（27①Ⅲ）
4　児童自立生活援助の実施（33の6①）
5　市町村への事案送致（26①Ⅲ） 福祉事務所送致、通知（26①Ⅳ、附則63の2、63の3） 都道府県知事、市町村長報告、通知（26①Ⅴ、Ⅵ、Ⅶ、Ⅷ）
6　家庭裁判所送致（27①Ⅳ、27の3）
7　家庭裁判所への家事審判の申立て
ア　施設入所の承認（28①②）
イ　特別養子縁組適格の確認の請求（33の6の2①）
ウ　親権喪失等の審判の請求または取消しの請求（33の7）
エ　後見人選任の請求（33の8）
オ　後見人解任の請求（33の9）

注：数字は児童福祉法の該当条項等
資料：図表7-1と同じ。

決定された援助が実行されると、その後は児童、保護者、関係機関等への継続的な支援がなされていく。新たな問題が生じた場合は、必要に応じて援助方針会議が再度行われ、援助内容の見直しがなされる。そして、子どもが児童相談所の対応が必要ない状況に至ったときをもって、援助は終結されることとなる。

施設および里親等への措置

児童養護施設等に措置されることとなる子どもたちの多くは措置先が決定するまでの期間、児童相談所に付設されている一時保護所において生活する。乳児に関しては、乳児院や場合によっては里親等に一時保護委託される。

この間に、一時保護所の児童指導員・保育士による行動診断や、児童心理司による心理診断、医師による医学診断が行われる。児童福祉司は、これらのスタッフか

らの情報を総合し、適切な措置や支援を考えることとなる。

　実際に一時保護所から措置先へと子どもの生活の場所が移る前後には、児童福祉司と措置先の担当者が綿密（めんみつ）に連絡をとり、生活環境の変化による不適応を最小限にとどめるためのさまざまな配慮を行っている。

2.「措置」の変更

　2017（平成29）年8月に公表された「新しい社会的養育ビジョン」には、「永続的解決（パーマネンシー保障）」という用語が使用された。「永続的解決（パーマネンシー保障）」とは、児童相談所がいったん行った「措置」を途中で変更しないということを意味している。もちろん、生みの親の状況が改善し、子どもを家庭で養育できる環境が整ったことから、里親や児童福祉施設に措置されていた子どもを家庭に戻し、措置の内容を児童福祉司指導などに変更するなどのような場合もある。

　しかし、家庭復帰の見込みのない乳児院被措置児童は、慣れ親しんだ保育者と離れていずれは児童養護施設や里親家庭等に措置変更されざるを得ないという状況に置かれている。また、乳児院から児童養護施設に措置変更され、その後受託可能な里親とめぐり合って温かい家庭的養護を受けていたのもつかの間、中学に入って里親に反抗的な態度をとるようになると里親が耐えきれなくなり、結局は児童自立支援施設に措置変更となるケース等が存在している。

　図表7-3は、2019（令和元）年度の児童養護施設の入退所状況である。右上の「他の児童福祉施設等」への措置変更816人の内訳に注目したい。あくまでも数値から理解できる事柄となるが、里親への147人、ファミリーホームへの32人、母子生活支援施設への3人は、児童養護施設よりもより家庭的な環境に措置変更されたと理解可能である。一方で、児童心理治療施設への65人、児童自立支援施設への136人は、児童養護施設において状況が悪化し、より専門性が高い施設へと措置変更されたと理解できる。「措置」の変更は、子どもの精神的負担が大きく、心的外傷体験になる危険性があり、さらに措置変更前の施設の担当者や里親なども傷つけてしまう可能性が高い。ネガティブな措置変更を低減するための児童相談所と社会的養護との連携は大きな課題であるといえる。

3.「措置」の延長と解除

　児童福祉法の対象年齢である18歳到達後も、それ以前の児童福祉法上の措置の効

図表7-3 児童養護施設の入退所の状況（令和元年度中）

（単位：人）

令和元年度新規入所児童数（新規又は措置変更）			
他の児童福祉施設	家庭から	その他	計
1,189	3,448	43	4,680

令和元年度退所児童数									変更
解除									他の児童福祉施設等
家庭環境改善	児童の状況改善	就職	進学（大学等）	普通養子縁組	特別養子縁組	無断外出	死亡	その他	計	
2,181	88	1,231	480	14	9	32	5	298	4,338	816

変更前の内訳								
乳児院	他の児童養護施設	児童心理治療施設	児童自立支援施設	母子生活支援施設	里親	ファミリーホーム	その他	
558	209	104	130	19	119	38	12	

変更後の内訳								
他の児童養護施設	児童心理治療施設	児童自立支援施設	里親	ファミリーホーム	母子生活支援施設	自立援助ホーム	障害児入所施設	その他
220	65	136	147	32	3	98	97	18

出典：厚生労働省子ども家庭局家庭福祉課「社会的養育の推進に向けて」（令和4年3月31日）

力を維持することを「措置延長」という。また、児童福祉法上の措置の効力を将来に向かって消滅させることを「措置解除」という。

　留年などがない場合、多くの子どもたちは高校3年生のときに18歳を迎えることとなる。そのため、児童福祉法第31条には満18歳に達しても措置を継続できる措置延長に関する規定があり、措置延長の制度を活用して高校等卒業まで施設に入所している子どもたちは多い。同条では20歳に達するまで施設に入所することが可能とされており、児童福祉施設に入所した状態で大学等に進学した子どもたちも大学等における生活が安定するまでは施設で生活できる。また、2017（平成29）年4月からは自立援助ホーム（児童自立生活援助事業）を利用している大学等就学中の者に対しては22歳の年度末まで支援が継続できることとされた。

　2024（令和6）年度からの施行が予定されている改正児童福祉法では、年齢で一律に支援を終了していた従来の考え方を転換し、子どもたちの置かれている状況や児童等の意見・意向や関係機関との調整をふまえ、児童自立生活援助事業として都道府県等が必要と判断する時点まで自立支援を提供できることとされた。さらに、社会的養護自立支援拠点を設置することが予定されており、「相互交流の場の提供」「自立した生活に関する情報提供および就労に関する相談支援や助言」「関係機関との連絡調整」などの支援を充実化することとされた。

　措置の解除にあたっても、児童自立生活援助事業や社会的養護自立支援拠点に関する情報提供を行い、措置の解除が対象者の不利益にならないように配慮することが必要である。

Step2

社会的養護の概況

　子どもの社会的養護は、「家庭養護」と「施設養護」とに大別することができる。
　施設養護は、戦前からの日本における児童養護の中心的形態であり、乳児院、児童養護施設、児童自立支援施設等の施設において要保護児童の養護を行う形態である。一方、家庭養護は、一般家庭において要養護児童の養護を行う形態であり、里親がその代表的制度である。**図表7-4**をもとに、社会的養護の全体像を概説する。

家庭養護

（1）里親

　児童福祉法第6条の4において「この法律で、里親とは、次に掲げる者をいう」として、次の①〜③があげられている。

図表7-4 社会的養護の体系

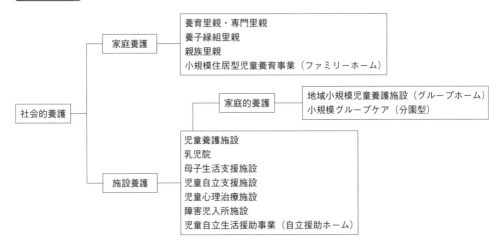

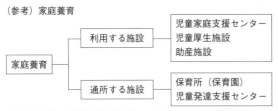

出典：福田公教・山縣文治編著『新プリマーズ／保育／福祉　児童家庭福祉（第5版）』ミネルヴァ書房，p.103，2017．を一部改変。

①-ⓘ養育里親

　保護者のない児童または保護者に監護させることが不適当であると認められる児童（「要保護児童」）を養育することを希望し、かつ、厚生労働省令で定める要件を満たす者であって、養育里親名簿に登録されたものをいう。

①-ⓘ専門里親

　厚生労働省令で定める要件に該当する養育里親であって、①児童虐待等の行為により心身に有害な影響を受けた児童、②非行のあるもしくは非行に結びつくおそれのある行動をする児童、または③身体障害、知的障害もしくは精神障害がある児童のうち、都道府県知事がその養育に関し、特に支援が必要と認めたものを養育するものとして養育里親名簿に登録されたものをいう。

②養子縁組里親

　要保護児童を養育することを希望する者であって、養子縁組によって養親となることを希望するもののうち、養子縁組里親名簿に登録されたものをいう。

③親族里親

　要保護児童の扶養義務者およびその配偶者である親族で、要保護児童の両親その他要保護児童を現に監護する者が死亡、行方不明、拘禁、疾病による入院等の状態となったことから、これらの者による養育が期待できない要保護児童の養育を希望する者のうち、都道府県知事が児童を委託する者として適当と認めるものをいう。

（2）小規模住居型児童養育事業（ファミリーホーム）

　里親のうち5～6名の子どもを家庭的な環境のもとで養育する「小規模住居型児童養育事業（ファミリーホーム）」の形態をとるものも増えてきている。ファミリーホームの養育者は、小規模住居型児童養育事業を行う住居に生活の本拠をおくものに限られ、「養育者2名（配偶者）＋補助者1名」が基本的な形態である。

施設養護

（1）乳児院

　乳児院は児童福祉法第37条において「乳児（保健上、安定した生活環境の確保その他の理由により特に必要のある場合には、幼児を含む。）を入院させて、これを養育し、あわせて退院した者について相談その他の援助を行うことを目的とする施設」と定められており、乳幼児の基本的な養育機能に加え、被虐待児・病児・障害児などの専門的養育機能をもつ。在所期間は、6か月未満が約5割である。

　児童相談所一時保護所は、乳児への対応ができない場合が多いため、乳児については乳児院が児童相談所から「一時保護委託」を受け、アセスメントを含めて実質

的な一時保護機能も担っている。

（2）児童養護施設

　児童養護施設は児童福祉法第41条において「保護者のない児童（乳児を除く。ただし、安定した生活環境の確保その他の理由により特に必要のある場合には、乳児を含む。以下この条において同じ。）、虐待されている児童その他環境上養護を要する児童を入所させて、これを養護し、あわせて退所した者に対する相談その他の自立のための援助を行うことを目的とする施設」と定められている。生活指導、学習指導、家庭環境の調整等を行い、子どもの健全育成と自立支援を行っている。

　児童養護施設に入所する子どもたちは、虐待を受けた子どもが約6割、何らかの障害をもつ子どもが約3割となっており、専門的なケアの必要性が増している。入所児童の平均在籍期間は4.6年だが、10年以上の在籍者は1割を超える。

　従来より児童養護施設では、大舎（1舎に20名以上）、中舎（1舎に13〜19名）、小舎（1舎に12名以下）の構成割合が問題となっていた。2008（平成20）年3月時点では大舎が75.8％であったが、2012（平成24）年3月には50.7％となり、その後も施設の小規模化が進められている。施設養護において良好な家庭的環境をめざすのが「地域小規模児童養護施設（グループホーム）」や「小規模グループケア（分園型）」等の「家庭的養護」である。「地域小規模児童養護施設」は、本体施設の支援下で地域の民間住宅などを活用するもの、「小規模グループケア（分園型）」は地域において小規模のグループで家庭的養護を行うものである。

（3）児童心理治療施設（旧・情緒障害児短期治療施設）

　児童心理治療施設は児童福祉法第43条の2において「家庭環境、学校における交友関係その他の環境上の理由により社会生活への適応が困難となった児童を、短期間、入所させ、又は保護者の下から通わせて、社会生活に適応するために必要な心理に関する治療及び生活指導を主として行い、あわせて退所した者について相談その他の援助を行うことを目的とする施設」と定められており、心理的・精神的問題をかかえ、日常生活の多岐にわたり支障をきたす子どもたちに医学・心理・生活面の支援を総合的に実施している。

　平均在所期間は2年4か月であり、その後は家庭復帰や里親・児童養護施設に措置変更がなされる。

　入所児は被虐待児が75％を占め、発達障害、軽度・中度の知的な課題を有する子どもや、児童精神科を受診し薬物治療を行っている子どもも入所している。

（4）児童自立支援施設

　児童自立支援施設は児童福祉法第44条において「不良行為をなし、又はなすおそ

れのある児童及び家庭環境その他の環境上の理由により生活指導等を要する児童を入所させ、又は保護者の下から通わせて、個々の児童の状況に応じて必要な指導を行い、その自立を支援し、あわせて退所した者について相談その他の援助を行うことを目的とする施設」と定められている施設である。1998（平成10）年の児童福祉法改正により、名称が「教護院」から変更され、「家庭環境その他の環境上の理由により生活指導等を要する児童」も支援対象となった。職員夫婦と子どもたちとが家庭的な環境のもとに暮らす「小舎夫婦制」や「小舎交代制」等の「家庭的養護」が養育の特色である。本施設には少年法に基づく家庭裁判所の保護処分等により子どもが入所する場合もあり、都道府県に設置義務があるため公立の施設が多い。

（5）母子生活支援施設

　母子生活支援施設は児童福祉法第38条にて「配偶者のない女子又はこれに準ずる事情にある女子及びその者の監護すべき児童を入所させて、これらの者を保護するとともに、これらの者の自立の促進のためにその生活を支援し、あわせて退所した者について相談その他の援助を行うことを目的とする施設」と定められている。1998（平成10）年の児童福祉法改正により、名称が「母子寮」から変更され、「入所者の自立の促進のためにその生活を支援すること」も支援の目的となった。近年では、ドメスティック・バイオレンス（DV）の被害者が入所者の半数以上を占めるほか、虐待を受けた子どもの割合も増えている。精神障害や知的障害のある母や、発達障害など障害のある子どもも少なくない。

（6）自立援助ホーム

　児童養護施設等を退所した児童またはその他の都道府県知事が必要と認めた児童に対し、これらの者が共同生活を営む住居（自立援助ホーム）において、相談その他の日常生活上の援助、生活指導、就業の支援を行う事業として、児童福祉法第6条の3ほかに定められている。

（7）障害児入所施設

　障害児施設への入所・利用に関しては、2006（平成18）年の児童福祉法改正により保護者と事業者との契約による「契約制度」が基本となった。しかし障害児入所施設は、保護者による虐待その他の場合には措置によって子どもを受け入れることとなる。したがって、障害児入所施設も社会的養護の施設として位置づけられる。既存の「知的障害児施設」「第2種自閉症児施設」「盲ろうあ児施設」「肢体不自由児療護施設」が「福祉型障害児入所施設」となり、同じく既存の「第1種自閉症児施設」「肢体不自由児施設」「重症心身障害児施設」が「医療型障害児入所施設」として位置づけられた。

Step3

社会的養護に関する実施体系の将来

2011年7月の「社会的養護の課題と将来像」

　図表7-5は、2011（平成23）年7月に児童養護施設等の社会的養護の課題に関する検討委員会・社会保障審議会児童部会社会的養護専門委員会によって発表された「社会的養護の課題と将来像」にて示されたものである。

　本報告では、日本の社会的養護では施設に入所する子どもたちが9割という現状から、「施設養護」「家庭養護」「家庭的養護」をそれぞれ3分の1ずつの割合にしていくという社会的養護の将来像が具体的に提示されることとなった。

　さらに社会的養護に共通する課題として、「施設の運営の質の向上」「施設職員の専門性の向上」「親子関係の再構築支援の充実」「自立支援の充実」「子どもの権利擁護」「施設類型の在り方と相互連携」「社会的養護の地域化と市町村との連携」があげられた。これらの課題を改善するために、「社会的養護の課題と将来像」は「家庭的養護推進計画」と「都道府県推進計画」と連動する形で、2029（令和11）年を目標に計画的な推進が進められていた。

2017年8月の「新しい社会的養育ビジョン」

　2017（平成29）年8月、「新しい社会的養育ビジョン」が策定された（**168**、**197**

図表7-5 施設機能の地域分散化の姿

<2011年現在>
施設9割、里親等1割 <想定される将来像>
施設養護・家庭的養護・家庭養護等をそれぞれおおむね3分の1に

施設養護	施設養護	乳児院	3,000 人程度
		児童養護	11,000 人程度
			計　14,000 人程度 （37%）〜（32%）
	家庭的養護	地域小規模児童養護施設	3,200 人程度
		小規模ケアのグループホーム型	9,000 人程度
			計　12,200 人程度 （32%）〜（28%）
家庭的養護	家庭養護	里親	7,100 人程度〜12,500 人程度
家庭養護		ファミリーホーム	5,000 人程度
			計　12,100 人程度〜17,500 人程度 （32%）〜（40%）
	児童数合計		38,300 人 〜　　　43,700 人 （人口比例で1割縮小の場合）（縮小しない場合）

（人数は一定の条件での試算）

資料：厚生労働省「社会的養護の課題と将来像（概要）」p.32, 2011. をもとに、筆者が加筆・修正。

ページ参照）。その内容は、2016（平成28）年の改正児童福祉法の理念を取り入れ、さらには2029（令和11）年を目標にしていた「社会的養護の課題と将来像」における数値目標を大幅に短縮した抜本的な見直し案であった（**図表7-6**）。

　「新しい社会的養育ビジョン」における改革項目は、「市区町村の子ども家庭支援体制の構築」「児童相談所の機能強化と一時保護改革」「里親への包括的支援体制（フォスタリング機関）の抜本的強化と里親制度改革」「永続的解決（パーマネンシー保障）としての特別養子縁組の推進」「乳幼児の家庭養育原則の徹底と、年限を明確にした取組目標」「子どもニーズに応じた養育の提供と施設の抜本改革」「自立支援（リービング・ケア、アフター・ケア）」「担う人材の専門性の向上など」「都道府県計画の見直し、国による支援」等、多岐にわたる。

　しかし、特に社会的養護関係者に議論を巻き起こしている点は、おおむね5年以内に3歳児未満の里親委託率を75%にする、すなわち乳児院の施設養護機能が大きく変化する可能性がある点と、施設養護の「本体施設」は改革への対応がせまられているという点であった。特に、児童虐待通告件数が多い都市部では里親に委託することが困難なケースが多く、家庭養護だけでなく施設養護も増やす必要性があるという批判の声が関係者から上がることとなった。

図表7-6 「新しい社会的養育ビジョン」の数値目標および期限

「社会的養護の課題と将来像」 （2011年7月）		現状	「新しい社会的養育ビジョン」 （2017年8月）	
			① 【家庭】・実父母や親族等	
			② 【家庭における養育環境と同様の養育環境】	
【家庭的養護】 ・里親 ・ファミリーホーム	今後十数年をかけて、 概ね1/3	616件／年 （H29年）	特別養子縁組 成立数	概ね5年以内に年間 1,000人以上、その後も増加
		18.3% （H29.3時点）	里親委託率 3歳未満 それ以外の就学前 学童期以降	概ね5年以内に75%以上 概ね7年以内に75%以上 概ね10年以内に50%以上
【できる限り家庭的な 養育環境】 ・小規模グループケア ・グループホーム	今後十数年をかけて、 概ね1/3		③ 【できる限り良好な家庭的環境】 ・小規模かつ地域分散型施設	
【施設養護】 ・児童養護施設 ・乳児院等 （児童養護施設は 全て小規模ケア）	今後十数年をかけて、 概ね1/3		【施設の新たな役割】 施設入所は、措置前の一時的な入所に加え、高度専門的な対応が必要な場合が中心。高機能化、多機能化を図り、地域で新たな役割を担う。	
「社会的養護（代替養育）を必要とする子ども数」の考え方の相違点				
…18歳未満人口の1割縮小が見込まれており、これと同様の推移を見込むか、（略）、少なくとも対象児童は減少しないと見込むことが考えられる。			…市区町村の支援の充実により、潜在的ニーズが掘り起こされ、代替養育を必要とする子どもの数は増加する可能性が高いことに留意して計画を立てる。	

資料：厚生労働省「新しい社会的養育ビジョン」および「社会的養護の課題と将来像」より塩崎恭久事務所作成。

2022年3月時点における「新しい社会的養育ビジョン」の進捗状況

図表7-7は里親委託率等の推移を示した表である。「新しい社会的養育ビジョン」が発出された2017（平成29）年度末の時点では、里親委託率は19.7％であったが、2020（令和2）年度末の時点では、里親委託率は22.8％に向上した。

「新しい社会的養育ビジョン」に一定の効果があったことはたしかだが、依然として「社会的養護の課題と将来像」における施設養護・家庭的養護・家庭養護を「おおむね3分の1」ずつにするという目的すら達成できていない状況である。

1994（平成6）年に策定された「今後の子育てのための施策の基本的方向について」（エンゼルプラン）以降、日本の児童福祉分野にもPDCAサイクルに基づいた政策目標策定が一般化した。しかし、「新しい社会的養育ビジョン」に関しては、年度ごとの目標達成率の評価や未達成の目標についての背景を検討し、必要な予算を追加したり、目標を現実に沿った内容にするという対応がなされていない。

「新しい社会的養育ビジョン」が示す方向性自体は間違っていないが、特に数値目標に関しては現実に即した内容に再検討することが必要と考えられる。

図表7-7 里親委託率等の推移

年度	児童養護施設		乳児院		里親等※		合計	
	入所児童数（人）	割合（%）	入所児童数（人）	割合（%）	委託児童数（人）	割合（%）	児童数（人）	割合（%）
平成22年度末	29,114	79.9	2,963	8.1	4,373	12.0	36,450	100
平成23年度末	28,803	78.6	2,890	7.9	4,966	13.5	36,659	100
平成24年度末	28,233	77.2	2,924	8.0	5,407	14.8	36,564	100
平成25年度末	27,465	76.2	2,948	8.2	5,629	15.6	36,042	100
平成26年度末	27,041	75.5	2,876	8.0	5,903	16.5	35,820	100
平成27年度末	26,587	74.5	2,882	8.0	6,234	17.5	35,703	100
平成28年度末	26,449	73.9	2,801	7.8	6,546	18.3	35,796	100
平成29年度末	25,282	73.9	2,706	7.8	6,858	19.7	34,846	100
平成30年度末	24,908	71.8	2,678	7.7	7,104	20.5	34,690	100
令和元年度末	24,539	70.5	2,760	7.9	7,492	21.5	34,791	100
令和2年度末	23,631	69.9	2,472	7.3	7,707	22.8	33,810	100

里親等委託率

※ 「里親等」は、平成21年度から制度化されたファミリーホーム（養育者の家庭で5～6人の児童を養育）を含む。ファミリーホームは、令和2年度末で427か所、委託児童1,688人。
資料：福祉行政報告例（各年度末現在）　※平成22年度の福島県の数値のみ家庭福祉課調べ
出典：図表7-3と同じ

参考文献

●塩崎恭久議員資料「第23回社会保障審議会児童部会社会的養育専門委員会」2018.

第 8 講

社会的養護と
ファミリーソーシャルワーク

社会的養護の養育者は、目の前の子どもや保護者の抱える問題だけでなく、取り巻く環境の問題へのかかわりについても理解することが必要である。そのため、人と環境の交互の関係へかかわるソーシャルワークの知識や視点は極めて重要である。

この講では、(ファミリー) ソーシャルワークについての基本的な視点や考えを確認したうえで、社会的養護においてソーシャルワークの考え方がどのように展開されるのか確認する。

Step 1

1. 環境のなかにある人

　ソーシャルワークでは、人を「環境のなかにある人（Person-in-environment）」ととらえる。そして、生じている問題を個人の問題、個人をとりまく社会の問題、さらに「人と環境との交互作用」の問題から考え、かかわっていく。

　例えば、水槽の中で、金魚が弱っているようにみえるとき、あなたは、その原因は何だと考え、どのように金魚を助けようとするだろうか。ある人は、金魚が何らかの病気になったかもしれないと考え、治療方法を探すだろう。これが個人の問題を見る視点である。またある人は、水槽の水が汚れているからだと考え、水を替えるかもしれない。これは、環境に焦点をあてる視点だ。さらに、金魚と水槽の水が合っていないかもしれない、と考える視点がある。たとえきれいな水でも、それが海水では、金魚にとっては適応できない。これが、環境と個人の関係性をみつめる視点である。また、個人と環境は交互に影響を与え合う。水は金魚に影響を与えるが、金魚もまた水に影響を与える存在なのである。

　ソーシャルワークでは、こうした「環境のなかにある人（Person-in-environment）」という視点から、子どもや家族、社会で起こる出来事を見ることが重要である。

2. ソーシャルワークの定義

　ソーシャルワークの国際的な定義は以下のとおりである。登場するキーワードについて確認しながら、理解を深めたい。

　ソーシャルワークは、社会変革と社会開発、社会的結束、および人々のエンパワメントと解放を促進する、実践に基づいた専門職であり学問である。

　社会正義、人権、集団的責任、および多様性尊重の諸原理は、ソーシャルワークの中核をなす。

　ソーシャルワークの理論、社会科学、人文学および地域・民族固有の知を基盤として、ソーシャルワークは、生活課題に取り組みウェルビーイングを高めるよう、人々やさまざまな構造に働きかける。

注：社会福祉専門職団体協議会国際委員会および社団法人日本福祉教育学校連盟による日本語定訳

エンパワメント（Empowerment）

　エンパワメントとは、虐待や差別、偏見などによって社会的に抑圧され、セルフコントロールしていくパワーを剥奪された人々が、否定的な抑圧を取り除くことによって、本来もっていたパワーを取り戻し、自らの生活の支配権を獲得するプロセスである。

　エンパワメントの概念が焦点をあてているのは、人間の潜在能力の発揮を可能にするよう平等で公平な社会を実現しようとすることであり、たんに個人や集団に力をつけ自立を促すことを意味する概念ではない。

　社会的養護においては、目の前の子どもや家族の問題点や課題にのみ焦点化するのではなく、それぞれが本来もつ力（ストレングス）に着目することが重要である。そのうえで、これまでに抑圧されたり、奪われてきたパワーを取り戻すための個人や社会、その関係性へのかかわりが求められている。

多様性尊重の視点

　「ソーシャルワークの中核をなす」ものの1つとして「多様性尊重」の原理があげられているように、民族や国籍、宗教や障害などそれぞれの人のもつ多様性を尊重する視点は、現代ソーシャルワークにおいても特に重要なものである。しかし、これまでの歴史を振り返ると、多数派でない民族や特定の文化的背景をもつ集団が抑圧され、偏見や差別を受けてきた経緯がある。こうした過去の抑圧的政策への反省から、北米やオセアニアでは多文化社会を志向している。

　また、ソーシャルワークが「地域・民族固有の知を基盤」とすると定義されるように、ソーシャルワーカーや養育者は、多数派がもつ基準や判断を押し付けるのではなく、それぞれの民族や人種集団の歴史、価値、宗教的伝統、家族と地域の伝統を理解し、尊重することも求められている。

　社会的養護においても、多様な文化的背景をもつ子どもに対して、文化や宗教を無視することなく、子どもや家族の文化的ルーツを尊重し、維持することが求められる。例えば、食事や衣類、宗教的行事など、さまざまな生活の場面において、養育者のもつ文化や価値観を強制せず、子どものもつ文化やアイデンティティの尊重が必要である。また、障害や性的アイデンティティの多様性についての理解も重要である。多様な人々の生活の場である社会的養護では、それぞれの子どものアイデンティティが抑圧されることのないよう、人権を尊重した対応が求められる。

ウェルビーイング（well-being）

　ウェルビーイングとは、個人の権利や自己実現が保障され、身体的、精神的、社会的に良好な状態にあることを意味する概念である。これに対する言葉として、「ウェルフェア」という概念が示されることもある。ウェルフェアの概念において、援助は最低限度の生活保障のために、救貧的で慈恵的に提供されるものであった。ウェルビーイングの概念に基づくソーシャルワークでは、ウェルフェアの概念に基づく援助を超えて、人間的に豊かな生活の実現を支援することを指向している。

　このように、ソーシャルワークとは、人々のウェルビーイングを高めるため、ニーズをもつ人々と環境（構造）との両面にはたらきかけ、エンパワメントを促進するものである。

3. 社会的養護におけるソーシャルワークの意義

　ここまでソーシャルワークの基盤をなす概念や考え方をみてきたが、このソーシャルワークは、社会的養護においてどのような機能・役割をもつのだろうか。

　ソーシャルワークの方法として発展した主要な3方法（ケースワーク、グループワーク、コミュニティ・オーガニゼーション）が統合されることによって、おおむね1990年代以降に確立し、現代ソーシャルワーク理論の基盤となっているのが「ジェネラリスト・ソーシャルワーク」である。このジェネラリスト・ソーシャルワークは、個人やケースへの対応（ミクロレベル）、福祉施設や事業への対応（メゾレベル）、政策や国の動向への対応（マクロレベル）といった、さまざまなレベルでの課題に対し分野や形態を問わずに用いることができるとされる。社会的養護の分野でも、ジェネラリスト・ソーシャルワークを基盤とした実践が行われているところもある。

　特に、社会的養護では、日常的なケアを提供する支援と同時に、子どもや家族が抱える課題やより複雑なニーズへの支援が求められる。この日常的なケアの支援と課題解決のための支援を一貫したものとして位置づけ、効果的な支援をより専門的に根拠に基づいた形で提供するためにも、ソーシャルワークの視点が重要である。

4. 社会的養護におけるソーシャルワークのプロセス

　ソーシャルワークは、支援過程（プロセス）を実践の1つの柱として重視してき

た。社会的養護のなかでの日常生活のケアや課題解決・ニーズ充足のための支援において、以下のような一貫したジェネラリスト・ソーシャルワークのプロセスをもとに展開することは、支援の一貫性や合理性を担保することに大きな役割を果たす。

①アセスメント

アセスメントとは、ニーズや状況を理解するための活動である。具体的には、個々の子どもや家族のニーズを的確に把握する（ニーズ・キャッチ）。そのために必要な情報や資料を、子どもやその家族、関係者や関係機関・施設等から収集し、これをもとに問題の全体像を把握し、現状を評価する。

②プランニング

次の段階では、アセスメントで把握したニーズを充足するために、どのような支援が必要かを理解し、支援を計画（プランニング）する。多様な支援方法やサービス、資源のなかから効果的な方法を検討し、選択する。支援は、ニーズをもつ子どもや家族が主体である。子どもや家族には、十分な説明を行い、子どもや家族の参画を尊重する（「子どもや家族の参画」の項（95ページ）参照）。

③援助活動

計画が立案されたのち、この計画に基づいて、養育者や関係者とともに支援を実際に行う。この支援は、子どもや家族に対するはたらきかけと、それを取り巻く環境へのはたらきかけが組み合わされる（以下、「エコロジカルな視点（ecological perspective）」の項（93ページ）参照）。

④評価

さらに、計画の実行がもたらした変化について、目標と比較して、支援が効果的に実施されているか、またより有効に実施されるためには何が必要か検討し、評価を行う。また、支援の経過によっては、再びアセスメント、プランニングを行い、改めて支援を実施する。

⑤終結

支援の対象となったニーズが解決した場合には、解決過程と残された課題について確認する。

第8講　社会的養護とファミリーソーシャルワーク

Step2

ファミリーソーシャルワーク

　2016（平成28）年の児童福祉法改正では、子どもを権利の主体として明確に位置づけ、家庭やより家庭に近い環境における養育の提供について規定された。こうした改正法の理念の具体化に向けて2017（平成29）年8月に示された「新しい社会的養育ビジョン」では、身近な市町村におけるソーシャルワーク体制の構築等とともに、社会的養護関係施設には養親・里親の支援に向けた機能の充実が求められるなど、在宅措置から代替養育におけるファミリーソーシャルワークの役割がますます重要となっている。

在宅でのケアとソーシャルワーク

　2016（平成28）年に改正された児童福祉法（以下、改正児童福祉法）では、児童相談所長は、通告等を受けた児童・保護者に対し、通所または在宅において指導し、または市町村等に委託して指導させることができる（児童福祉法第26条第1項第2号）と規定され、さらにそれを受けた「新しい社会的養育ビジョン」においても「在宅のままで支援していくことが適切と判断される虐待やネグレクトのリスクを抱えた家庭など、集中的な在宅支援が必要な家庭への支援は『在宅措置』として、『社会的養護』の一部と位置づけ、（中略）措置に含むものとする」と示されている。

　これからの社会的養護では、単に代替養育に措置された子どもや家族だけでなく、家族を分離する手前の時点でのケアやソーシャルワークが求められる。

家庭的環境でのケアとソーシャルワーク

　また、改正児童福祉法では、家庭において養育することが困難であるか、または適当でない場合であっても「家庭における養育環境と同様の養育環境」において継続的に養育されるよう規定し、それが適当でない場合は、児童ができる限り「良好な家庭的環境」において養育されるよう、必要な措置を講ずることが規定された（児童福祉法第3条の2）。なお、「家庭における養育環境と同様の養育環境」とは、養子縁組による家庭、里親家庭、ファミリーホーム（小規模住居型児童養育事業）を指し、「良好な家庭的環境」とは、施設のうち小規模で家庭に近い環境（小規模グループケアやグループホーム等）を指している。

　より一般家庭に近い形態での生活のなかで、支援が展開されていくことになるが、施設養護をはじめとした社会的養護の支援も変化が求められる。例えば、小規

模化によって、子どもの数だけでなく、担当する養育者も少数で固定される。毎日同じ相手と顔を合わせる生活は、より濃密なコミュニケーションが可能となるが、その分一人の養育者の専門性も求められる。また、地域で暮らすということは、そのコミュニティの一員としての役割が生じることになる。養育者には、専門的な支援者であるとともに、生活者としての視点が一層求められる。

親子関係再構築に向けたソーシャルワーク

　子どもにとって家族と共に暮らすことは、もっとも尊重される権利の１つである。家族が分離の状況になる代替養育においては、子どもと家族が再びつながりをもつことができるよう支援していくことが求められる。この親子関係再構築に向けた支援は、再び家族で暮らす「家庭復帰」のみをめざすのではなく、家族と子どもが適切な距離をとれるようになるための支援も含まれる。これは、子どもと親がその相互の肯定的(こうていてき)なつながりを主体的に回復することをめざすものである。

　そのためには、子どもと家族を分断したままでなく、状況や時期などを適切にアセスメントしたうえで、多様な方法での交流の機会をつくることが大切である。その際にも、家族との協働の視点とともに、家族の状況を正確に把握し、子どもを再びの危機に陥(おとしい)れないように十分な配慮がなされなければならない。また、子どもの意向を最大限に尊重し、子どもの発達段階に応じた支援が必要である。

　また、保護者への支援が十分でなく、問題を抱えたままであると、措置解除後に子どもが再び問題に直面することになってしまう。保護者もまた、多くの場合には、回復したいと願う存在である。社会的養護の養育者と児童相談所が連携し、保護者の支援プログラムを提供することが求められている。

「永続的解決」に向けたソーシャルワーク

　「新しい社会的養育ビジョン」では、家族と分離して行う代替養育を、本来一時的な解決であるとする。そのため、今後の児童相談所を中心としたソーシャルワークでは、家庭や親族との同居が不適当な場合において、普通養子縁組や特別養子縁組といった永続的解決を目的とした対応を行うことが求められる。代替養育が継続する場合においても、子どものニーズに応じた養育形態が選択されるべきであり、かつ、永続的解決に向けた計画（パーマネンシー・プラン）の立案とその実現に向けた不断の努力が必須となるだろう。

Step3

　ソーシャルワークでは、ニーズをとらえる際にさまざまな視点や知識を活用する。そのなかでも、子どもや家族のニーズをとらえる際に重要となる視点について整理をし、社会的養護のなかでどのように展開されるかを確認する。

子どもの人生をとらえる視点

　まず1つ目には、人間の発達から人生を見通す視点である。この視点からとらえるニーズとは、人々のライフサイクルを通して身体的、認知的、社会的、情緒的、精神的な成長に応じて現れる。例えば、幼児期には愛情と身体的ケアを必要とする。学童期には、幼児期とは違った身体的ケアを必要としつつ、技術や創造性を育てる自由と機会を必要とする。青年期には、自分が何者かというアイデンティティを確立させ、性的に成長し、職業や学業を選択するための機会が必要である。こうした人生の各段階で、それぞれの年齢に応じたニーズがあると考える。

　社会的養護のもとでも、それぞれのライフサイクルに応じた環境を整えるとともに、それまでの発達段階で満たされなかったニーズについてアセスメントすることが必要である。また、子どもたちの人生は、社会的養護のもとにいる間だけで完結するものではない。措置解除後も彼らの生活はずっと続いていくのである。子どもたちの幼少期の育ちにかかわる養育者は、人生の重要な部分にかかわる支援を行っているという自覚をもち、子どもたちのもつ可能性を提示し、子どもの人生をとらえる視点をもつことが求められている。

ストレングスの視点（strengths perspective）

　もう1つの重要な視点が、ストレングス・パースペクティブである。従来、ニーズを抱える子どもや家族に対するとき、その「問題」や「欠点」に目を向け、それを解消するという見方をされることが多かった。一方、ストレングス・パースペクティブでは、子どもや家族および環境の欠点ではなく、独自の強さ、能力、向上心などに敬意を払い、彼らがもともともっている力や資源に焦点をあてる。また、生活上の困難も、成長や挑戦の機会ととらえる。また、子どもや家族に新しい技術や力を身につけさせることに注力するのではなく、彼らの内側からの再生や、エンパワメント、逆境を克服する人々の回復力に敬意を払う。

　施設養護にストレングス・パースペクティブを導入することで、子どもや家族のもつ「問題」やネガティブな面から、子どもや家族や周囲の環境がもつ強みやポジ

ティブな面へと視点を変えることができる。こうして、子どもや家族のもつ良いところを認めていくことで、子どもや家族の自信や自己肯定感を高めることにもつながっていくのである。

レジリエンスの視点（resilience perspective）

子どもは傷つきやすく環境に対して無力なだけの存在ではなく、あらゆる困難を乗り越え、回復しようとする力強さももっている。この視点は「レジリエンス」という概念で表される。

これまで、子どもは傷つきやすく、無力で、家族にがんじがらめになっている存在ととらえられてきた。そのため、虐待などによる子ども時代のダメージがトラウマとなって一生を台無しにするという言説（ダメージ・モデル）が信じられてきた。しかし、これまでの調査や研究から、外傷的な事件によって受けたこころの傷は、受けた人の復元力や予防の力によってダメージの程度が変わること、さらに、レジリエンスは個人の資質のみによって左右されるのではなく、周囲の支援や教育機会などによって促進されることがわかっている。

社会的養護のもとで生活する子どもも、それまでの環境でさまざまなダメージを受けていることが多い。しかし、そのことが子どもの将来や可能性を決定づけるものではない。子どもたちが本来もつレジリエンスが発揮されるよう、環境や機会を整えることが重要である。

エコロジカルな視点（ecological perspective）

家族を基盤とするソーシャルワーカーは、家族とその環境との間の交互作用を考慮する。これは、冒頭で述べた個人と環境、そしてそれらの交互作用を見る視点と同様である。

エコロジカル・パースペクティブは、ニーズを人と環境との交互の関係としてとらえる視点であり、ジェネラリスト・ソーシャルワークの基本となる重要な視座である。この視座からは、ニーズが満たされない状態を、人と環境の間に不調和が生じた状態であると考える。そして、人と環境のどちらにも利益がある交互作用が望ましい状態であり、ニーズが満たされた状態であると考える。

社会的養護のなかに置き換えると、ニーズをもつ子どもを「問題をもつ対象」としてとらえ「問題の原因を突き止めて、原因をなくすことで問題を解決する」という考え方だけではなく、「場（環境）のなかの人（子ども）」としてとらえ「環境と子どもたちとの関係に働きかけて支援する」という考え方を用いて支援を行う。安

心できる環境のもと、信頼できる養育者との関係（「場」との交互作用）によって、子どもはのびのびと成長することができるのである。

2. 新たなソーシャルワークの視点と社会的養護

アイデンティティをつなぐ

　自分がだれからどのように生まれ、どのように育てられたか。自分の生い立ちについて知ることは、だれもがもつ権利である。しかし、社会的養護のもとで暮らす子どもたちは、自分の誕生や措置された理由について、適切な説明をされず知らされていないことが少なくない。それだけでなく、自身の誕生や存在についてネガティブなメッセージを受け取っていることさえある。こうして、自身の根幹をなす大切な情報についてわからず、否定的な感情をいだいていることは、「自分が何者か」というアイデンティティを大きく揺るがすこととなる。その結果、自分を責め、自分の価値を疑い、自己肯定感を低めてしまう原因となってしまう。（アイデンティティの形成については、第4講 Step 3（46ページ）を参照。）

　こうした感情に対して、過去から現在までの生い立ちや家族との関係を整理し、欠けている部分を補い、自責の感情を修正しながら、子どもが過去との連続性を取り戻し、アイデンティティを確立していくことを支援する「生い立ちの整理」が重要となる。これは、ただ事実を告げるのではなく、どのような誕生・育ちであっても、保護者やそれに代わる養育者に大切に育てられてきたこと、「あなた自身がとても大切な存在である」ということを伝えていく作業である。この子どもの生い立ちの整理は不可欠なことであると同時に、子どもに大きな衝撃を与えかねないことでもある。十分な準備のもと、子どもたちの状況に応じた適切な時期に、信頼できる養育者とともに生い立ちの整理を行っていくことが求められる。

　また、分離や措置によって分断されてきた社会的養護のもとでの育ちをつなぐために、子どもが養育者（専門家）とともに自身の生い立ちを理解していく「ライフストーリーワーク」という取り組みや「育てノート」「育ちアルバム」を活用することも必要である。

　さらに、児童相談所や適切な機関において、子どもや家族に関する情報や行った支援の記録を保管しておくことも重要である。また、措置解除後も、希望があれば、記録を開示することも考慮しなければならない。こうした取り組みは、子どもの権利条約に規定される子どもの「知る権利」の保障につながるものである。

子どもや家族の参画

　もう1つの重要な視点は、子どもや家族（いわゆる当事者）参画の視点である。これまで、支援者―被支援者としての関係性が固定され、重要な決定が、閉ざされた空間のなかで支援者によって決定される傾向にあった。社会的養護においても、子どもたちは支援の受け手であるととらえられることが多かっただろう。

　しかし、「ニーズの本質は、ニーズの所有者（当事者）がもっとも理解している」という見方が示され、問題や課題解決の機会を当事者から奪わないようにするべきだという考え方が新たに提示されてきた。「新しい社会的養育ビジョン」でも「すべての局面において、子ども・家族の参加と支援者との協働を原則とする。参加とは、十分な情報を提供されること、意見を表明し尊重されること、支援者との適切な応答関係と意見交換が保障されること、決定の過程に参加することを意味する」と示されている。

　2022（令和4）年に成立した改正児童福祉法においても、子どもの権利擁護の取り組みを推進するため、子どもの権利擁護の環境整備を行うことを都道府県等の業務として位置づけ、都道府県知事または児童相談所長が行う措置等の決定時において、子どもの意見聴取等を行うこととし、子どもの意見表明等を支援するための事業（意見表明等支援事業）を制度に位置づけ、その体制整備に努めることとすることが示されている（2024（令和6）年4月1日施行）。

　子ども・家族の参加の1つの形がファミリー・グループ・カンファレンス（FGC）である。FGCは、家族や親族がソーシャルワーカーをはじめとする専門職とともに、子どもが安心できる養育環境を保障するための必要な事項を話し合う公式の会議である。従来の専門職が中心となった意思決定、あるいは家族の受動的な会議への出席と違い、家族が意思決定に積極的にかかわり、家族が中心となって養育計画を作成する点に特徴がある。措置権をもつ機関は、家族のパートナーとして家族の意思決定を支えていくことで、家族はエンパワーされ、子どもの養育責任の自覚を促すことができるとされる。

　また、社会的養護のもとでの生活経験のある若者を中心とした当事者活動も、この15年に各地で誕生している。それぞれの団体が、居場所の提供やアフターケアを行ったり、自身の経験から制度へ参画するなど多様な活動を行っている。被支援者から主体者へ転換することにより、これまでの経験の意味づけが肯定的に変容していくと考えられる。

参考文献

- B・シリュルニック，斎藤学監，柴田都志子訳『壊れない子どもの心の育て方』KK ベストセラーズ，2002.

- 林浩康『子ども虐待時代の新たな家族支援』明石書店，2008.

- J・L・ハーマン，中井久夫訳『心的外傷と回復』みすず書房，1996.

- L・C・ジョンソン・S・J・ヤンカ，山辺朗子・岩間伸之訳『ジェネラリスト・ソーシャルワーク』ミネルヴァ書房，2004.

- M・W・フレイザー，門永朋子・岩間伸之・山縣文治訳『子どものリスクとレジリエンス』ミネルヴァ書房，2009.

- 森田ゆり『子どもと暴力』岩波書店，1999.

- 永野咲『社会的養護のもとで育つ若者の「ライフチャンス」』明石書店，2017.

- 大江ひろみ・石塚かおる・山辺朗子『子どものニーズをみつめる児童養護施設のあゆみ──つばさ園のジェネラリスト・ソーシャルワークに基づく支援』ミネルヴァ書房，2013.

- R・ローズ・T・フィルポット，才村眞理監訳『わたしの物語　トラウマを受けた子どもとのライフストーリーワーク』福村出版，2012.

- 才村眞理『生まれた家族から離れて暮らす子どもたちのためのライフストーリーブック』福村出版，2009.

- 社会福祉法人東京都社会福祉協議会児童部会リービングケア委員会「Leaving Care 児童養護施設職員のための自立支援ハンドブック　改訂4版」2008.

- 社会的養護の当事者参加推進団体日向ぼっこ『施設で育った子どもたちの居場所「日向ぼっこ」と社会的養護』明石書店，2009.

- T・ライアン・R・ウォーカー，才村眞理・浅野恭子・益田啓裕監訳『生まれた家族から離れて暮らす子どもたちのためのライフストーリーワーク実践ガイド』福村出版，2010.

- S・J・ウォーリン・S・ウォーリン，奥野光・小森康永訳『サバイバーと心の回復力──逆境を乗り越えるための七つのリジリアンス』金剛出版，2002.

COLUMN　国によるケアリーバー調査、初めての実施

　社会的養護のケアを離れた子ども・若者（以下、ケアリーバー）の生活状況について正しく把握することは、提供したケアを評価することでもあり、今後のあり方を考えるための重要な取り組みである。しかし、日本においては、欧米のような社会的養護を受けた若者の公的な全数調査や追跡調査はほとんど実施されておらず、国による調査も2020（令和2）年度まで一度も実施されてこなかった。

　「新しい社会的養育ビジョン」を受けて、2020（令和2）年度、ついに国によるケアリーバー調査が実施された。本人記入調査の回答率は、14.4%（2980件）にとどまったものの、社会的養護を離れたあとの若者たちの生活状況や「声」がようやく届き始めた。ケアリーバー調査は、今後の実践のあり方を考えるために欠かせないものであり、継続的な実施が求められる。

出典：三菱 UFJ リサーチ＆コンサルティング「令和2年度子ども・子育て支援推進調査研究事業　児童養護施設等への入所措置や里親委託等が解除された者の実態把握に関する全国調査報告書（令和3（2021）年3月）」2021.

（永野　咲）

第 9 講

社会的養護の対象と 支援のあり方

この講では、社会的養護の対象となる子どもや家庭について理解を深めるために、予防的支援、在宅措置、代替養育を必要とする子どもたちや家族がどのようなニーズを抱えているか確認する。

Step1

措置（代替養育）に至る理由

　まず、社会的養護を必要とする子どもたちが保護以前にどのような暮らしをしていたのかを理解することから始める。

　平成29年度の社会的養護全体の措置理由（**図表9−1**）をみると、上位から、虐待・酷使、放任・怠惰となっており、合わせると約3割を占めている。次いで多いのは、親の精神疾患等によるものである。また、形態別の措置理由（**図表9−2**）では、児童養護施設、児童心理治療施設や児童自立支援施設において、虐待・酷使、放任・怠惰などの不適切な養育を理由に入所している割合が高いことがわかる。

　図表9−3は、社会的養護の各形態における虐待の経験をもつ子どもの割合である。児童心理治療施設で生活する子どもの約7割、児童養護施設で生活する子どもの約6割が虐待された体験をもつとされる。身体的・性的・心理的虐待だけでなく、不適切な養育環境のもとでの生活では、衣食住もままならないことも多い。こうした状態を「ネグレクト」という。なかには、空腹に耐えたり、電気・ガス・水道が止まることを心配しながらの生活となることもある。生活習慣が安定せず、虫歯に苦しんだり、学校へ行くことができない場合もある。保護者自身についても、精神的な疾患や貧困などの困難に直面し、さまざまな苦労を抱えている場合が多い。

　社会的養護を必要とする子どもに向き合うには、それぞれの子どもや家族のこれまでの生活を把握し、子どもの状態をとらえることが大切である。

図表9-1　社会的養護への措置理由

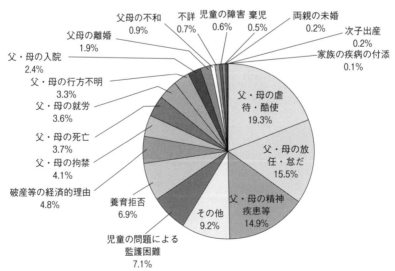

資料：厚生労働省「平成29年度児童養護施設入所児童等調査（2020年2月28日公開）」をもとに作成。

図表9-2　形態ごとの社会的養護の措置理由

	全体	里親委託児童	児童養護施設入所児童	児童心理治療施設入所児童	児童自立支援施設入所児童	乳児院入所児童	ファミリーホーム委託児童	自立援助ホーム入所児童
父・母の虐待・酷使	7,800	503	6,080	375	143	309	225	165
父・母の放任・怠だ	6,276	710	4,589	118	93	504	208	54
父・母の精神疾患等	6,026	702	4,209	98	44	708	217	48
その他	3,701	407	2,480	82	42	501	143	46
養育拒否	2,793	826	1,455	46	41	162	205	58
破産等の経済的理由	1,921	341	1,318	9	2	200	43	8
父・母の就労	1,473	128	1,171	5	5	111	49	4
父・母の行方不明	1,340	448	761	9	7	41	63	11
父・母の拘禁	1,651	161	1,277	15	7	121	59	11
父・母の入院	978	123	724	8	3	82	34	4
児童の問題による監護困難	2,858	64	1,061	527	988	4	78	136
父・母の死亡	1,514	709	684	12	11	17	59	22
不詳	279	42	164	16	8	14	21	14
父母の離婚	750	74	541	2	25	43	52	13
父母の不和	371	36	240	4	6	65	17	3
児童の障害	233	12	97	39	19	35	18	13
棄児	197	74	86	2	4	9	19	3
両親の未婚	84	*	*	*	*	84	*	*
次子出産	84	13	60	0	0	7	3	1
家族の疾病の付添	46	9	29	0	0	6	*	2
総数	40,375	5,382	27,026	1,367	1,448	3,023	1,513	616

資料：厚生労働省「平成29年度児童養護施設入所児童等調査（2020年2月28日公開）」をもとに作成。

図表9-3　被虐待体験

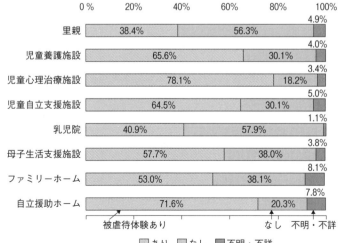

	あり	なし	不明・不詳
里親	38.4%	56.3%	4.9%
児童養護施設	65.6%	30.1%	4.0%
児童心理治療施設	78.1%	18.2%	3.4%
児童自立支援施設	64.5%	30.1%	5.0%
乳児院	40.9%	57.9%	1.1%
母子生活支援施設	57.7%	38.0%	3.8%
ファミリーホーム	53.0%	38.1%	8.1%
自立援助ホーム	71.6%	20.3%	7.8%

児童養護施設入所児童等調査結果（平成30年2月1日）

出典：厚生労働省子ども家庭局家庭福祉課「社会的養育の推進に向けて」2022.

Step2

1. 児童虐待と社会的養護

　児童相談所における虐待相談（ぎゃくたいそうだん）の対応件数は毎年増加しており、令和2年度には20万件を超え過去最多となった。児童虐待は、特別な家庭だけに発生するものではなく、多くの子育て家庭で起こり得るものであり、虐待が深刻化する前の早期発見、早期対応が重要である。

　リスクの有無によらず、全体に対策を行うポピュレーションアプローチから代替養育に至るまでの新たな社会的養育のあり方を提示することを目的として構成された「新しい社会的養育ビジョン」では、以下を社会的養護に含むことが提言されている。

　① サービスの開始と終了に行政機関が関与するサービス形態
　② 保護者と子どもの分離が必要な事情があり、分離した後の代替養育を公的に保障し提供するサービス。この場合は、措置（そち）・契約の形態如何にかかわらず、社会的養護に含める[*1]。

　上記の定義に従えば、社会的養護には、保護者と分離している場合と分離していない場合の両者を含むこととなる。さらに、分離している場合を特に代替養育と呼ぶこととされている。

　以下に、予防的支援、在宅措置、代替養育の順で対象と支援を整理する。

2. 予防的支援の対象と支援

　心中以外の虐待による子どもの死亡事例では、0歳児の割合が約7割を占めていることが報告されている[*2]。この背景として、母親が妊娠期（にんしんき）から一人で悩みを抱えているケースや、産前産後の心身の不調、家庭環境の問題などがあると考えられている。

　また、妊娠の届出がなく母子健康手帳が未交付である、妊婦健診（にんぷけんしん）が未受診である

---

*1 「具体的には、在宅指導措置（児童福祉法第27条第1項第2号）、里親・施設等への措置（児童福祉法第27条第1項第3号）、一時保護（児童福祉法第33条）の児童相談所の行政処分はもとより、自立援助ホームや保護者と施設の契約で入所している障害児施設やショートステイも社会的養護に含める。また、母子生活支援施設もそのサービスの開始や終了には行政機関が関与して入所し、生活全般に当たる支援を行っていることから社会的養護に含める。なお、保護者と分離して子どもが養育されている形態として、親族、非親族、学生寮、下宿、法外施設等に保護者と契約で養育されている場合があるが、これらは社会的養護に含めない」とされる。

*2 社会保障審議会児童部会児童虐待等要保護事例の検証に関する専門委員会「子ども虐待による死亡事例等の検証結果等について（第14次報告）」2018.

といった妊婦については、市町村で状況が把握できない場合がある。こうした課題に対応するためには、妊婦等自身からの相談を待つだけでなく、出産後の養育について出産前において支援を行うことが特に必要と認められる妊婦（特定妊婦）に積極的にアプローチすることが必要であり、その前提として、そうした妊婦等を把握しやすい機関等からの連絡を受けて、市町村がその状況を把握し、妊娠期から切れ目のない支援体制を整備し、必要な支援につなぐことが重要である。

　このため、2016（平成28）年の改正児童福祉法においては、要支援児童等に日頃から接する機会が多い病院、診療所、児童福祉施設、学校等が、要支援児童等と思われる者を把握した場合には、当該者の情報を現在地の市町村に提供するよう努めなければならないこととされ、関係機関からの情報提供を基に、早い段階から市町村の支援につなげていくことが期待されている。

　2022（令和4）年の児童福祉法および母子保健法改正では、子育て世帯に対する包括的な支援のための体制強化および事業の拡充として、これまでの子ども家庭総合支援拠点と子育て包括支援センターを見直し、すべての妊産婦・子育て世帯・子どもの包括的な相談支援等を行う「こども家庭センター」を設置することとしている。この「こども家庭センター」では、妊産婦等の実情把握、情報提供、相談支援等を行うとともに、支援を要する子どもや妊産婦等への支援計画（サポートプラン）の作成を担う。また、これらを行ううえで、児童福祉・母子保健一体のケース会議の開催など一体的な組織としての情報の共有を行う。さらに、要保護児童対策調整機関としての関係機関との情報共有・調整や、地域における子育て支援の資源（子ども食堂を行うNPO等）の把握・創出・連携体制の構築も担うことが想定されている。

　市町村は、「こども家庭センター」の設置とともに、身近な子育て支援の場（保育所等）における相談機関の整備に努めることとされている（2024（令和6）年4月1日施行）。

3. 在宅措置の対象と支援

　前述の改正児童福祉法で「国及び地方公共団体は、児童が「家庭」において心身ともに健やかに養育されるよう、児童の保護者を支援しなければならない」（第3条の2）と規定されているように、第一には、子どもが家庭で生活できることを支援することが求められている。

　また、「新しい社会的養育ビジョン」においても「在宅のままで支援していくこ

とが適切と判断される虐待やネグレクトのリスクを抱えた家庭など、集中的な在宅支援が必要な家庭への支援は『在宅措置』として、『社会的養護』の一部と位置づけ、（中略）措置に含むものとする」と示されている。市町村が保護者や子どもへの支援を提案しても、保護者が必要な支援を拒否するなど、子どもの最善の利益を確保できないと市町村が判断した場合は、児童相談所の在宅指導措置（児童福祉法第27条第1項第2号）を活用して、市町村が必要な支援を保護者や子どもに確実に行うようにする必要がある。

4. 代替養育の対象と支援

　一方、家庭において養育することが困難であるか、または適当でない場合には、家庭から分離して行う代替養育が提供される。代替養育は、アドミッションケア、インケア、リービングケア、アフターケアという連続した支援によって展開される。この代替養育の実際について、このプロセスごとに求められる専門的支援を整理する。

保護・措置直前直後の支援（アドミッションケア）

　児童相談所に保護され代替養育に至る前後のケアを「アドミッションケア（admission care）」という。この段階では、子どもと保護者の双方へ分離・措置に関する説明を行う。

　また、子どもは保護者やそれまでの環境との分離を経験し、これからどうなるのかといった大きな不安も抱えることとなる。これは、措置の理由にかかわらず共通の経験であり、こうした感情の揺れ動きに応じた特別なケアが必要である。特に、措置の理由を自分自身のせいだと思い込んでいる子どもも少なくない。子どもに伝えられる情報に限りがあるとしても、「あなたが悪かったのではない」ということを伝える必要がある。子ども自身の非行や触法行為により児童自立支援施設等に入所する場合でも、それまでの過程で十分な養育を受けていないことも多く、同様の説明が意味をもつだろう。

　アドミッションケアでは、一時保護の期間などを利用して、子どもの権利が尊重された暮らしに向けた環境を整えることも重要である。子どもの権利を示した「子どもの権利ノート」などを活用し、周囲から傷つけられることはないこと、意見が聴かれることなど、子どものもつ権利を伝えることも、この段階に行うべき支援である。

さらには、児童相談所などとの連携のもと、アセスメントを行い援助方針や自立支援計画を作成しながら、今後の見通しや保護者への支援のあり方などを共有するのもこの段階での重要な支援である。

措置中のケア（インケア）

アドミッションケアに続く「インケア（in care）」の段階は、代替養育の中核をなす部分といえる。インケアでは、以下のような支援が行われる。

（1）日常生活のなかの支援

代替養育によって行われる社会的養護の支援の特徴の1つは、子どもと支援者（養育者）がともに生活するなかで展開される支援であるということである。心地よい環境で就寝し、朝には目が覚める。バランスのとれた食事をとり、季節や好みに応じた清潔な衣類を着る。学校へ行き、勉強をしたり、友人をつくる。学校から帰れば、宿題をしたり、好きなことをしてゆっくりと過ごす。信頼できる養育者と1日の出来事や気持ちを話し合うこともできる。そして、夜には眠くなり就寝する。一見、あたり前のようにも感じる生活であるが、こうした暮らしを代替養育のなかで初めて経験する子どももいるのである。代替養育の養育者は、日々の基本的な生活それ自体が、子どもの生活を回復させる重要な支援となることを意識することが大切である。

基本的生活だけでなく、関係性を育むための支援も行われる。例えば、コミュニケーションのとり方や自身の感情を言語化することも身につけられるよう意図的なかかわりが行われる。養育者に守られたいときに守られ、意見を聴いてもらえることで、これまでの成育歴で得ることのできなかった養育者との安定的な関係を築いていくことができる。こうした支援は、生活のなかでの支援であるからこそ有効に行うことができるのである。

（2）治療的支援

代替養育では、日々の生活のなかでの支援に加えて、治療的な支援も行われる。虐待をはじめとした不適切な養育や分離の経験は、子どもの身体だけでなく、情緒や発達の問題、対人関係の問題など広い範囲にわたって深刻な影響をもたらすことが少なくない。一見、落ち着いた生活をしているように見える子どもであっても、心のなかに抱えている葛藤は大きく、成長とともに深刻化していくこともある。

こうした子どもたちの状況に対して、代替養育では治療的な支援が行われる。例えば、施設の心理職、児童相談所の児童心理司による個人的心理療法などがあげら

れる。具体的には、遊びのなかで子どもや自分の思い・感情を表現し、状況を見立てていくプレイセラピー（遊戯療法）や専門的技術によって相談援助を行うカウンセリングなどの手法が用いられる。必要に応じて、精神科や心療内科の医師の診療や服薬による治療、トラウマに焦点化した治療的なケアを行う場合もある。

　また性に関する支援も行われる。一般的な性教育に加えて、特に、性的被害・加害の経験をもつ子どもへの支援は重要である。アドミッションケアの段階では把握することができなかった被害や加害について、インケアの段階で養育者に告白することもある。この際に、適切な支援を行うことが極めて重要である。まずは児童相談所と連携し、専門的かつ治療的な支援を実施する。また、LGBTQ（性的マイノリティ：Lesbian Gay Bisexual Transgender Queer）としての悩みをもつ若者への支援も重要である。思春期にある子どもに対しては、より具体的に、妊娠・避妊・出産に関する情報提供や支援も必要となる。

措置解除に向けた支援（リービングケア）

　こうしたインケアのプロセスの延長線上に、代替養育を離れる準備の段階の「リービングケア（leaving care）」がある。リービングケアそして続くアフターケアは、インケアと分断されたものではなく、インケアと連続している。さらには、インケアがどのようであったかに大きく影響を受けるものである。

（1）措置を離れるということ

　子どもたちにとって、代替養育を離れることはとても大きな意味をもつ。児童養護施設からの退所の理由を整理すると、①高校等を卒業して社会へ出る場合（自立退所）、②再び家族とともに生活する場合（家庭復帰）、③入所中に問題が変化し、別の施設等へ移る場合（措置変更）、の大きく３つに分けられる。

　特に、自立退所と家庭復帰の場合には、措置解除後の生活において日常の家事や生計をたてることが子どもたち自身に課せられることも少なくなく、困難がともなうことも多い。

（2）頼れる関係づくり

　こうした困難な状況のなかでは、誰の力も借りず、一人で生活することはたやすいことではない。実際に、同年代の多くの子どもたちは、親と生活をともにし、多くの支えを得ている時期である。しかし、代替養育を必要とした子どもたちは、さまざまな理由から家族の支援を期待できないことが多い。

　そのため、リービングケアでは、子どもたちが直面するであろう困難を想定し、家事の仕方や社会保障、医療、司法制度などひとり暮らしに必要な情報について伝

える機会をもち、自立のための支援を行う。

　同時に、リービングケアの中核は、社会のさまざまな関係性のなかで周囲に助けを求めたり、つながりあって生きる力を育むことにある。こういった力は、短期的な取り組みで体得できるものではない。インケアを含んだ日々の関係性のなかで、養育者だけでなく周囲とつながる力、頼る力を育むことがリービングケアの大切な部分となる。

　そして、措置解除後に養育者が提供できるアフターケアと子どもたちが希望しているケアについて話し合い、互いの思いの相違が生じない工夫も有効である。

（3）人生の選択肢の保障

　また、リービングケアの段階では、進路選択についての支援も重要となる。かつて大きな課題とされていた児童養護施設からの高校進学は、2016（平成28）年現在、96.0％となり、一般家庭からの進学との差も2.7％までに縮まっている。

　一方で、児童養護施設からの大学等進学率は、全高卒者の5分の1程度と非常に低くなっている（**図表9-4**）。大学等への進学は、その後の就労や生涯獲得賃金に大きな影響を与えるものである。子どもに進学可能性を提示し、使用できる奨学金情報を提示するなどの特別なケアが求められている。特に、進学にかかる経済的な方策の確保は重大な課題である。リービングケアでは、早い段階で、具体的なシミュレーションを行い、大学等を卒業するまでの経済状況の見通しをつけておくことも大切である。

図表9-4 大学等進学率と就職率の比較

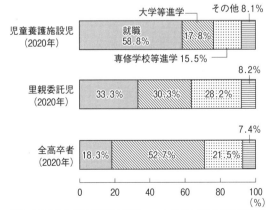

資料：厚生労働省「社会的養護の現状について（令和4年3月版）」2022. をもとに作成。

第9講　社会的養護の対象と支援のあり方

Step3

措置解除後の支援（アフターケア）の対象と支援

措置が解除された後にも支援は続いていく。それが「アフターケア（after care）」である。措置解除後の支援については、2004（平成16）年の児童福祉法改正によって、法的にも義務づけられているものの十分とはいいがたく、2022（令和4）年度の児童福祉法改正においても大きな焦点となった。施設退所後の調査を分析した研究[*3]では、同年代の若者に比べて、児童養護施設の退所者は、生活保護を受給している率が約18倍近いことなど、経済的に困窮する割合が高いことがうかがえる。これは、前述したとおり、同年代が得られている家族からの支援を受けられないことが大きく影響していると考えられる。

経済的困窮以外にも、退所を機に急に増えた一人の時間に孤独感を募らせたり、自身の生い立ちの課題に直面し精神的に不安定になることもある。

前述したように、アフターケアはそれまでの段階と別物ではなく、それまでに提供したケアのありようによって大きな影響を受けるものである。言い換えれば、退所後にどのような生活を送っているのかということが、まさにこれまで行ってきたケアの評価であるといえる。

孤立させない支援

こうした措置解除後の困難に対して、施設や養育者はアフターケアを行う必要と責任がある。しかし、毎年増え続ける措置を離れた若者に対してアフターケアが十分実施できる体制とはいいがたい現状である。また、措置を離れた若者が養育者の多忙さを知っているために遠慮したり、入所中の養育者との関係性などから、退所後に施設に相談できないこともある。

前述の研究[*3]では、退所後3年のうちに、30％の退所者と連絡がとれなくなることが明らかになっている。退所した子ども（若者）たちとのつながりを維持できるよう、特に困難を抱えやすい退所後数年間は、アウトリーチを含めたアフターケアを行うことが重要である。若者たちは、「元気でやっているか」という近況確認や声かけを求めていることが多い。危機的状況に陥る前に、日ごろから関係性を維持し、退所者を精神的にも孤立させないことが重要である。

また、アフターケアを施設だけで実施するには限界がある。退所前から、地域の

---

*3　永野咲・有村大士「社会的養護措置解除後の生活実態とデプリベーション——二次分析による仮説生成と一次データからの示唆」『社会福祉学』第54巻第4号，pp.28〜40，2014.

資源や NPO 等と連携を行い、施設の支援だけでなく周囲の支援や制度を活用することも効果的である。例えば、2016（平成28）年には、児童養護施設等からの退所（措置解除）後の円滑な自立を支援することを目的に、退所者が進学または就職し、かつ保護者等からの経済的な支援を受けられない場合に生活費や家賃の貸付が受けられる「児童養護施設退所者等に対する自立支援資金貸付事業」が創設されている。この貸付は5年間の就業継続、資格取得貸付は2年間の就業継続を満たした場合には返還免除となる。

さらに、2017（平成29）年度から都道府県や指定都市などでは「社会的養護自立支援事業」が開始され、措置解除後にも22歳の年度末まで、①支援コーディネーターによる継続支援計画の作成、②居住に関する支援、③生活費の支給、④生活相談、を実施することができるようになった。同時に開始された身元保証人確保対策事業（児童養護施設や婦人保護施設等を退所する子どもや女性が就職したり、アパート等を賃借する際に、施設長等が身元保証人となる場合の損害保険契約の保険料に対して補助を行う制度）と合わせて充実と活用が望まれる。

2022（令和4）年の児童福祉法改正では、社会的養育経験者等に対する自立支援の強化として、児童自立生活援助事業の対象者の見直しが行われた。具体的には、20歳まで自立援助ホームや、措置延長により児童養護施設等に入所していた児童等または里親等の委託を受けていた児童等は、20歳以降は、児童自立生活援助事業を活用し、それまで入所していた児童養護施設等や自立援助ホーム、委託を受けていた里親などにより都道府県が必要と判断する時点まで引き続き自立支援を受けることを可能とする年齢制限の撤廃が行われた。

また、施設等を退所した児童等や児童相談所等へ一時保護されたものの措置には至らず、在宅指導等のみを受けた児童等に対して、相互交流の場の提供、自立した生活に関する情報提供、就労に関する相談支援や助言、関係機関との連絡調整等を実施する場所として社会的養護自立支援拠点事業を創設し、自立支援の提供体制の強化が図られることとなった（2024（令和6）年4月1日施行）。

こうした改正は大きな前進と考えられるが、活用に自治体間または施設間の格差が生じないよう留意が必要である。

人生の主体性を取り戻す支援

社会的養護を必要とする多くの子どもたちは、家族の問題に翻弄されていることが多い。さらに、その家庭から保護されること、代替養育を受けること、養育者が変わること、措置が解除されることなど、自分の人生にかかわる大きな事項を自分

で決めることが許されていない。自分の人生でありながら、あらゆる時点で自分の人生の主体であることが許されてこなかったといえる。一方で、措置解除となった後には、自分の進路を主体的に選択していくことが求められ、そのギャップに苦しむことは想像に難くない。

　こうした子どもたちの意見の反映は、当事者の意見を支援に取り入れていくことである。今どのようなかかわりを求めているのか、目の前の子どもたちの意見を聴き、取り入れることで、子どもたちの主体的な選択・決定が保障されていくのである。

　また、施設を退所した若者たちの声からヒントを得ることもできる。アフターケアの一環で、ケアを受けた子どもたちによる支援の評価を確認したり、その意見から、インケアやリービングケア、アフターケアの改善につなげることもできる。措置権者やケア提供者は、措置解除後の若者の生活状況を把握し、自らが提供したケアの評価を行うことが求められている。

参考文献

● 永野咲・有村大士「社会的養護措置解除後の生活実態とデプリベーション──二次分析による仮説生成と一次データからの示唆」『社会福祉学』第54巻第4号，2014.

● 永野咲『社会的養護のもとで育つ若者の「ライフチャンス」』明石書店，2017.

● 永野咲「社会的養護における当事者参画──環状島の上から『叫ぶ』」栄留里美・長瀬正子・永野咲『子どもアドボカシーと当事者参画のモヤモヤとこれから──子どもの「声」を大切にする社会ってどんなこと？』明石書店，2021.

● 楢原真也『児童養護施設で暮らすということ──子どもたちと紡ぐ物語』日本評論社，2021.

● 社会的養護の当事者参加推進団体日向ぼっこ『施設で育った子どもたちの居場所「日向ぼっこ」と社会的養護』明石書店，2009.

● 大江ひろみ・石塚かおる・山辺朗子『子どものニーズをみつめる児童養護施設のあゆみ──つばさ園のジェネラリスト・ソーシャルワークに基づく支援』ミネルヴァ書房，2013.

● R・ローズ・T・フィルポット，才村眞理監訳『わたしの物語 トラウマを受けた子どもとのライフストーリーワーク』福村出版，2012.

● 才村眞理『生まれた家族から離れて暮らす子どもたちのためのライフストーリーブック』福村出版，2009.

● 社会福祉法人東京都社会福祉協議会児童部会リービングケア委員会「Leaving Care 児童養護施設職員のための自立支援ハンドブック　改訂4版」2008.

● 社会保障審議会児童部会児童虐待等要保護事例の検証に関する専門委員会「子ども虐待による死亡事例等の検証結果等について（第1次〜第14次報告）」

● T・ライアン・R・ウォーカー，才村眞理・浅野恭子・益田啓裕監訳『生まれた家族から離れて暮らす子どもたちのためのライフストーリーワーク実践ガイド』福村出版，2010.

第10講
家庭養護と施設養護

本講では、社会的養護施策の動向や、里親やファミリーホームといった家庭養護と施設養護の現状と課題、家庭養護と施設養護の共通点と相違点に関して学ぶことを目的としている。家庭養護と施設養護を理解することは、社会的養護の子どもたちを支援するにあたり非常に重要であり、子どもを理解するうえで大きな意義がある。

施設養護の現状や家庭養護のなかの里親制度やファミリーホームの現状について学び、施設養護と家庭養護との共通点と違いについて、理解する。

Step1

1. 施設養護から家庭養護

　アメリカやイギリスなどの一部の欧米・オセアニア諸国では、1940～1950年代の研究によって家庭養護の必要性が訴えられ、現在の社会的養護のなかで里親をはじめとする家庭養護が中心となっている。この家庭養護への転換の流れは、1951年にイギリスで発表されたボウルビィ（Bowllby, J.）の『乳幼児の精神衛生』において、アタッチメント（愛着）の重要性が訴えられたこともきっかけになった。

　一方で、日本ではこれまで施設養護が中心となって社会的養護が展開されている。しかし、日本が1994（平成6）年に批准した「児童の権利に関する条約」（児童の権利条約）第20条「家庭環境を奪われた子どもの養護」には里親委託等家庭養護の優先について規定されている。2016（平成28）年6月に児童福祉法が改正され、「第1章　総則」に「児童を家庭において養育することが困難であり又は適当でない場合」は「児童が家庭における養育環境と同様の養育環境において継続的に養育」されることが第一の措置であり、それが適当ではない場合「児童ができる限り良好な家庭的環境において養育されるよう、必要な措置を講じなければならない」（第3条の2）と明記された。この「家庭における養育環境と同様の養育環境」とは里親委託等の家庭養護であり、「家庭的環境」とはグループホームなどを指していることになる。このように、日本において、施設養護よりも家庭養護の重要性が高まっており、社会的養護の養育や支援の質を高めていくことが求められている。そのためには、国民の理解を得ることが必要であり、社会的養護を文字どおり「社会にひらく」ことが大切になってくる。

　よりよい社会的養護をめざすため、2012（平成24）年3月に5つの社会的養護を担う施設の「運営指針」と「里親及びファミリーホーム養育指針」が厚生労働省から発出された。5つの施設とは、児童養護施設、乳児院、母子生活支援施設、児童心理治療施設、児童自立支援施設である。本講ではこの5つの施設を代表して、施設の数が多く、多くの保育士が働く児童養護施設を取り上げる。

2. 児童養護施設の運営指針

　2012（平成24）年3月に発出された「児童養護施設運営指針」（運営指針）は「児童養護施設における養育・支援の内容と運営に関する指針を定めるものである」とされ、その目的として、「社会的養護を担う児童養護施設における運営の理念や方法、手順などを社会に開示し、質の確保と向上に資するとともに、また、説明責

110

| 図表10-1 | 児童養護施設の養護 |

養護の種類	内容
生活指導	児童の自主性を尊重しつつ、基本的生活習慣を確立するとともに豊かな人間性および社会性を養い、かつ、将来自立した生活を営むために必要な知識および経験を得ることができるように行う。
学習指導	児童がその適性、能力等に応じた学習を行うことができるよう、適切な相談、助言、情報の提供等の支援により行う。
職業指導	勤労の基礎的な能力および態度を育てるとともに、児童がその適性、能力等に応じた職業選択を行うことができるよう、適切な相談、助言、情報の提供等および必要に応じ行う実習、講習等の支援により行う。
家庭環境の調整	児童の家庭の状況に応じ、親子関係の再構築等が図られるように行う。

任を果たすことにもつながるものである」と述べられている。

　運営指針のなかには、「保護者のない児童、虐待されている児童その他環境上養護を要する児童を入所させて、これを養護し、あわせて退所した者に対する相談その他の自立のための援助を行うことを目的とする施設」であり、「地域の住民に対して、児童の養育に関する相談に応じ、助言を行うよう努める役割も持つ」という児童養護施設の目的と役割が述べられている。

　児童養護施設の養護は、「生活指導」「学習指導」「職業指導」「家庭環境の調整」を中心として児童の心身の健やかな成長とその自立を支援することを目的として行うとしている（**図表10- 1**）。

　子どもの生活支援として衣食住の基本的な安心で安全な生活を保障することをはじめ、性に関する教育や個別性、自律性を高める生活を尊重することの重要性を述べている。また、施設から退所したあとのケアや家庭に引き取られたあとの支援も児童養護施設の重要な役割としている。児童養護施設に求められているものは、かつて「子どもの養護」が中心であったが、それに加え、今では、「養護」とともに「退所した者に対する相談その他の自立のための援助」が中心になっている。

　児童養護施設では何人もの職員が子どもの養育に従事しており、その職員間での連携や、より質の高いケアが必要な子どもたちへの支援を行うために、職員の資質の向上も大きな課題としてあげられている。職員一人ひとりに対する研修等の機会だけではなく、職員間の連携や他機関、施設、学校、地域の住民等との連携・協働も求められている。そして、地域に関しては、ボランティアの受け入れなどによる地域との交流から、施設がもつ専門性を活かし地域に対して支援を行う役割をもっている。また、複数の子どもが生活を送るなかで事故や感染症などの防止と災害時

等の安全対策も非常に重要な課題である。

　児童養護施設の将来像として、施設の小規模化と施設機能の地域分散化、施設機能の高度化と地域支援をあげている。

　また、運営指針が発出されたあとに「児童養護施設運営ハンドブック」が発行されており、このなかで、児童養護施設が行う養育・支援にとっての重要な要素として、①援助過程そのものが子どもとの関係性を構築し深めていく、②前の養育者からていねいに引き継ぎを受け、次にていねいに引き継いでいく、③子どもとつながり続けていく、の3点が述べられている。

3. 対象となる子どもの特徴と背景

　児童養護施設に入所する子どもたちはどのような背景や特徴があるのだろうか。児童養護施設は法令上は0歳から18歳まで入所可能であるが、実態としてはおおむね2歳から18歳（措置延長の場合は20歳）までの幅広い年齢の子どもたちが生活する場である。その年齢の幅はほかの児童福祉施設と比べても非常に大きい。児童養護施設に入所する年齢も退所する年齢も子どもによって大きく異なっている。

（1）複雑な背景

　2018（平成30）年度の厚生労働省の調査では、児童養護施設への入所理由として、45.2%は保護者から虐待を受けたために保護された子どもであり、次に、親の精神疾患、離婚等により親の養育が受けられない子どもとなっている。このような理由から考えても、子どもが児童養護施設に入所するまでの経緯や背景は単純ではなく、複雑・重層化している。虐待が起きる理由をあげても、1つの虐待に対し経済的困難、両親の不仲、精神疾患など多くの要因がからみ合っている。そのため、入所に至った直接の要因が改善されても、別の課題が明らかになることも多い。児童養護施設で求められる養護とは、子どもの背景を十分に把握したうえで、必要な心のケアも含めて養育を行っていくとともに、家庭環境の調整もていねいに行う必要がある。

（2）障害のある子ども

　複雑な背景のなかには、障害のある子どもの状況も含まれている。

　虐待は閉ざされた養育空間のなかで、子育てに行き詰ったときに発生することが多く、発達上の問題をかかえる子どもであれば、そのリスクはさらに高まることが指摘されている。障害のある子どもについては、障害への対応も含めて最大限の支援を行うことが必要である。その場合、医療やほかの福祉サービスの利用など関連機関との連携が欠かせない。

4. 家庭的養護の利点と課題

　次に、施設養護のなかでも大規模施設ではなく、小規模で家庭的な環境で養育する「家庭的養護」のメリットをあげる[*1]。

・一般家庭に近い生活体験を持ちやすい。
・子どもの生活に目が届きやすく、個別の状況にあわせた対応をとりやすい。
・生活の中で子どもたちに家事や身の回りの暮らし方を普通に教えやすい。
・調理をすることにより、食を通じたかかわりが豊かに持てる。
・近所とのコミュニケーションのとりかたを自然に学べる。
・集団生活によるストレスが少なく、子どもの生活が落ち着きやすい。
・日課や規則など管理的になりやすい大舎制と異なり、柔軟に運営できる。
・安心感のある場所で、大切にされる体験を提供し、自己肯定感を育める。
・子どもたちが我が家という意識で生活でき、それが生活の主体性につながり、自立の力が日常生活を通じて身についていく。
・家庭や我が家のイメージを持ち、将来家庭を持ったときのイメージができる。
・自立を意識し、意図的に子どもにかかわれる。
・少人数のため行動しやすい。
・地域の中にグループホームを分散配置することにより、地域での社会的養護の理解が深まる。
・地域の子ども会、自治会、学校区の関係者との交流が深まる。

　このように、施設養護がより家庭的になることで、虐待を受けて児童養護施設等に入所したような児童等にとって、より個別的なケアができ、家庭的な雰囲気で生活することができる。しかし、その一方で、いくつかの課題もあげられている。

　課題の1つとして、配置されている職員の数が少ないため、職員が1人で多様な役割をこなす必要があり、職員の力量が問われることがある。2つ目として、施設内のできごとが外部に伝わりにくく、閉鎖的あるいは独善的なかかわりになる危険性があり、かかわる保育士や児童指導員などの職員がバーンアウトする（燃え尽きる）可能性が高まることがあるということがいえる。

　そのため、職員の資質の向上をめざすとともに、職員の孤立を防ぐために、職員同士の連携が重要とされている。また、勤務経験の浅い職員へのフォローや虐待を受けた子どもへの質の高いケアを保障するため、スーパービジョン（対人援助職者に対して行う管理、教育、支持的機能）を受ける体制やスーパーバイザー（熟練した指導者）の確保、風通しのよい施設運営の必要性が高まっている。

---

*1　社会保障審議会児童部会社会的養護専門委員会「児童養護施設等の小規模化及び家庭的養護の推進のために」p.6, 2012.

Step2

1. 家庭養護の要件

　近年、施設養護のなかで家庭的養護の実践が行われてきており、以下では家庭養護と家庭的養護についての特徴や課題について述べる。

　「里親及びファミリーホーム養育指針」では「家庭養護」は主に里親、小規模住居型児童養育事業（ファミリーホーム）、養子縁組をあげている。養育指針においては、家庭養護の要件を次の5つあげている。

---

① 　一貫かつ継続した特定の養育者の確保：同一の特定の養育者が継続的に存在すること。
② 　特定の養育者との生活基盤の共有：特定の養育者が子どもと生活する場に生活基盤をもち、生活の本拠をおいて、子どもと起居をともにすること。
③ 　同居する人たちとの生活の共有：生活のさまざまな局面やさまざまなときをともに過ごすこと、すなわち暮らしをつくっていく過程をともに体験すること。
④ 　生活の柔軟性：日課、規則や献立表が機械的に運用されると、子どもたちは自ら考えて行動するという姿勢や、大切にされているという思いを育むことができないため、コミュニケーションに基づき、状況に応じて生活を柔軟に営むこと。
⑤ 　地域社会に存在：地域社会のなかでごく普通の居住場所で生活すること。

　家庭養護は、養育者の自宅で生活をし、養育者が替わらない継続した養育が中心となっている。また、献立や規則などは各家庭に任せられていることが特徴である。

2. 里親委託優先の原則

　Step 1で記述したように2016（平成28）年に改正された児童福祉法において、「家庭と同様の環境における養育の推進」が新たに追記され、「家庭における養育環境と同様の養育環境」には養子縁組による家庭、里親家庭、ファミリーホームがあげられている。このように、家庭における養育の次の優先として家庭養護での養育が示されている。また、2017（平成29）年に厚生労働省の検討会において「新しい社会的養育ビジョン」が発表され、そのなかでも里親制度の充実が求められている。

　児童福祉法の改正と同時に2011（平成23）年に里親委託を優先することが明記され、厚生労働省から発出された「里親委託ガイドライン」も併せて改正された。同ガイドラインのなかには、里親委託の意義、里親委託優先の原則、里親委託する子ども、保護者の理解、里親への支援、里親への委託の方法などが述べられている。

　里親委託による期待される効果として、以下の3つがあげられている。

---

① 　特定の大人との愛着関係の下で養育されることにより、自己の存在を受け入れられているという安心感の中で、自己肯定感を育むとともに、人との関係において不可欠な、基本

的信頼感を獲得することができる。

② 里親家庭において、適切な家庭生活を体験する中で、家族それぞれのライフサイクルにおけるありようを学び、将来、家庭生活を築く上でのモデルとすることが期待できる。

③ 家庭生活の中で人との適切な関係の取り方を学んだり、身近な地域社会の中で、必要な社会性を養うとともに、豊かな生活経験を通じて生活技術を獲得することができる。

　また、このガイドラインのなかで、里親委託する子どもについて「里親に養育を委託する子どもは、新生児から高年齢児まですべての子どもが検討の対象とされるべきであり、多くの課題を持ち、社会的養護を必要としている子どもの多様さを重視し、子どもと最も適合した里親へ委託する」と述べられている。保護者による養育が望めず、養子縁組を検討する子どもや、実親との関係も保ちながらも長期間の養育を必要とする子ども、あるいは、保護者の傷病などで短期間の養育を必要とする子どもなど、社会的養護を必要とする期間も多様である。そのため、それぞれの子どもに適した里親のマッチングを行うことが非常に重要となる。また、児童相談所や里親支援センター（フォスタリング機関）、児童養護施設等に配置された里親支援専門相談員（**第11講参照**）が里親家庭を支援するとともに、里親と関係機関が連携し、チームで養育を行っている。里親支援センターは、2022（令和４）年に改正された児童福祉法において新たに児童福祉施設として設置された（2024（令和６）年４月１日施行）。

3. 里親・ファミリーホームの役割と理念

　「里親及びファミリーホーム養育指針」において里親とファミリーホームの役割について「里親及びファミリーホームが行う養育は、委託児童の自主性を尊重し、基本的な生活習慣を確立するとともに豊かな人間性及び社会性を養い、かつ、将来自立した生活を営むために必要な知識及び経験を得ることができるように行わなければならない」と述べられている。また、「里親及びファミリーホームにおける家庭養護とは、私的な場で行われる社会的かつ公的な養育である」とも述べられている。

　次に、里親・ファミリーホームの理念として、大きく４つがあげられている。

① 里親及びファミリーホームは、社会的養護を必要とする子どもを、養育者の家庭に迎え入れて養育する「家庭養護」である。

② また、社会的養護の担い手として、社会的な責任に基づいて提供される養育の場である。

③ 社会的養護の養育は、家庭内の養育者が単独で担えるものではなく、家庭外の協力者なくして成立し得ない。養育責任を社会的に共有して成り立つものである。また、家庭内に

おける養育上の課題や問題を解決し或いは予防するためにも、養育者は協力者を活用し、養育のありかたをできるだけ「ひらく」必要がある。
④　里親制度は、養育里親、専門里親、養子縁組里親、親族里親の４つの類型の特色を生かしながら養育を行う。また、ファミリーホームは、家庭養護の基本に立って、複数の委託児童の相互の交流を活かしながら養育を行う。

　このように、里親とファミリーホームは養育者の生活する家庭において子どもを養育することを中心にしている。

4. 小規模住居型児童養育事業（ファミリーホーム）

　小規模住居型児童養育事業は、2008（平成20）年の児童福祉法改正によって新たに規定された第２種社会福祉事業である。施行は2009（平成21）年４月からである。小規模住居型児童養育事業は、一般的に「ファミリーホーム」と呼ばれ、要保護児童５～６人を養育することができる。「里親及びファミリーホーム養育指針」において、「ファミリーホームは、養育者の住居に子どもを迎え入れる家庭養護の養育形態である。里親家庭が大きくなったものであり、施設が小さくなったものではない」と述べられている。

　「小規模住居型児童養育事業（ファミリーホーム）実施要綱」に、養育者の設置について、「ファミリーホームには、２人の養育者及び１人以上の補助者（養育者が行う養育について養育者を補助する者をいう。以下同じ。）を置かなければならない。なお、この２人の養育者は一の家族を構成しているもの（夫婦であるもの）とする」と明記されている。この事業は「家庭養護の一環として、要保護児童に対し、この事業を行う住居（ファミリーホーム）において、児童間の相互作用を活かしつつ、児童の自主性を尊重し、基本的な生活習慣を確立するとともに、豊かな人間性及び社会性を養い、児童の自立を支援すること」を目的としている。住居に養育者と児童が寝起きをともにすることで、家庭的な養育環境のもとで児童の相互作用を活かして養育を行うことが示されている。養育者の規定は、以下のとおりである。

・養育里親として２年以上同時に２人以上の委託児童を養育したことがある。
・養育里親として５年以上登録しているもので、通算して５人以上の委託児童を養育したことがある。
・乳児院、児童養護施設、児童心理治療施設、児童自立支援施設において児童の養育に３年以上従事したことがある。

　小規模住居型児童養育事業は、家庭養護を促進するためにはじまった事業である

ので、基本は夫婦型であり、養育者は里親登録を行い、生活基盤をそこにもたない職員型ではない。養育里親の経験者が養育者の中心となっているが、児童養護施設等での養育経験のある養育者も増えはじめている。しかし、あくまでも「ファミリーホームの養育者は、子どもにとって職員としての存在ではなく、共に生活する存在であること」とされ、「養育者は生活基盤をファミリーホームにもち、子どもたちと起居を共にすることが必要である」と「里親及びファミリーホーム養育指針」において明記されている。

5. 里親制度の現状と課題

Step 1でも述べたように、欧米・オセアニアの一部の先進諸国における社会的養護の要保護児童のケアでは、里親制度が基本となっているのに対し、日本は里親委託が必要とされながらも施設養護が中心となっている理由として以下の点があげられている[*2]。

- ・登録里親確保の問題（里親制度の社会的認知度が低い・里親の希望する条件と合わない等）
- ・実親の同意の問題（里親に委託することに対して実親が同意しない）
- ・児童の問題の複雑化（発達障害等、児童のかかえる問題等が複雑化しており、里親への委託が困難なケースが増えてきている等）
- ・実施体制、実施方針の問題（児童福祉司等が里親委託への業務に十分にかかわれていない・里親の支援が進まない等）

このように、里親を希望する人を増やすとともに、里親に委託されてからの支援体制も求められていることがわかる。

一方で虐待を受けた子どもや発達障害のある子どもが委託されるケースも増加しており、里親の養育の向上も求められている。「里親及びファミリーホーム養育指針」には、「自らの養育を『ひらき』、社会と『つながる』必要がある」と述べられている。里親は社会的養護の担い手であり、社会的につながりをもちながら、孤立せずに養育を行うことが重要とされ、児童相談所をはじめ、里親支援センター（フォスタリング機関）や、その他の施設等と連携をしながら養育を行う必要がある。また、「里親委託ガイドライン」には、里親制度について広く理解を広めることは、さまざまな場面で家庭養育を円滑に進めるために必要であると述べられ、市町村や子育て支援事業や各種団体との連携や里親制度の理解の促進が求められている。

---

*2 厚生労働省「社会的養育の推進に向けて（平成29年12月）」p.25, 2017.

Step3

Step 3 では施設養護と家庭養護の共通点と相違点を説明する。

厚生労働省の社会的養護の各施設運営ハンドブックや全国里親委託等推進委員会の「里親・ファミリーホーム養育指針ハンドブック」には多様な当事者の声が掲載されている。多様な当事者とは、児童養護施設・乳児院等の職員、入所している子ども、里親、里親家庭に委託されている子ども、里親の実子等である。より詳細については厚生労働省のホームページから各ハンドブックを参照してほしい。ここではそれらのハンドブックからも事例として、共通点や相違点について少し紹介をしたい。

1. 施設養護と家庭養護の共通点

社会的養護における被虐待経験をかかえた子どもの数は増加傾向にあり、以前よりもより個別でていねいなケアが求められるようになっている。社会的養護は、かつては親のない、親に育てられない子どもを中心とした施策であったが、現在では、虐待を受けた子ども、何らかの障害のある子ども、ドメスティック・バイオレンス（DV）被害の母子などが増え、その役割・機能の変化に、ハード・ソフトの変革が遅れている。そういった背景もふまえ、大規模な施設養護ではなく、できるだけ家庭あるいは家庭的な環境で養育する「家庭的養護」と、個々の子どもの育みをていねいにきめ細かく進めていく「個別化」が必要とされる現状にあることは第一の共通点である。

また、成人したあとに自立した生活を送れるように、発達の保障と自立支援を重要とする点も欠かすことのできない共通点である。18歳もしくは20歳以後に児童養護施設等の各施設や里親、ファミリーホームから自立し生活を送ることは容易なことではなく、困ったときや相談したいときなどそれまで生活をしていた施設や里親のもとに相談しにくることも珍しくはない。自立後の継続した支援を今後よりよいものにしていくことも社会的養護の各支援者の共通課題である。

さらに、虐待等から回復をめざした支援、家族との連携・協働、継続的支援と連携アプローチ、ライフサイクルを見通した支援なども共通基盤として行われている。子どもによっては乳児院から里親家庭、もしくは児童養護施設へ生活の場や養育者が変わることも珍しくはない。児童養護施設から里親家庭、もしくはほかの施設への措置変更も同様である。そういった際に、子どもの育ちを継続的に支援し、連携することが求められている。

児童養護施設運営ハンドブックより

　小学校高学年になった子どもが、自分が赤ちゃんのときに担当してくれた乳児院の担当職員に、小さいころのことを聴きに行きました。写真を見ながらその当時のことを話してくれる職員の存在は、自分の生きてきた証を伝えてくれる存在としてその子どもの励みになっています。

2. 施設養護と家庭養護の相違点

　施設養護と家庭養護の違いとしてあげられるのは、まず施設養護の場合、職員が交代勤務である場合がほとんどであること、また大規模施設の場合、建物が一般家庭とは異なることや地域のなかで家庭としてではなく施設として開かれている場合が多いということがあげられるだろう。

　また、施設と家庭の大きな違いとして、施設の運営や経理に関する規則や計画は家庭にはないということがあげられるだろう。施設は、施設長をはじめ多職種の職員が働いている。施設は職員が働く場所であり、一般的に職員は施設以外に生活する場所があり、休暇や労働時間など法律を守らなければいけないことがあるため、24時間365日、子どもとともに生活を送ることはない。しかし、里親やファミリーホームは里親や養育者の家庭で子どもとともに生活を送り、そこには休暇や労働時間、衛生面などの規則は原則ない。

　1つの事例を紹介したい。

里親・ファミリーホーム養育指針ハンドブックより

　昨晩のおかずの残りを朝食に出したところ、「なんで残り物を食べさせるの!?」と子どもに言われました。家庭では残り物を出すことはよくあることですが、施設では衛生面などを厳しくしなければいけないので、「残ったら捨てるしかない」状況のようです。家庭での生活のやりくりを知って、身につけていけるといいなと思います。

　この事例のように、食べ物に関して施設は栄養士が献立を立てていることがほとんどであり、残り物などを使用するには、衛生面に関して守らなければならない決まりがある。施設の食事は栄養計算等がされているため、健康に関して十分配慮された食事になる反面、残り物を翌日に食べることや、急遽その日に子どもの好きなものをつくることなどについて融通がきかない点もある。

参考文献

● J・ボウルビィ，黒田実郎訳『乳幼児の精神衛生』岩崎学術出版，1967.

● 小池由佳・山縣文治編著『社会的養護』ミネルヴァ書房，2010.

● 新たな社会的養育の在り方に関する検討会「新しい社会的養育ビジョン」2017.

● 厚生労働省「里親委託ガイドライン」2017.

● 厚生労働省「社会的養護の現状について（参考資料）平成29年12月」2017.

● 厚生労働省「児童養護施設入所児童等調査結果（平成30年2月1日）」2020.

● 施設の小規模化及び家庭的養護促進ワーキンググループ「施設の小規模化等事例集」2013.

● 庄司順一・鈴木力・宮島清編『里親養育と里親ソーシャルワーク』福村出版，2011.

● 庄司順一・鈴木力・宮島清編『施設養護実践とその内容』福村出版，2011.

COLUMN 里親家庭の実子

　里親（ファミリーホームを含む）の家庭には里親（ファミリーホーム養育者）の家族がともに生活していることがある。特に里親の血縁関係にある子どもである実子がいることは珍しいことではない。委託された子どもと実子の関係は年齢や性別によっても異なるが、両者の子どもの関係は里親養育を行ううえで非常に重要となる。

　委託された子どもはそれまで生活してきた環境が大きく変化することで、里親家庭での関係、学校などでの人間関係、そして地域の生活など、多くのことに慣れるまでに時間を必要とする。また、実子も同じように、これまでの家庭内の役割や両親である里親との関係が変わると同時に、委託された子どもとの関係をつくり上げる必要がある。家庭内だけではなく同じ小学校に通う場合など、友人関係にも変化が出る場合がある。委託された子どもと実子は同じ家庭で生活しているが、中途の関係のため、一般的なきょうだい関係とは異なっており、委託された子どもが家庭に帰る場合など、実子が喪失感をもつこともある。

　実子が18歳未満の場合は、委託された子どもと同じように「子どもの最善の利益」を保障されるべき存在である。しかし、実子の存在はこれまであまり関心をもたれず、実子が困難をかかえている場合であっても、理解のみならず支援がほとんどなかった。里親だけではなく、支援者も実子への理解を深め、里親家庭全体の支援を行う必要がある。里親の家族への支援はよりよい養育環境をつくっていくにあたって非常に大切なことである。

（山本真知子）

第11講

社会的養護にかかわる専門職

　本講では、現場で働く専門職や実施者の業務内容、求められる専門性について学ぶことを目的としている。現場で働く際は、さまざまな施設や機関の職員と連携することになる。専門職や実施者に関して学ぶことで幅の広い支援が考えられるようになる。

　求められる専門性や資格の種類、児童福祉施設の専門職についてや、保育士と深くかかわる児童福祉施設で働いている専門職や実施者についての詳細を学び、施設以外で保育士と連携するほかの職種について理解する。

Step 1

1. 求められている専門性

　社会的養護の実践現場で働く専門職は、まず子どもの人権を尊重し、権利を擁護することが求められている。児童虐待の増加により、要保護児童が増加している。さらに、虐待を受けた子どものケアや実親とのかかわり、家族への援助など、社会的養護の実践現場のケアは、広い視点と高い質が求められている。保育士に求められる専門性とは、まず、保育士としての専門職の倫理綱領（「全国保育士会倫理綱領」（188ページ参照））を守ることがいえるだろう。

2. 国家資格と任用資格

　社会的養護が行われている児童福祉施設では、さまざまな資格をもった専門職が働いており、その資格にはいくつかの種類がある。

　大きく2つに分けると、法律において定められている医師、保育士、社会福祉士などの「国家資格」と、資格を取得したあと、職に任用・任命されてはじめて有効となる社会福祉主事や児童福祉司などの「任用資格」がある。国家資格にはまた2つの種類があり、医師、弁護士、薬剤師など「業務独占」の資格と、保育士や社会福祉士などの「名称独占」の資格がある。「業務独占」とは、法律で資格をもっている人しかその業務に従事してはいけないという決まりのある資格である。「名称独占」とは、資格がなくてもその業務に従事することはできるが、資格取得者のみ特定の資格名称（肩書き）を名乗ることができる資格である。児童福祉関連の「任用資格」には、児童指導員、児童自立支援専門員、児童生活支援員、母子支援員、母子・父子自立支援員、児童の遊びを指導する者（児童厚生員）などがある。

3. 保育士

　保育士は1999（平成11）年には、「保母（保父）」という名称から、「保育士」に変更になり、男女共通の名称となった。2001（平成13）年の児童福祉法改正により、2003（平成15）年から国家資格として施行された資格である。

　児童福祉法第18条の4には「この法律で、保育士とは、第18条の18第1項の登録を受け、保育士の名称を用いて、専門的知識及び技術をもって、児童の保育及び児童の保護者に対する保育に関する指導を行うことを業とする者をいう」と定められている。保育士は国家資格のなかの名称独占資格である。

　上述の「国家資格と任用資格」で述べた児童生活支援員や母子支援員などは保育士資格をもっていることが任用要件の1つとしてあり、保育士資格は児童福祉の基礎資格となっている。保育士は児童福祉施設のほとんどの施設に配置され、子どもの日常的なケアを担当する役割をもつ資格である。保育士の資格取得は2通りの方法がある。①厚生労働大臣の指定する保育士を養成する学校その他の施設を卒業する、②保育士試験に合格する、である。保育士の資格試験に合格し、保育士の名称を用いて勤務する場合は、必ず都道府県への登録を行い、都道府県知事から保育士登録証の交付を受けてはじめて保育士の名称を用いて勤務することができる。

　保育士の仕事内容は非常に幅広く、働く施設や機関によって異なっている。しかし、保育士の共通の職務として主に、次の5点があげられる。

① 子どもの最善の利益を第一に考え、子どもの福祉を積極的に増進するように努めること。
② 子どもの心身の成長・発達をサポートすること。
③ 保護者の相談に応じ、ともに子どもの育ちを支えること。
④ 子どもや保護者の立場や意見を代弁すること。
⑤ 地域の子育て支援の環境つくりをすること。

　保育所等の児童福祉施設は地域のなかにあり、その福祉施設や機関を利用しない地域の家族や親子に対する支援も非常に重要とされている。

　このように保育士に求められている職務として、子どものケアだけではなく保護者や地域の支援までが含まれており、乳幼児から成人になるまでの幅広い年齢の子どもたちを支援する役割をもっている。

4. 児童福祉施設で働く専門職

　社会的養護の実践の場ではさまざまな専門職の職員が勤務している。先に述べたように保育士だけではなく、医師や看護師、栄養士等、子どもの成長・発達をサポートする専門職がいる。保育士にはそのような多職種との連携や協働が求められている。保育士と連携する専門職は「児童福祉施設の設備及び運営に関する基準」（設備運営基準）で定められており、その設備運営基準のなかの職員の種類を**図表11-1**であげた。**図表11-1**にあるように、施設の種別によって働く専門職が異なっている。保育士は大きく分けた児童福祉施設13の施設（2024（令和6）年4月より里親支援センターが加わる）のなかの8つの施設で必置となっており、職種の任用要件の1つに保育士資格が含まれる施設を合わせると、11の施設になる。

社会的養護の施設に設置すべき職員の種類

施設種別 職種	助産施設	乳児院	母子生活 支援施設	保育所	児童厚生 施設	児童養護 施設
助産師	◎					
医師		◎	どちらかをおく			
嘱託医＊3	◎	◎	◎	◎		◎
看護師		◎＊4				○＊11
個別対応職員		◎	○＊9			◎
家庭支援専門相談員		◎				◎
栄養士		◎＊5				○＊12
調理員		○＊6	◎＊10	○＊6		○＊6
心理療法担当職員		○＊7	○＊7			○＊7
保育士		△＊8		◎		◎
児童指導員		△＊8				◎
母子支援員			◎			
少年を指導する職員			◎			
児童の遊びを指導する者					◎	
職業指導員						○＊13
児童発達支援管理責任者						
心理指導担当職員						
理学療法士						
作業療法士						
機能訓練担当職員						
言語聴覚士						
児童自立支援専門員						
児童生活支援員						
支援を担当する職員						

◎：必置、○：場合によっておかないことができる、███＝任用資格の１つとして保育士資格があげられる（保育士資格で業務に就くことができる）
＊１：「病院」としての職員を配置すること。
＊２：「診療所」としての職員を配置すること。
＊３：施設のかかりつけの医師。
＊４：保育士・児童指導員で代替することができる。
＊５：10人未満の施設はおかなくてもよい。
＊６：調理の外部委託時はおかなくてもよい。
＊７：心理療法を必要とする者が10人以上いる場合にはおかなければならない。
＊８：看護師の代替としておくことができる。乳幼児10人以上20人以下を入所させる施設では、保育士を１人以上おかなくてはならない。
＊９：DV など、個別に特別な支援が必要な場合にはおかなければならない。
＊10：またはこれに代わるべき者をおかなければならない。
＊11：乳児が入所する場合にはおかなければならない。

福祉型障害児入所施設	医療型障害児入所施設 *1	福祉型児童発達支援センター *23	医療型児童発達支援センター *2、*23	児童心理治療施設	児童自立支援施設	児童家庭支援センター
○*14	◎		◎	◎*22	○	嘱託医に加えて精神科の医師または嘱託医をおく
◎*15		◎*15			◎	
○*16	◎	○*18	◎	◎	○	
				◎	◎	
				◎	◎	
○*12		○*12		◎	○*12	
○*6		○*6		○*6	○*6	
				◎	○*7	
◎	◎	◎	◎	◎		
◎	◎	◎	◎	◎		
○*13					○*13	
◎	◎	◎	◎			
○*17	○*18					
		○*19　どちらかをおく		○　どちらかをおく		
		○*19		○		
		○*20				
		○*21				
					◎	
					◎	
						◎

*12：入所児童40人以下はおかないことができる。
*13：実習設備を設けて職業指導を行う場合はおかなければならない。
*14：主に自閉症児を対象とする施設は、児童を対象とする精神科医をおかなければならない。
*15：主な対象となる子どもの障害の種類に応じた診療科の医師をおかなければならない。
*16：主に自閉症児または肢体不自由児を対象とする施設にはおかなければならない。
*17：心理指導を必要とする児童5人以上に心理指導を行う場合におかなければならない。
*18：主に重症心身障害児を対象とする施設におかなければならない。
*19：主に肢体不自由児・重症心身障害児を対象とする施設におかなければならない。
*20：機能訓練を行う場合に、おかなければならない。
*21：主として難聴児を通わせる場合はおかなければならない。
*22：精神科・小児科の医師をおかなければならない。
*23：児童発達支援センターは2024（令和6）年度から統合され、種別がなくなる予定。

Step2

1. 複数の児童福祉施設において配置されている職種

児童指導員

児童指導員は児童養護施設、乳児院、障害児入所施設、児童相談所などに配置され、保育士とかかわることが多い職種である。

児童指導員は任用資格であり、児童福祉施設の設備及び運営に関する基準（設備運営基準）第43条に規定されており、①都道府県知事の指定する児童福祉施設の職員を養成する学校その他の養成施設を卒業した者、②社会福祉士・精神保健福祉士の資格を有する者、③大学の学部（もしくは大学院）で社会福祉学・心理学・教育学・社会学を専修する学科等を卒業した者等、④小学校・中学校・高等学校等の教員免許状取得者で都道府県知事が適当と認めた者、⑤3年以上児童福祉事業に従事した者で都道府県知事が適当と認めた者などのいずれかに該当する者でなければならないとされている。

児童指導員は、子どもの生活全般にかかわり、学習指導、自立支援計画の作成、自立支援など幅広い業務を担当している。細かい業務の内容はそれぞれの施設や施設の種別によって異なっている。

家庭支援専門相談員（ファミリーソーシャルワーカー）

家庭支援専門相談員は児童養護施設、乳児院、児童心理治療施設、児童自立支援施設に配置されている。家庭支援専門相談員は児童虐待（じどうぎゃくたい）などの家庭環境上の理由により施設に入所する児童の割合が増え、家庭復帰を支援する体制強化のため1999（平成11）年に乳児院に、2004（平成16）年に情緒障害児短期治療施設（現・児童心理治療施設）、児童養護施設、児童自立支援施設に配置されることになった。

家庭支援専門相談員の資格は、①社会福祉士・精神保健福祉士どちらかの資格を有する者、②それぞれの施設において乳幼児や児童の指導に5年以上従事した者、③児童福祉司の任用資格をもつ者のいずれかでなければならないとされている。

家庭支援専門相談員の業務は、対象児童の早期家庭復帰のための保護者等に対する相談援助業務、退所後の児童に対する継続的な相談援助、里親委託（さとおやいたく）の推進のための業務、養子縁組の推進のための業務、地域の子育て家庭に対する育児不安の解消のための相談援助、要保護児童の状況の把握や情報交換を行うための要保護児童対策地域協議会への参画、施設職員への指導・助言およびケース会議への出席、児童相談所等関係機関との連絡・調整など幅広い内容となっており、家庭復帰だけでは

なく里親や養子縁組の促進のための業務も含まれている。

心理療法担当職員

　心理療法担当職員は、児童養護施設、乳児院、母子生活支援施設、児童心理治療施設、児童自立支援施設に配置されている。また、児童家庭支援センターにおいても心理療法等を担当する職員が非常勤職員として配置されている。配置の目的は虐待もしくは配偶者などからの暴力による心的外傷などのため、心理療法を必要とする母子などに、遊戯療法（ゆうぎりょうほう）・カウンセリング等の心理療法を実施し、心理的な困難を改善し、安心感・安全感の再形成および人間関係の修正等を図ることにより、対象児童などの自立を支援することである。

　心理療法担当職員は、大学の学部で心理学を専修する学科等を卒業した者等であって、個人および集団心理療法の技術を有するものまたはこれと同等以上の能力を有すると認められる者でなければならないと規定されている。児童自立支援施設の場合は、さらに大学で心理学に関する科目の単位を優秀な成績で修得したことにより、大学院への入学を認められた者でなければならないという追加の規定がある。

個別対応職員

　個別対応職員は、児童養護施設、乳児院、児童心理治療施設、児童自立支援施設、母子生活支援施設に配置されている。

　個別対応職員は、虐待を受けた児童などの施設入所の増加に対応するため、被虐待児等の個別の対応が必要な児童への1対1の対応、保護者への援助等を行う職員を配置し、虐待を受けた児童などへの対応の充実を図ることを目的としている。

2. 児童福祉施設に配置されている特徴的な職種

児童自立支援専門員および児童生活支援員

　児童自立支援専門員は、児童自立支援施設に配置されている児童の自立支援を行う者である。児童自立支援専門員の資格は、①医師（精神保健に関して学識経験を有する者）、②社会福祉士の資格を有する者、③都道府県知事の指定する児童自立支援専門員を養成する学校その他の養成施設を卒業した者、④大学の学部で社会福祉学・心理学・教育学・社会学を専修する学科等を卒業した者で福祉事業等への従事経験が一定期間以上あるものなど、いくつかの規定がある。

また、児童生活支援員は、児童自立支援施設において児童の生活支援を行う者であり、児童自立支援専門員とともに児童の生活を支えている。児童生活支援員は保育士または社会福祉士の資格を有する者、3年以上児童自立支援事業に従事した者と設置運営基準第83条に規定されている。

母子支援員

母子支援員は母子生活支援施設に配置されている。母子支援員の資格は、①都道府県知事の指定する児童福祉施設の職員を養成する学校その他の養成施設を卒業した者等、②保育士・社会福祉士・精神保健福祉士のいずれかの資格を有する者、③高等学校などを卒業した者で2年以上児童福祉事業に従事した者と規定されている。

母子支援員は、自立のための就職支援や育児相談を行うほか、法的な手続きや福祉事務所などの関係各機関との連絡調整などを担当する。母子生活支援施設は、近年、ドメスティック・バイオレンス（DV）被害などの理由で入所するケースが増加しており、母子支援員は心理的なケアも業務で行うことが増えてきている。

児童の遊びを指導する者（児童厚生員）

児童の遊びを指導する者は児童厚生施設（児童館や児童遊園）に配置されている。業務の内容としては、児童の自主性、社会性および創造性を高め、地域における健全育成活動の助長を図ることとなっている。

児童の遊びを指導する者の資格としては、①都道府県知事の指定する児童福祉施設の職員を養成する学校等を卒業した者等、②保育士・社会福祉士いずれかの資格を有する者、③高等学校などを卒業した者で2年以上児童福祉事業に従事した者、④幼稚園・小学校・中学校・高等学校等の教員免許状を有する者、⑤大学で社会福祉学・心理学・教育学・社会学・芸術学・体育学を専修する学科等を卒業した者もしくは大学院への入学が認められた者（大学院を卒業した者）などの規定がある。

支援を担当する職員

児童家庭支援センターは、地域の児童の福祉に関する問題について児童に関する家庭その他からの相談のなかで、専門的な知識および技術を必要とするものに応じ、必要な助言を行うとともに、市町村の求めに応じ、技術的助言その他必要な援助を行うことや、児童相談所、児童福祉施設等との連絡調整その他援助を総合的に行うことを目的とする施設である。児童家庭支援センターに配置される支援を担当

する職員は、①児童福祉司か児童福祉施設の職員を養成する学校を卒業し、厚生労働大臣の指定する講習会の課程を修了した者、②大学において心理学・教育学・社会学を専修する学科等を卒業した者等で該当施設において1年以上児童その他の者の福祉に関する相談に応じ、助言、指導その他の援助を行う業務に従事した者、③医師または社会福祉士、④社会福祉主事として2年以上児童福祉事業に従事した者などのいずれかに該当する者とされている。

3. 里親を支援する専門職

里親支援専門相談員（里親支援ソーシャルワーカー）

2012（平成24）年から、里親支援を行う児童養護施設と乳児院に里親支援専門相談員が配置された。

里親支援専門相談員は、児童養護施設や乳児院に、地域の里親およびファミリーホームを支援する拠点としての機能をもたせ、児童相談所の里親担当職員や里親委託等推進員、里親会等と連携して、所属施設の入所児童の里親委託の推進、退所児童のアフターケアとしての里親支援、所属施設からの退所児童以外を含めた地域支援としての里親支援を行い、里親委託の推進および里親支援の充実を図ることを目的とされて配置された。

里親支援専門相談員は、①社会福祉士・精神保健福祉士のいずれかの資格を有する者、②児童福祉司か児童福祉施設の職員を養成する学校を卒業するなどし、厚生労働大臣の指定する講習会の課程を修了した者、③大学において心理学・教育学・社会学を専修する学科等を卒業した者等で該当施設において1年以上児童その他の者の福祉に関する相談に応じ、助言、指導その他の援助を行う業務に従事した者、④医師または社会福祉士、⑤社会福祉主事として2年以上児童福祉事業に従事した者のいずれかに該当する者で、児童養護施設等（里親を含む）において児童の養育に5年以上従事した者であって、里親制度への理解およびソーシャルワークの視点を有する者でなければならないと規定されている。

業務にあたっては施設の直接処遇職員の勤務ローテーションに入らないこと、という留意事項があり、児童と里親の側に立って里親委託の推進と里親支援を行う専任の職員とすることが規定されている。

Step3

1. 児童相談所で保育士と連携する職種

児童福祉司

　児童福祉司は、児童相談所で働く任用資格の職種である。業務の内容は、①子ども・保護者等から子どもの福祉に関する相談に応じること、②必要な調査・社会診断を行うこと、③子ども・保護者・関係者等に必要な支援・指導を行うこと、④子ども・保護者等の関係調整（家族療法など）を行うこととされている。

　児童福祉司は、①児童福祉司か児童福祉施設の職員を養成する学校を卒業するなどし厚生労働大臣の指定する講習会の課程を修了した者、②大学において心理学・教育学・社会学を専修する学科等を卒業した者等で該当施設において１年以上児童その他の者の福祉に関する相談に応じ、助言、指導その他の援助を行う業務に従事した者、③医師または社会福祉士、精神保健福祉士、公認心理師、④社会福祉主事として２年以上児童福祉事業に従事した者、児童虐待を受けた児童の保護等の専門的な対応を要する事項について十分な知識・技術を有する者などのいずれかに該当する者と規定されている。

児童心理司

　児童心理司は、児童相談所に配置されている任用資格の職種である。

　児童心理司の業務内容は、①子ども・保護者等の相談に応じ、診断面接・心理検査・観察等によって子ども・保護者等に対し心理診断を行うこと、②子ども・保護者・関係者等に心理療法・カウンセリング・助言指導等の指導を行うこととされている。児童心理司は、医師であって精神保健に関して学識経験を有する者または大学において心理学を専修する学科を修めて卒業した者とされている。

　その他、児童相談所には医師や弁護士等も配置されている。

2. 学校で保育士と連携する職種

教員

　児童が成長するうえで、幼稚園・小学校・中学校・高等学校等の教育機関にかかわる教員との連携は非常に重要である。教員は児童の学校生活を支え、科目の学習から生活の状況を理解し支援している。

スクールカウンセラー

　スクールカウンセラーは1995（平成7）年度から旧・文部省の調査研究として実施され、2001（平成13）年度からは文部科学省の正規事業となった。いじめ、不登校、暴力行為などに対応する「心の専門家」として、主に各学校の相談室において、児童やその家族に対しカウンセリングによる支援を行っている。なお、自治体により活用の状況はさまざまである。資格条件として公認心理師、臨床心理士、精神科医、児童生徒の臨床心理に関して高度に専門的な知識および経験がある大学の教員の職にある者またはあった者とされ、その他人材がいない場合にはスクールカウンセラーに準ずる者として認められた者とされている。

スクールソーシャルワーカー

　2008（平成20）年から文部科学省によって「スクールソーシャルワーカー活用事業」が実施され、一部の自治体にはスクールソーシャルワーカーが配置されている。スクールソーシャルワーカーは応募の資格として、社会福祉士か精神保健福祉士が求められることが多いが、資格条件は導入している自治体によって異なる。スクールソーシャルワーカーはいじめ、不登校、暴力行為、児童虐待など、児童生徒の心の問題ではなく家庭や地域などの環境との関連から包括的に支援していく。社会的養護と学校現場をつなぐ役割を担っているといえる。

3. その他保育士と連携する職種

医師・看護師・保健師

　医師（嘱託医）はほとんどの児童福祉施設に配置されている。嘱託医とは施設において健康診断・健康管理などを行う医師のことで「かかりつけ医」と呼ばれ、常に施設にいる医師ではない。子どもの健康を管理し、生活を支援している。

　看護師や保健師は、保育士と連携する職種である。看護師が配置されている児童福祉施設において、主に看護師は入所児童の健康を管理して支援していくことが業務であるが、保育士とともに子どもの生活を支援している。

　また、保健師は都道府県および指定された市区の保健所・保健センター等に配置されており、児童の保健についての普及や、各種健診の際の保健指導、障害のある児童などに対する指導などを行っている。

参考文献

● 門田光司・奥村賢一『スクールソーシャルワーカーのしごと──学校ソーシャルワーク実践ガイド』中央法規出版，2009.

● 新保育士養成講座編纂委員会『新保育士養成講座⑤ 社会的養護 改訂3版』全国社会福祉協議会，2018.

COLUMN　人材養成機関
──国立武蔵野学院附属人材育成センター

　全国に58か所ある児童自立支援施設（以下、施設）には、「非行等の問題を抱える児童や、環境上の理由により生活指導などが必要な児童」が入所している。その施設で子どもと生活をともにし、成長を見守りながら、自立に向けた支援をすることが、児童自立支援専門員（以下、専門員）の役割である。

　その専門員という資格を取得できる唯一（ゆいいつ）の機関が、国立武蔵野学院附属人材育成センター（以下、センター）である。センターを卒業すると、その他に児童福祉司・児童指導員・社会福祉主事の資格を得ることができる。1947（昭和22）年に開設されてから、現在までに1100人以上の卒業生を輩出してきた。非常に高い就職率（ほぼ100％の就職率（過去5年間））であり、現在も数多くの卒業生が全国の施設などの社会的養護分野や児童福祉分野で活躍している。

　センターの入所定員は25名であり、養成期間は1年間で全寮制での共同生活をする。

　センターに入所するためには選考試験に合格しなければならない。

　受験資格は、一般選考の場合、入所時に28歳未満で、4年制大学もしくはこれに相当する外国の大学を卒業した者（卒業見込みの者を含む）である。出身学部を問わない。社会人入試の場合、入所時に35歳未満で在職経験が一定期間ある者となっている。ちなみに授業料がかからない（食費のみ徴収）。詳しくは国立武蔵野学院のホームページを参照。

（相澤　仁）

第12講

社会的養護に関する
社会的状況

社会的養護で暮らす子どもたちの背景、社会的養護の位置づけ
や、その相互の関係について学習することが必要となる。また諸
外国における社会的養護の状況を参考に、養子縁組を含む社会的
養護のあり方について考え、子どもが育つ基盤である家庭と社会
的養護のあり方について学習するとともに、社会的養護の存在意
義について考え、今後のそのあり方について学習する。

Step 1

1. 現代社会における養護問題

　いつの時代においても子どもの養育は家庭のみで完結するものではない。これまで親以外の親族や近隣の人々、さまざまな社会福祉施設や機関などが協働して子どもの養育を支えてきた。しかしながら都市化、産業化、核家族化、地域関係の希薄化や、養育を支える施設や機関の未整備などにより、親に養育上の負担が集中するようになってきた。地域や親族による養育機能が低下するなかで、何らかの危機に家族が直面した時、家族ではうまく対処できず、養育上の問題が生じ、親子分離を強いられることもある。こうした養育上の問題を養護問題と呼ぶ。

　養護問題は社会や経済状況と密接に関係があり、その内容は時代とともに変化してきた。戦後、児童福祉法が制定された頃の養護問題は、戦争により親や家を失ったいわゆる戦災孤児や、浮浪児問題が多くを占めていた。1950年代半ばころから日本は急速な高度経済成長期に入り、産業構造の変化に伴う職住分離、地域関係の希薄化、人口の都市集中化、核家族化を招き、地域における養育機能の低下をもたらし、養護問題の発生がうながされた。

　近年における養護問題の内容を児童養護施設や乳児院への入所理由からみてみると、入所理由は多様化傾向にある。両親のいずれかが大部分の子どもたちに存在するなかで、親がいても適切な養育を受けられない子どもたちが増加している。近年増加傾向にあるのは、「母の精神疾患等」や虐待に関係する項目である。特に近年関心を集めているものとして、「父母の放任・怠惰」「父母の虐待・酷使」「養育拒否」といった虐待があげられる。

　今日においても多くの入所理由の背後には、根強く貧困問題が存在する。貧困により家族が破綻し施設入所を余儀なくされる子どもたちが存在する。親の多くは不安定な就労状況にあり、生活保護世帯、非課税世帯および低所得者世帯が多い。また、家族での協力関係は薄れ、家族機能が著しく低下し、基本的な生活も成立していない家族が多い。家族不和、犯罪、ギャンブル、薬物やアルコール依存、精神疾患といった状態などにある親のもとでの生活から、子どもの多くは基本的生活習慣も身に付いておらず、低学力で、非行問題をもつ者が多い。貧困は世代で継承されることもあり、社会的にその継承を断ち切ることが重要であり、養護実践にそうした機能が求められている。

2. 社会的養護体制の現状とそのあり方

　子どもの養育は先に述べたように家庭以外のさまざまな資源による支援があって成り立つものである。核家族化や地域関係の希薄化等により社会全体における養育機能が低下するなかで、社会的養護の場が果たす役割はますます重要となってきている。多くの子どもたちは、家庭での養育を基盤にそれを補完するさまざまな社会的支援を受けながら生活している。しかしながら、現代社会におけるさまざまな要因により、家庭での継続的な養育が困難となり、社会的養護の場で生活することを強いられる子どもたちが存在する。こうした子どもたちが生活する社会的養護の場は大きく2つに分けられる。1つは家庭養護（family-based care）である。これには里親が代表的なものとしてあげられる。もう1つは施設養護（residential care）であり、乳児院、児童養護施設、施設の分園として存在する家庭的養護（family-like care）といえるグループホームなどがある。こうした用語は2009年に国連で採択された「児童の代替的養護に関する指針」に基づくものであり、本指針は日本の社会的養護を家庭養護や家庭的養護に大きく転換する契機となった。

　日本において社会的養護のもとで暮らす子どもの生活場所は、家庭養護より施設養護が圧倒的に多い。一方、一部の欧米・オセアニア先進諸国では家庭養護が主流である。それらの国々では、施設養護の主たる機能は治療的機能としての短期入所に限定されている傾向にある。

　近年改正された児童福祉法第1条において、すべての子どもは適切に養育され、心身の健やかな成長発達やその自立が図られる権利を有することが明確化された。さらに同法第3条の2において、子どもを家庭において養育することが困難である場合や適当でない場合にあっては、子どもが家庭における養育環境と同様の養育環境において継続的に養育されること、また、子どもを家庭や当該養育環境において養育することが適当でない場合にあっては子どもができる限り良好な家庭的環境において養育されるよう、必要な措置を講じなければならないとし、家庭養護優先の原則が明確化され、そうした環境で育つ子どもの権利が明記されたと理解できる。

　これまでもホスピタリズム論に代表される入所施設の問題性については指摘されてきた。そして、これが主張された1950年代当時から比べれば、乳児院や児童養護施設は大きく改善されてきた。しかしながら、施設であるがゆえの限界が子どもの養育においては存在する。年齢や子どもの発達課題上、施設養護が望ましい子どもも存在するといわれるが、継続的な養育者による家庭養護が望ましい子どもたちがほとんどである。特に乳幼児の場合には、家庭養護の可能性を十分に検討する必要があろう。

3. 養護問題発生予防を目的とした支援の必要性

社会的養護と子育て支援の連続性

児童福祉法第2条第2項は「児童の保護者は、児童を心身ともに健やかに育成することについて第一義的責任を負う」と規定し、第2条第3項は「国及び地方公共団体は、児童の保護者とともに、児童を心身ともに健やかに育成する責任を負う」と規定している。また第3条の2では「国及び地方公共団体は、児童が家庭において心身ともに健やかに養育されるよう、児童の保護者を支援しなければならない」と規定している。こうした規定に基づき、親権者である親による養育を尊重することは重要であるが、いかなる子どもも家庭だけで健やかに過ごすことには無理があり、家庭以外の養育場所は必要不可欠である。子どもにとって複数の依存先や居場所をもつことは子どもの社会化をうながし、自律をうながすことにもつながる。多様な場における感情交流が、子どもの生きる力といえる非認知能力をうながすことが明らかにされている。親にとっても、子どもと離れる時間をもつことは必要不可欠である。しかしながら、そうした一時的な代替養育を否定的にとらえる養育観や、社会資源の欠如により、育ちづらい家庭環境での養育を強いられている親や子どもも存在する。養護問題の背景にある社会的要因などを視野に入れ、親が課題を抱えざるを得ない状況への共感に努め、親に関与する必要がある。

親子分離を予防する支援の充実の必要性を誰も否定しないが、社会的養護を連続性をもって議論を進めていくことに困難を伴うことがしばしばある。その困難な要因について管轄行政の違いをあげることができる。子育て支援は市町村、社会的養護は都道府県、政令指定都市等が担っている。市町村が子育て支援の充実を図ることで、社会的養護の場への子どもの措置を予防することができる。しかしながら現実には子育て支援は保護者支援に終始する傾向にあり、子どもの養育を直接的に担うサービスは限られている。保護者との生活を維持することは困難であるが、その他の養育者のもとで暮らしながら、保護者との生活を継続するといった形の養育支援を行っている自治体は少ない。

こうした背景には、管轄行政の違いとともに、社会的養護と子育て支援の連続性に対する認識の希薄さも存在する。現実には社会的養護の場で生活しながらも、週末は実家庭で生活したり、普段は家庭で生活しながらも、定期的に社会的養護の場で生活するといった養育を柔軟に認めている自治体も存在する。里親家庭で生活しながらも、場合によっては定期的に宿泊を伴った施設の活用が必要な場合も考えら

れる。柔軟な制度的運用を含め、多様な子どもの養育支援モデルの構築が重要であり、そうした養育支援モデルを含めて社会的養護について検討する必要がある。また市区町村においても親支援とともに子どもの養育支援の具体化が必要であろう。すなわち、社会的養護と在宅を基盤とした養育支援の間には、緩やかなグラデーションをもった多様な養育支援モデルを想定し、その具体化に向け都道府県および市町村双方からの歩み寄りが必要である。

養育観と養育支援

こうした多様な養育モデルとパーマネンシー概念あるいはアタッチメント理論との整合性についても検討が必要であろう。社会福祉学や保育学を学ぶ学生であっても、保育所は親のための施設であるという認識が強く、主たる養育者と断続的に分離して暮らすという養育のあり方への否定感は強いように感じられる。また、複数の養育場所で生活することは、子どもにとって混乱をもたらす可能性があると指摘されることもある。里親養育においても委託当初の一定期間は夫婦のどちらかが仕事を控え、子どもを預けず養育することを求められる場合もある。改めて養育理念や養育観、それに基づいた養育支援のあり方に関する議論の必要性や、複数養育者の理論的構築が必要である。主たる養育者が子どもに一貫して継続的にかかわる必要があるが、そのことは決して常に子どもを自分の手だけで養育することを意味しない。主たる養育者以外の家庭内外の人たちによって気遣われたり養育されたりするという体験は、主たる養育者による養育と同等に子どもの成長・発達には大切である。すなわち、主たる養育者とのアタッチメント形成と同時にそれ以外の者とのアタッチメント形成も重要であり、子どもはそれらを統合して成長・発達しているといえる。

現状の社会的養護と在宅生活の間には非常に距離感があり、場合によっては在宅での生活が可能である子どもも親子分離を強いられることもある。どういった養育理念に基づいた養育支援モデルを具体化するか、それは家庭養護の推進においてもきわめて重要なテーマである。里親家庭における養育者との関係を柱としつつも、里親以外の養育者との出会いは子どもにとってそれと同等に重要である。養育を一定の家庭に閉じ込めない、チーム・ペアレンティングやチーム養育の実体化や子どもの成長・発達を促進する主たる養育者以外の「その他の関係」のあり方を社会的養護および子育て支援双方の立場からより深く検討する必要性を感じる。こうしたことが主たる養育者との関係の継続や、住み慣れた場での生活保障にも大きく貢献するといえよう。

Step2

1.「新しい社会的養育ビジョン」

　児童福祉法における理念の具体化に向け、厚生労働省の検討会が2017（平成29）年に作成した「新しい社会的養育ビジョン」（以下、ビジョン）は、原則就学前の子どもの施設措置を停止し、3歳未満についてはおおむね5年以内に、それ以外の就学前の子どもについてはおおむね7年以内に里親委託率75％以上を実現し、学童期以降はおおむね10年以内を目途に里親委託率50％以上を実現するとしている。ビジョンでは里親委託推進のあり方や、家庭復帰が困難な子どものパーマネンシー保障の手段としての特別養子縁組の推進のあり方についても提言がなされている。子どものパーマネンシー保障とは永続的な特定の養育者との関係を保障することであるととらえられる。永続的な安定した関係をより確実に提供できると考えられる養子縁組は欧米・オセアニアの一部の先進諸国では、パーマネンシーの保障手段として日本に比べ、要保護児童に対し積極的に活用されている。

2. 親子分離を予防する在宅支援における社会的養護の活用

　ビジョンは家庭への養育支援から社会的養護までを含む包括的な支援体制に関する提言を行っている。児童相談所が受理する虐待相談件数の9割以上は在宅ケースで、その実質的援助を市町村が担う状況にある。近年の児童福祉法改正により市町村支援体制の強化が図られ、市町村における役割がますます期待されている。管轄行政の垣根を越え、社会的養護と在宅支援の協働により、子どもの在宅での生活がより促進されると考えられる。社会的養護は要支援児童も支援の対象とし、市町村と連携して未委託の里親や空きベッドのあるファミリーホームや施設を活用し、親との生活基盤を維持しながら、ショートステイのように子どもの直接的ケアを一時的、あるいは断続的に担うことも考えられる。市町村レベルで子育ての共有文化を醸成することはきわめて重要であり、それが里親の裾野を拡げることにもつながる。

　いうまでもなく、保護者支援や家庭支援の視点は重要ではあるが、子どもの時間感覚を尊重するという意味で、待ったなしで成長する子どもの立場を考慮し、子どもへの直接的な支援も充実する必要がある。あるべき家庭像に近づけさせるというアプローチではなく、家庭に求められる養育機能、居場所機能、生活支援機能等の補足の外部化や分散化を考慮し、そうした機能を担うサービスを創造することが重

要である。都道府県と市町村が連携して、そうした一翼を社会的養護が担うことで、市町村あるいは町内レベルでの養育が可能となる。

3. 家庭養育の保障に向けた取り組みの必要性

　親子分離予防に向けた支援を十分に行っても親子分離を余儀なしとされるすべての子どもたちを家庭養護委託の対象として検討するべきであるが、実際には十分な里親を確保できなかったり、社会的な養育支援体制が不十分なため里親養育が困難な場合もあり、各自治体における状況との相関で検討せざるをえないという一面もある。

　今後、子どもの時間感覚を尊重したパーマネンシー保障に向けた施設現場職員の適切な努力に関する行政機関あるいは第三者機関による監査制度の導入が必要ではないだろうか。子どものパーマネンシー保障に特化した支援計画を作成し、それをどのように実現するかを関係機関で共有し、それに向け努力することが問われる必要がある。日本と諸外国との最も大きな相違は、原則的に諸外国では措置期間を有期限化し、見直される場が保障されている点である。日本でもこうした措置期間の監査は必要であり、措置後も家庭復帰を目的とした支援を集中的に行い、家庭復帰が無理ならば、速やかに養子縁組を視野に入れた里親委託の可能性を模索するという努力のあり方が問われるべきである。

　児童福祉法第3条の2では、施設や里親は親子の再統合のための支援その他の当該児童が家庭（家庭における養育環境と同様の養育環境および良好な家庭的環境を含む）で養育されるために必要な措置を採らなければならないと規定され、子どもと実親との交流を含めた支援のあり方や家庭復帰が困難な子どもの家庭養護への委託に向けた努力が要請されている。施設は里親支援専門相談員や家庭支援専門相談員が中心となり、児童養護施設においては数年という区切りのなかで子どものパーマネンシー保障を見すえた支援計画を作成することが必要である。すなわち数年以内に家庭復帰が困難な子どもの養子縁組を見すえた里親委託を検討することが必要となる。乳児院の場合はそれがさらに短縮化され、数か月を経過すると家庭復帰の割合が極端に低下することが政府の新たな社会的養育の在り方に関する検討会においても指摘されてきた。積極的に施設から出す努力を児童相談所やその他の関係機関と連携して具体化する必要がある。

4. パーマネンシー保障と養子縁組

　先に述べたように、永続的な安定した親子関係を里親より確実に提供できると考えられる養子縁組は、欧米・オセアニアの一部の先進諸国では、パーマネンシーの保障手段として日本に比べ、要保護児童に対し積極的に活用されている。日本では、諸外国において一時的養育の場ととらえられている施設養護や里親養育が、一部の子どもたちにとって永続的な居住場所となっている現状がある。国による調査結果（厚生労働省「児童養護施設入所児童等調査結果」2020）によると、里親委託が8年以上の子どもは里親委託されているすべての子どもの18.7％、児童養護施設では23.2％であり、5年前の前回の調査結果から増加している。こうした8年以上措置された子どもたちの家庭復帰はほぼ可能性がない。生みの親と永続的な親子関係の形成が困難な場合、社会が子どもの時間感覚を尊重し養子縁組の実現に努める必要がある。法的に安定した環境は子どもの家庭への帰属意識をより高めるとともに、そうしたことが子どもの自尊心の向上につながることや永続的支援をより確実なものとすることが予測できる。したがって子どものパーマネンシー保障で重要なことは家庭環境を提供するとともに、法的により安定した親子関係を提供することであるといえる。ところが、日本では養子縁組の提供が不妊治療との関係で論じられ、その活用が低年齢児に限定され、また長期里親委託が養子縁組の代替的役割を担っている面もあり、リーガルパーマネンシー（親子の法律的安定に基づいたパーマネンシー）が十分に保障されていない実態がある。

　現場では養子縁組と里親の対象の混乱が散見されるとともに、里親委託優先原則が徹底されていない状況も存在する。すなわち里親委託の優先原則に基づき、あらゆる親子分離された子どもたちに家庭養護を提供することを検討すべきであり、また家庭復帰に向けた最大限の努力を一定程度行っても家庭復帰が困難な子どもには養子縁組を検討すべきであるが、実際にはこうした縁組対象が里親対象としてとらえられることもある。

　パーマネンシーを保障するためには、子どもの時間感覚を尊重した時限的なアプローチである必要がある。欧米・オセアニア先進諸国においては裁判所の介入のもと、家庭復帰に向けた適切な努力が期間を設定して集中的に行われ、その期間はどんなに長くても2年以下である。それ以上経過しても家庭復帰が無理な場合、養子縁組が検討される傾向にある。

5. 家庭養護の推進と施設養護の専門機能化

　世帯の生活状況や所得が、子どものその後の人生の格差につながることが指摘され、こうした傾向がますます顕著となってきている。親の後ろ盾もない子どもは社会へ出る以前に大きなハンディを抱えざるをえない。なおかつ、こうした子どもたちはそれまでの養育環境から、目的や意欲をもって主体的に生きていくことが困難な傾向にある。だからこそ精神的・物理的な手厚いケアが必要であるが、現実にそうしたケアを受けることが困難な状況にある。

　子どもが育つうえで必要不可欠な家庭を、あらゆる子どもたちに提供することをまず考慮する必要があるが、現状では施設養護が主流を占めている。家庭での十分な依存体験がその後の人生を生き抜く力となるが、そうした体験を十分に保障されずに措置解除される子どもたちも多く存在する。

　ビジョンでは「永続的な家族関係をベースにした家庭という育ちの場の保障、いわゆるパーマネンシー保障は家庭養護の観点に加えてリーガルパーマネンシー（親子の法律的安定に基づいたパーマネンシー）保障も視野に入れると、まず①家庭復帰に向けた努力を最大限に行い、それが困難な場合、②親族・知人による養育（親族里親、親族・知人による養育里親、里親制度に基づかない親族・知人による養育、親族・知人による養子縁組）が検討され、それが困難な場合、非親族等による③特別養子縁組、④普通養子縁組を検討し、これらが子どもにとって適当でないと判断された場合、⑤長期里親・ファミリーホーム、⑥施設養護が検討されることになる」とされている。

　実親との生活が困難な場合、本来身近な親族の元での暮らしや、親族以外の里親を確保し、家庭復帰が困難な場合、養子縁組を提供することを優先して検討する必要があるが、さまざまな課題によって、そうしたことが困難な状況にある。結果的に施設での長期生活を強いられる子どもたちが一定数存在する。

　今後、施設養護は家庭養護が困難な一部の子どもの入所に限定するとともに、さまざまな心理的問題を抱えた子どもたちに専門的なケアを提供し、家庭での暮らしが可能となるよう、高度な養育機能をもつ必要があるといえる。一般家庭や里親家庭の子どもたちの専門的なケアを担う中核的な機関としての機能を担うことが期待されている。

Step3

1. 子どものパーマネンシー保障と施設改革

　子どものパーマネンシーを保障するためには、子どもの時間感覚を尊重した時限的なアプローチが必要である。欧米・オセアニア先進諸国においては裁判所の介入のもと、家庭復帰に向けた適切な努力が期間を設定してなされる。代替養育においては常に子どもの永続的解決を意識し、当面の期限が設定され、家庭復帰支援計画が明確に提示され、少なくとも3～4か月に1回はモニタリングと支援計画の見直しがなされる。そこで家庭復帰の実現性が判断され、困難と判断された場合は、親族による養育や非親族による養子縁組への移行支援が行われることとなる。そうしたことを乳児院では数か月、児童養護施設では3年を限度に行うことをビジョンは指摘している。それはそうした期間を過ぎると、家庭復帰や里親委託（さとおやいたく）の機会が極端に減少するという調査結果に基づいている。

　また国から「乳児院・児童養護施設の高機能化及び多機能化・機能転換、小規模かつ地域分散化の進め方」（2018（平成30）年7月子発0706第3号、厚生労働省子ども家庭局長通知）が発出され、施設養育の高機能化の方向性として、家庭での養育が困難な子どもや年長で現在までの経緯より家庭的な生活をすることに拒否的になっている子どもに対して、早期の家庭復帰や里親委託等に向けた専門的な支援や自立支援を含め、さらに専門性の高い施設養育を行うことが指摘されている。そのための専門性のある職員の配置や小規模かつ地域分散化を推進することが提言されている。さらに多機能化・機能転換の方向性として、専門性を高めたうえで、地域における家庭養育の支援を行うこと、具体的には地域の実情等に応じ、①一時保護委託の受入体制の整備、②養子縁組支援やフォスタリング機関（里親養育包括支援機関）の受託をはじめとする里親支援機能の強化、③市区町村と連携した在宅支援や特定妊婦の支援強化を行うことがあげられている。

　こうしたことをふまえ、今後、要保護児童にできる限り速やかに安全かつ安心できる安定した家庭を保障することや、入所施設の大きな変革を具体化することが求められている。

2. 社会的養護における虐待への対応

　近年の一時保護所、乳児院、児童養護施設、里親家庭、ファミリーホーム等における虐待の顕在化（けんざいか）は虐待の量的増加というより、顕在化させるシステムの整備に負うところが大きい。2008（平成20）年には児童福祉法が改正され、被措置児童等（ひそちじどうとう）

虐待に関する定義・通告・対応等について規定された。この定義に基づくと、子ども間の暴力を職員等が放置することも、虐待に含まれることとなっているが、子ども間の暴力そのものはこの定義には含まれておらず、その問題についても指摘されてきた。権利擁護施策においては、人権侵害の事前予防と事後救済の双方の機能を包括する必要がある。子どもへの人権侵害は受動的権利侵害としてとらえることができ、そうした実態に対し、早期に対応するために能動的権利が保障される必要がある。能動的権利保障については、これまでのパターナリズムに基づいた子ども観を、子どもの市民的自由権の観点からとらえ直すことである。権利擁護の基本はセルフ・アドボカシーであり、子ども自身がエンパワーし、子ども自身が声をあげられる環境を整備することである。

3. 人材養成と待遇の改善に向けて

　児童福祉施設や機関に勤務する職員の専門性の向上や待遇の問題については、長年指摘されてきた。児童福祉施設の設備及び運営に関する基準（児童福祉施設最低基準）が十分に改善されないなかで、多様かつ深刻な課題を抱えた子どもが増加し、児童養護施設や一時保護所が野戦病院化しているともいわれてきた。家庭支援専門相談員や被虐待児個別対応職員などの専門職員の増員で事足りるとされ、基準が十分に改善されず、生活規模の小単位化が図られることで、職員の労働状況は過酷化し、子どもに個別に関与することが困難となり、また退職を余儀なくされることで、子どもに養育者との継続性を提供できない状況にある。

　子どもの多様かつ深刻化した課題に対応するための人材養成においても、研修に出ることさえできない状況が存在する。社会福祉士や保育士の養成教育においても、学童期以上の子ども対応のあり方や被虐待児やその親への支援について十分な知識や技術を提供できない状況もある。

　さらに、優れた人材を集めるうえで待遇は非常に重要な要素ではあるが、昇給・昇格が十分に保障されず、職員の意欲を低下させる要因となっている。子どもへの手厚いケアの提供は長期的視点からみて社会的コストの減少をもたらすことは、一部の欧米・オセアニア先進諸国における研究から明らかにされている。日本においてもこうした認識に基づき、子どものウェルビーイングの向上に向けた経済的支出を社会的に充実化することが必要であろう。

参考文献

● 中室牧子『「学力」の経済学』ディスカヴァー・トゥエンティワン，2015．

● 林浩康「『新しい社会的養育ビジョン』と家庭養育原則の実現」『月刊ガバナンス』10月号，2017．

COLUMN　社会的養護の現状

　図表は、2022（令和４）年３月に公表された社会的養護の現状に関する
データである。社会的養護を必要とする児童は約４万2000人である。家庭養
護を促進するためのはたらきかけの結果、里親・ファミリーホームへ委託さ
れる児童数は徐々に増えており、2011（平成23）年３月の4373人から2021
（令和３）年３月には7707人へと増えている。また、ファミリーホームの数
も2014（平成26）年３月の218か所から2021（令和３）年３月には427か所へ
と増えている。一方、施設養護も家庭的養護への取り組みに力を入れてお
り、小規模グループケアが2014（平成26）年３月の943か所から2020（令和
２）年10月には2073か所へと増えている。また、地域小規模児童養護施設
（グループホーム）の数も2014（平成26）年３月の269か所から2020（令和
２）年10月には494か所へと増えている。　　　　　　　　　　（鈴木崇之）

図表　社会的養護の現状

里親	家庭における養育を里親に委託		登録里親数	委託里親数	委託児童数	ファミリーホーム	養育者の住居において家庭養護を行う（定員５～６名）	
			14,401世帯	4,759世帯	6,019人			
	区分（里親は重複登録有り）	養 育 里 親	11,853世帯	3,774世帯	4,621人		ホ ー ム 数	427か所
		専 門 里 親	715世帯	171世帯	206人			
		養子縁組里親	5,619世帯	353世帯	384人		委託児童数	1,688人
		親 族 里 親	610世帯	565世帯	808人			

施　設	乳 児 院	児童養護施設	児童心理治療施設	児童自立支援施設	母子生活支援施設	自立援助ホーム
対象児童	乳児（特に必要な場合は、幼児を含む）	保護者のない児童、虐待されている児童その他環境上養護を要する児童（特に必要な場合は、乳児を含む）	家庭環境、学校における交友関係その他の環境上の理由により社会生活への適応が困難となった児童	不良行為をなし、又はなすおそれのある児童及び家庭環境その他の環境上の理由により生活指導等を要する児童	配偶者のない女子又はこれに準ずる事情にある女子及びその者の監護すべき児童	義務教育を終了した児童であって、児童養護施設等を退所した児童等
施 設 数	145か所	612か所	53か所	58か所	217か所	217か所
定　　員	3,853人	30,782人	2,018人	3,445人	4,533世帯	1,409人
現　　員	2,472人	23,631人	1,321人	1,145人	3,266世帯児童5,440人	718人
職員総数	5,453人	20,001人	1,560人	1,818人	2,102人	885人

小 規 模 グ ル ー プ ケ ア	2,073か所
地域小規模児童養護施設	494か所

（出典）
※里親数、FHホーム数、委託児童数、乳児院・児童養護施設・児童心理治療施設・母子生活支援施設の施設数・定員・現員は福祉行政報告例（令和３年３月末現在）
※児童自立支援施設の施設数・定員・現員、自立援助ホームの施設数、小規模グループケア、地域小規模児童養護施設のか所数は家庭福祉課調べ（令和２年10月１日現在）
※職員数（自立援助ホームを除く）は、社会福祉施設等調査報告（令和２年10月１日現在）
※自立援助ホームの定員、現員（令和３年３月31日現在）及び職員数（令和２年３月１日現在）は家庭福祉課調べ
※児童自立支援施設は、国立２施設を含む
資料：厚生労働省子ども家庭局家庭福祉課「社会的養育の推進に向けて」p.2-3，令和４年３月31日

第 13 講

施設等の運営管理の現状と課題

社会的養護に関する施設は、さまざまな考え方によって設立され、運営されているが、「子どもの最善の利益」「すべての子どもを社会全体で育む」という共通の基本理念がある。この基本理念を実現していくために、社会的養護施設等はどのように運営されているのだろうか。

本講では、施設等の運営にかかわる内容と費用のしくみやあり方について考えていく。

Step 1

1. 社会福祉法における児童福祉法関連事業の経営に関する規定

　児童福祉法に規定されている施設を経営する事業は、社会福祉法において、社会福祉事業として位置づけられている。社会福祉法第61条「事業経営の準則」では、社会福祉事業を経営するうえでの基本原則が定められている。社会福祉事業は、この準則にしたがって、その経営主体の理念を実践している。

　社会福祉事業は、社会福祉を目的とする事業として、規制と助成を通じて公明かつ適正な実施の確保が図られなければならない事業として、社会福祉法に列挙されており、第1種社会福祉事業（主として入所施設サービス）と第2種社会福祉事業（主として通所・訪問等の在宅サービス）に分類されている（**図表13-1**）。

2. 児童福祉施設の運営主体としての社会福祉法人

　第1種社会福祉事業は、利用者への影響が大きいため、経営安定を通じた利用者の保護の必要性が高い事業である。そのため、原則として地方公共団体もしくは社会福祉法人が経営することとなっている。社会福祉法人とは、社会福祉法により創設された、「社会福祉事業を行うことを目的として、社会福祉法の定めるところにより設立された法人」をいう。

　第2種社会福祉事業は、比較的に利用者への影響が小さいとされ、公的規制の必要性が低い事業であるため、経営主体に関する制限は設けられていない。地方自治体や社会福祉法人に限らず、一定の基準を満たして届出をすることにより株式会社

図表13-1 社会福祉事業に規定される児童福祉法等関連の事業（社会福祉法第2条）

第1種社会福祉事業	①乳児院、②母子生活支援施設、③児童養護施設、④障害児入所施設、⑤児童心理治療施設、⑥児童自立支援施設
第2種社会福祉事業	①障害児通所支援事業、②障害児相談支援事業、③児童自立生活援助事業、④放課後児童健全育成事業、⑤子育て短期支援事業、⑥乳児家庭全戸訪問事業、⑦養育支援訪問事業、⑧地域子育て支援拠点事業、⑨一時預かり事業、⑩小規模住居型児童養育事業、⑪小規模保育事業、⑫病児保育事業、⑬子育て援助活動支援事業、⑭助産施設、⑮保育所、⑯児童厚生施設、⑰児童家庭支援センター、⑱児童の福祉の増進について相談に応じる事業、⑲幼保連携型認定こども園を経営する事業、⑳養子縁組あっせん事業、㉑ひとり親家庭・寡婦の日常生活支援事業、㉒母子・父子福祉施設、㉓里親支援センター等

※　㉓は2024（令和6）年度より実施

などの民間企業やNPO法人等さまざまな法人で事業経営が可能となる。

　なお、保育所の設置主体については、以前は原則として市町村と社会福祉法人に限られていたが、2000（平成12）年度の規制緩和にともなう設置主体制限の撤廃を受け、株式会社やNPO等の参入が認められるようになった。

社会福祉法人の組織運営

　社会福祉法人は、社会福祉法第24条第1項において「社会福祉事業の主たる担い手としてふさわしい事業を確実、効果的かつ適正に行うため、自主的にその経営基盤の強化を図るとともに、その提供する福祉サービスの質の向上及び事業経営の透明性の確保を図らなければならない」と定められている。

　施設の経営や運営について重要な決定を行うのは社会福祉法人であり、法人には役員として、理事や監事をおくことになっている。理事は、社会福祉法第45条の16において「法令及び定款を遵守し、社会福祉法人のため忠実にその職務を行わなければならない」と規定されており、理事長は、理事会が理事のなかから選定しなければならないとされている（第45条の13第3項）。監事は、理事の業務執行の監査および法人の財産の状況について調査を行う。また、すべての法人において議決機関として評議員（理事との兼任不可）および評議員会の設置が義務づけられている。

　社会福祉法人の業務の決定は、原則として理事会で行う。理事会においては、定款に基づき予算の決定や決算の承認など法人の目的に沿った経営管理に関する審議や、施設長の任免、事業計画の承認・決定、財産の管理などを行う。また、理事会や評議員会において、入所している子どもの権利を擁護していくことを十分に論議、決議し、運営管理規定や就業規則、苦情解決体制を整備し、子どもの権利擁護が運営の中心におかれているかを常に確認していく責任がある。

3. 施設の運営管理

　児童福祉施設においても、組織運営にともなう人事・労務などの管理業務は必要であり、事業を民主的・効率的・効果的に運営する必要がある。施設の運営管理の内容としては、人事・労務管理のほか、事務管理、施設・設備管理、防火・防災管理、福祉サービスの提供等があげられる。施設の運営管理は、理事会から任命された施設長が施設全般の運営・管理に責任をもち、経営理念やサービス目標の実現・達成をめざす。

第13講　施設等の運営管理の現状と課題

147

児童福祉施設の設備及び運営に関する基準

　児童福祉施設の運営は、入所児童の健やかな成長、権利を保障し、適切な保護・自立支援・指導等の実施が求められる。このため、児童福祉施設の設備・運営について一定の基準が定められている。

　児童福祉施設の設備・運営の基準については、「児童福祉施設最低基準」（昭和23年厚生省令第63号）に規定されていたが、2011（平成23）年の児童福祉法改正にともない「児童福祉施設最低基準」は改正され、2012（平成24）年4月より「児童福祉施設の設備及び運営に関する基準」（設備運営基準）に変更された。同時に、児童福祉施設の最低基準については国が定める「設備運営基準」にしたがい、都道府県が条例で定めること（条例委任）とされ、児童福祉施設の「最低基準」のあり方が大きく変化した。この2012年の改正では、前述の各称改正のほかに、施設長にかかわる資格要件の明確化および研修の義務化や第三者評価などの義務化が規定された。また、2012年の改正では、基本的人員配置の引き上げ（児童養護施設入所児童（小学生以上）と職員の比率を6：1から5.5：1に引き上げ等）や個別対応職員の

図表13-2　主な児童福祉施設の職員配置基準（主な職員について）

施設名	職員配置基準
乳児院	・医師（嘱託医）、家庭支援専門相談員　　　　　　　　　　　　　　　　　　　　　　※ ・看護師・保育士・児童指導員（計7名以上、うち1名は看護師） 　0・1歳児1.6：1、　2歳児2：1、　3歳以上の幼児4：1 ＊乳幼児10人の乳児院には2人以上、乳幼児が10人を超える場合は、おおむね10人増すごとに1人以上看護師を配置 ＊乳幼児20人以下の施設では上記のほか保育士を1人以上配置
児童養護施設	・家庭支援専門相談員　　　　　　　　　　　　　　　　　　　　　　　　　　　　　※ ・児童指導員・保育士 　0・1歳児1.6：1、　2歳児2：1、　3歳以上の幼児4：1、少年5.5：1 ＊児童45人以下の施設には、上記のほか1人追加 ・看護師　乳児1.6：1（1人以上）
児童心理治療施設	・医師、看護師、家庭支援専門員 ・児童指導員・保育士　4.5：1 ・心理療法担当職員　10：1
児童自立支援施設	・児童自立支援専門員・児童生活支援員　4.5：1　　　　　　　　　　　　　　　　※
母子生活支援施設	・母子支援員　　　　　　　　　　　　　　　　　　　　　　　　　　　　　　　　　※ 10世帯未満：1人以上、10世帯以上20世帯未満：2人以上、20世帯以上：3人以上 ・少年指導員　20世帯未満：1人以上、20世帯以上：2人以上

※　心理療法を行う必要があると認められる乳幼児・児童（乳児院は保護者、母子生活支援施設は母も対象）10人以上に心理療法を行う場合は、心理療法担当職員を配置。

資料：児童福祉施設の設備及び運営に関する基準（昭和23年厚生省令第63号、令和4年厚生労働省令第20号による改正）をもとに作成。

配置義務化の拡充などの変更も行われた（**図表13-2**）。

4. 安定した生活環境の保障

　社会的養護に関する施設は、社会的養護を必要とする子どもに対して養護と自立支援を行うことを目的としており、子どもが安定した環境で生活をおくることができるよう、運営管理がなされる必要がある。

健康管理と衛生管理

　子どもの健全な発達を保障するうえで、子どもの心身の健康状況を把握しながら、健康保持に努めることが重要となる。そのため、子どもの入所前に子どもの健康診断を行うことが義務づけられている。このほか、子どもの病歴や予防接種の有無、施設入所前に利用していた医療機関など、子どもの健康状態や疾病に関する情報を把握することが必要となる。また、入所後も急な発病や不調に対応できるよう、子どもの日々の健康状態や発育状況について記録し、職員間で引き継ぎを行い、情報を共有することが求められる。

　さらに、多くの子どもが生活をともにする施設においては、感染症の予防は重要である。手洗い・うがいの励行（れいこう）や、施設内の清潔の保持、食品の取り扱い、毎日の健康チェックなどを実施するとともに、発症した場合に、感染拡大を防ぐために施設における対応方法をマニュアル化し、感染症発症時に備えることも必要である。

危機管理と安全管理

　社会的養護に関する施設に入所する子どもは、虐待（ぎゃくたい）などにより適切な養育を受けられずに入所する子どもも多く、安心して生活できる空間と人間関係が必要となる。

　そのため、環境の安定を図ると同時に、安全の確保が重要であり、定期的に施設の設備の保守点検作業の実施が求められる。

　また、日常的に起こりやすい事故や事件（子どもの行動上の問題や、子ども間のトラブル、交通事故、けがや病気、接触を禁止されている保護者の来訪など）を想定し、適切に対応することや予防意識を職員が常にもっておくことが求められ、そのための対応マニュアルの作成や研修が必要となる。

　さらに、予期できない天災や火災といった災害に対する避難訓練を実施するなど、非常災害管理も子どもの安全を保障するうえで重要である。

Step2

1. 社会的養護の利用類型

　子ども家庭福祉サービスの利用方式には、①措置制度、②利用契約制度、③選択利用制度があり、社会的養護では、主に措置制度がとられている。

措置制度

　措置制度とは、各社会福祉関連法に基づいて都道府県や市町村などの行政（措置権者）が行政処分や措置として、国民に社会福祉サービスを提供する公的な制度をいう。

　児童福祉施設の運営の財源は、措置制度により行われてきたが、社会福祉基礎構造改革において、日本の社会保障制度は措置制度から契約を主体とする制度に移行した。多くの福祉分野において利用契約制度化が図られ、保育所や特別養護老人ホーム、また、障害者福祉施設の一部も措置制度から利用契約制度へと移行した。しかし、乳児院や児童養護施設、里親などの社会的養護に関する施設等については措置制度にとどまった。

利用契約制度

　利用契約制度は、2003（平成15）年に「支援費制度」として障害福祉に関するサービスに導入された。この方式では、サービスを利用者が自ら選択し、事業者との契約に基づき利用する。児童福祉法では障害のある子どもを対象とする居宅サービスにこの制度が導入されたが、2006（平成18）年の障害者自立支援法（現・障害者の日常生活及び社会生活を総合的に支援するための法律）の施行にともない、児童福祉法が改正され、障害のある子どもの居宅サービスに関しては障害者自立支援法による利用契約制度により実施されるようになり、支援費制度は廃止された。

　なお、2012（平成24）年からは障害児施設による入所・通所サービスは児童福祉法を根拠法とし、入所施設については障害児入所給付費が、通所支援については障害児通所給付費が支給される利用契約制度が導入されている。

選択利用制度・公的契約

　この方式は主に保育所に採用されている。1998（平成10）年の児童福祉法の改正において保育所を利用する際に選択が可能となり、さらに、2000（平成12）年の児童福祉法改正において母子生活支援施設および助産施設もこの制度に移行した。利用方法は行政との契約に基づくものであり、サービスの提供責任は行政に残されて

いる。利用者は希望する施設を選択し、地方公共団体（行政）に利用の申し込みを行い、地方公共団体は利用者が選択した施設に対しサービス提供を委託（いたく）する。費用負担については、措置制度と同様である。

　なお、保育所を含む保育の利用方式については「子ども・子育て支援制度」の創設にともない、2015（平成27）年4月以降は市町村の関与のもとに利用者（保護者）が事業者との利用契約を行う公的契約となる。この新制度は、保育の必要性の有無や必要量に応じたサービス（施設型給付施設（認定こども園、幼稚園、保育所）と地域型保育給付事業（小規模保育、家庭的保育、事業所内保育、居宅訪問型保育））を提供するために創設された。これらの施設・事業の利用を希望する場合、保育の必要性の有無や必要量等について市町村の認定（支給認定）を受ける。利用者は、この認定区分に応じて、ニーズに合った施設・事業への利用申請を行う。

2. 施設の財源

　措置制度による児童福祉施設は、「措置費」と呼ばれる国庫負担金を基本として運営されている。都道府県または市町村などの措置権者が児童福祉施設への入所措置や里親委託を行った場合、その児童の入所後または委託後の子どもの支援に必要な費用を「措置費」といい、国および地方公共団体から支弁される。なお、保育所には「保育所運営費」が支弁されてきたが、子ども・子育て支援制度で「施設型給付」（認定こども園・幼稚園・保育所を対象とした財政支援）が新たに創設されたことにより、2015（平成27）年4月以降は、市町村の確認を受けた施設・事業に対して施設型給付費が支弁される（私立保育所の場合は委託費として支弁）。

措置費の内容

　措置費は「事務費」と「事業費」に大別される。

　「事務費」は施設を運営するために必要な費用であり、「人件費」「管理費」その他事務の執行に必要な諸経費からなる。「人件費」は児童福祉施設の設備及び運営に関する基準を基礎にその職種と定数が定められており、その職員の人数の確保に必要な給与で構成されている。給与は、基本的には国家公務員の給与に準じて本俸（ほんぽう）や諸手当分が算定されている。「管理費」は施設の維持管理のための費用であり、旅費、嘱託医手当、被服手当、補修費、保健衛生費、職員健康管理費、施設機能強化推進費などがある。

　「事業費」は入所している児童が生活するために必要とされる経費である。食費

や日常生活に必要な経費である「一般生活費」や学校教育を受けるために必要な費用（教育費、学校給食費、見学旅行費、入学支度金等）、施設入所中、不定期に必要となる経費（医療費、就職支度費等）などである。

措置費の保護単価と支弁方法

保護単価とは、児童福祉施設へ入所措置、または里親に委託した場合、措置児童等の1人（世帯）あたりに対して措置費として支払われる月ごとの単価であり、これに毎月の定員や措置児童数などを乗じて施設等に支払われる。この保護単価は、毎年度のはじめに、都道府県知事または指定都市もしくは中核市の市長および市町村が個々の施設単位に各費目（前述の事務費および事業費）に定めることとなっている。措置費の支弁方法は、事務費については施設の利用定員をもとに支弁額を決定する「定員払い方式」であり、事業費はその月の初日の在籍児童数に月額単価を乗じて支弁される「現員払い方式」である。

このように、現状の措置費は一律だが、2017（平成29）年8月公表の「新しい社会的養育ビジョン」では、子どものケアニーズ（年齢や行動上の問題、心理的問題、医療的ケアの必要性など）に応じた措置費および委託費の加算制度の創設が提言されている。

国庫負担の基本額と負担区分

措置費は、児童福祉法の「設備運営基準を維持するために要する費用」として、国および地方公共団体から支弁される。施設等への「措置」によって、入所後の子どものケアに必要な費用は、措置費として施設等に直接支払われている。原則として、利用者本人またはその扶養義務者からは、応能負担として費用の一部または全部を徴収し、不足する部分について、国と地方公共団体とで負担することとなっている。負担の割合については、**図表13-3**のように、国が2分の1額を負担し、残りを都道府県と市町村が一定の割合で負担している。

国庫負担金については、厚生事務次官通知「児童福祉法による児童入所施設措置費等国庫負担金について」において次のように定められている。

> 国庫負担金は、各年度においてその地方公共団体における支弁総額（個々の施設等に対する各月の支弁額の年間の合計額の全施設等の合計額をいい、その額が、その地方公共団体が児童等の措置等のために要した実支出額（当該費用のための寄付金があるときは、その寄付金の額を控除するものとする。）を超えるときは実支出額とする。）から当該年度における第5に定める徴収金基準額を控除した額を基本額として負担するものであること。

図表13-3 措置費の負担区分

施設種別	措置主体の区分	児童等入所先等の区分	措置費等の負担区分		
			市町村	都道府県	国
母子生活支援施設・助産施設	市および福祉事務所を管理する町村	市町村立施設および私立施設	1／4	1／4	1／2
		都道府県立施設		1／2	1／2
	都道府県、指定都市、中核市、児童相談所設置市	都道府県立施設、市町村立施設および私立施設		1／2	1／2
その他の児童福祉施設・ファミリーホーム・自立援助ホーム・里親	都道府県、指定都市、児童相談所設置市	都道府県立施設、市町村立施設および私立施設		1／2	1／2
一時保護所	都道府県、指定都市、児童相談所設置市	児童相談所（一時保護施設）		1／2	1／2

資料：「児童福祉法による児童入所施設措置費等国庫負担金について」（平成11年4月30日厚生省発児第86号）をもとに作成。

3. 里親に支給される手当等について

　里親制度は、何らかの事情により家庭での養育が困難となった子ども等に、家庭環境のもとでの養育を提供する制度であり、養育里親、専門里親、養子縁組里親、親族里親の4つの類型がある。

　里親には里親手当が支給される。支弁額は里親の種類によって異なるが、養子縁組里親にはその性格上、里親手当は支給されない。なお、かつては親族里親についても里親手当が支給されなかったが、2011（平成23）年に扶養義務者ではない3親等内の親族（おじ・おば等）も養育里親として里親手当を支給できるよう改正された。また、子どものケアにかかる費用として、一般生活費（食費、被服費等）やその他の教育等諸費（幼稚園費、教育費、入進学支度金、就職支度費、大学進学等支度費、医療費、通院費など）が支弁される。

図表13-4 里親に支給される手当等（児童1人あたり月額：令和3年度）

里親手当	養育里親：90,000円（2人目以降90,000円加算） 専門里親：141,000円（2人目以降141,000円加算）
一般生活費	乳児：60,110円 乳児以外：52,130円
その他	幼稚園費、教育費、入進学支度金、就職支度費 大学進学等支度費、医療費、通院費　など

第13講 施設等の運営管理の現状と課題

Step3

1. 施設における家庭的養護および個別化の推進と人事労務管理

　第1講で述べたように、児童福祉施設等の運営指針の基本原理の1つとして、家庭的養護および個別化が掲げられており、運営指針において「社会的養護を必要とする子どもたちに『あたりまえの生活』を保障していくことが重要であり、社会的養護を地域から切り離して行ったり、子どもの生活の場を大規模な施設養護としてしまうのではなく、できるだけ家庭あるいは家庭的な環境で養育する『家庭的養護』と、個々の子どもの育みを丁寧にきめ細かく進めていく『個別化』が必要である」と指摘されている。2011（平成23）年7月に厚生労働省においてとりまとめられた「社会的養護の課題と将来像」では、児童養護施設の小規模化、施設機能の地域分散化と、里親やファミリーホームといった家庭的養護の推進を柱とする、今後の社会的養護の方向性が示され、施設養護における地域小規模児童養護施設（グループホーム）や小規模グループケアを増加させるとともに、里親等のいわゆる家庭養護の拡 充（かくじゅう）が目標とされている。

　また、日本の社会的養護は、2021（令和3）年3月末時点で77.2%が乳児院や児童養護施設で、22.8%が里親やファミリーホームであるが、「社会的養護の課題と将来像」では社会的養護の類型を、①児童養護施設と乳児院の本園、②施設の運営するグループホーム、③里親制度と親代わりの大人が少数の子どもと共同生活するファミリーホーム、の3類型に分類したうえで、今後、十数年をかけて、それぞれに属する子どもの数がおおむね3分の1となるようにするとしていた。また、2017（平成29）年に「新しい社会的養育ビジョン」が出され、新たな数値目標が掲げられた（**168、197ページ参照**）。児童養護施設については、定員を2万人近く減らすことになり、1施設あたりの上限を新たに設け原則45人以下とし、小規模化や施設機能の地域分散化をうながしている。こうした小規模化・地域分散化を進めるうえで、最適な人数の職員を確保するための財源や里親の負担を軽減するための職員の支援体制、最適な職員のローテーションなど、要保護児童に対する適切なケアを提供するための人事労務管理が課題となろう。

職員への支援の必要性

　近年、子どもの施設への入所理由は複雑化・多様化している。虐 待（ぎゃくたい）を経験した子ども、あるいは発達障害をはじめとするさまざまな生活適応上、社会適応上の支援課題を抱えた子どもが多数入所してきており、その支援に関する専門性が強く求

められている。その一方で、短期間で退職する職員も多く、一定の経験と能力をもつ職員の安定的確保が困難な場合もあり、児童養護施設をめぐる環境は厳しさを増している。勤続年数が短い要因の1つとして、子どもへの支援と、職員の結婚・出産・育児・介護等との両立が困難になるということがあげられる。これは、仕事と家庭の調和（ワーク・ライフ・バランス）の問題であるといえる。また、慢性的な人員不足のなか、職員が体力的にも精神的にも疲弊し、バーンアウト（燃え尽き症候群）するケースがあることも推測される。職員が意欲をもち、心身ともに健康で、長く施設に定着することは、入所児童の生活環境や精神的な安定に結びつき、施設運営のうえでも経験豊かな職員が増え、安定したケアの提供につながると考えられる。職員の定着を図り、長い経験の蓄積に裏づけられた高い専門性を発揮できる体制を整備する重要な方策として、勤務形態や勤務時間の柔軟性を高めることや、職員への支援（研修やスーパービジョン）が必要であろう。

2. 社会福祉法人運営における課題と改正社会福祉法

　2011（平成23）年ごろから社会福祉法人の内部留保（利益の法人内蓄積）が表面化し、社会福祉法人制度の意義・役割を問い直す指摘もなされてきた。こうした状況を受け、社会福祉法人制度を大きく改革する法案が2016（平成28）年3月末に成立・公布された。

　改正法では、経営組織のガバナンスの強化や事業運営の透明性の向上、財務規律の強化等の改革を進めようとしている。社会福祉法人が保有する財産について、事業継続に必要な財産の額を控除したうえで、再投資可能な財産（社会福祉充実財産）を算出し、社会福祉充実財産が生じる場合には、社会福祉事業または公益事業の新規実施・拡充にかかる再投資に関する計画（社会福祉充実計画）を策定し、使途を「見える化」したうえで計画的に社会福祉事業等に再投下することとなったが、その使途の1つに、地域における公益的な取り組みや事業の実施も含まれている。これは、地域共生社会に向けて、制度や市場原理で満たされないニーズについても率先して対応するという、社会福祉法人の本来の役割を明確にするためのものであるといえよう。社会福祉法人は多様な地域福祉を実現するために重要な役割を担っており、地域の福祉ニーズに応えていくためにも、適正な運営がますます求められていくだろう。

第13講　施設等の運営管理の現状と課題

155

参考文献

● 保育士養成講座編集委員会『新保育士養成講座⑤ 社会的養護 第3版』全国社会福祉協議会，2018.

● 相澤仁編『やさしくわかる社会的養護1 子どもの養育・支援の原理』明石書店，2012.

● 谷口純世・山縣文治『新・プリマーズ・保育・福祉 社会的養護内容』ミネルヴァ書房，2014.

● 山縣文治・林浩康『よくわかる社会的養護 第2版』ミネルヴァ書房，2013.

● 山縣文治・林浩康『社会的養護の現状と近未来』明石書店，2007.

● 厚生労働省社会福祉法人の在り方等に関する検討会「社会福祉法人制度の在り方について」2014.

● 厚生労働省雇用均等・児童家庭局「社会的養護に関する今後の見直しについて」2009.

● 厚生労働省「社会的養護の課題と将来像」『児童養護施設等の社会的養護の課題に関する検討委員会・社会保障審議会児童部会社会的養護専門委員会とりまとめ概要』2011.

● 全国社会福祉協議会・全国児童養護施設協議会「養育単位の小規模化を一層すすめるために──養育単位小規模化プロジェクト・提言」2010.

● 松崎芳伸『児童福祉施設最低基準』日本社会事業協会，1949.

● ブリッジフォースマイル「全国児童養護施設調査2012──施設運営に関する調査」2013.

● 資生堂社会福祉事業財団『世界の児童と母性』第74号，2013.

● 厚生労働省新たな社会的養育の在り方に関する検討会「新しい社会的養育ビジョン」2017.

● 厚生労働省「社会福祉法人制度改革の進捗状況について」『第26回社会保障審議会福祉部会資料1（令和3年1月25日）』2021.

COLUMN　子どものケアと働きやすい環境づくり

　近年、保育士の待遇や潜在保育士等、保育に関するさまざまな課題が指摘されているが、その1つに、保育士等の離職がある。2015（平成27）年度第1回保育士等確保対策検討会の厚生労働省資料「保育士等における現状」によると、常勤保育士の離職率は10.3%であった。また、離職する保育士の約半数が経験年数7年以下であるという。こうした問題は児童養護施設等でも指摘されている。児童養護施設職員の平均的在職勤務年数は3～6年程度といわれており、職員の確保・人材育成は大きな課題である。

　離職の背景には、給与の問題や業務量の多さなど、さまざまな要因があるが、家庭の事情（結婚、出産、介護等）も主な理由の1つである。これまでにも指摘されているように、子どもへの継続的なケアを行うためにも、職員のライフイベントにそった生活の変化に対応できる体制づくりが求められるだろう。また、要保護児童のケアに困難を感じる職員も少なくないだろう。社会的養護の状況を理解し、子どもと向き合うことができるよう、研修の体系化とスーパービジョン体制の整備が重要な課題である。　　　　（山口敬子）

第14講

被措置児童等の
虐待防止の現状と課題

社会的養護関係の児童福祉施設等は、子どもの健やかな育ちを保障する場でなくてはならない。本講では、児童福祉施設等に入所する子どもへの虐待（ぎゃくたい）の現状と課題について学ぶ。

はじめに、被措置児童等（ひそちじどう）の虐待とは何かを理解し、次に、被措置児童等の虐待防止の経緯をみていく。さらに、被措置児童等の虐待の現状を統計から概観し、最後にその発生要因と課題について考える。

Step 1

1. 被措置児童等の虐待防止

「被措置児童等の 虐 待」と聞いて、「入所している子どもを虐待するなんて、自分には『ありえないこと』だ」と思うかもしれない。しかし、これは「だれにでも起こりうること」であると認識することが肝要である。

自分自身が虐待をしてしまいそうになったとき、どうするのか。あるいは、自分自身が、同僚や先輩職員の施設内における子どもへの虐待を目にしてしまったとき、それをどう考えたらよいのか。虐待は、自分自身のゆらぎやそのおかれた環境によって、「自分にも起こりうること」であることを理解することが、大切である。「被措置児童等の虐待」を行うリスクはだれにでもあることからも、「被措置児童等の虐待防止」は、これから保育士を 志 す人には、自分自身のこととして認識し、心にとめてほしい項目である。

2. 被措置児童等虐待とは

「被措置児童等虐待」とは、施設の職員等や里親等が、施設や一時保護所、里親等に措置されている児童に対して虐待を行うことを指す。

児童福祉法における定義

児童福祉法では、「被措置児童等虐待」を第33条の10において、以下のように定めている。

> 第33条の10　略
> 一　被措置児童等の身体に外傷が生じ、又は生じるおそれのある暴行を加えること。
> 二　被措置児童等にわいせつな行為をすること又は被措置児童等をしてわいせつな行為をさせること。
> 三　被措置児童等の心身の正常な発達を妨げるような著しい減食又は長時間の放置、同居人若しくは生活を共にする他の児童による前2号又は次号に掲げる行為の放置その他の施設職員等としての養育又は業務を著しく怠ること。
> 四　被措置児童等に対する著しい暴言又は著しく拒絶的な対応その他の被措置児童等に著しい心理的外傷を与える言動を行うこと。

この児童福祉法に定められている「被措置児童等虐待」は、児童虐待の防止等に関する法律（児童虐待防止法）第2条の「児童虐待の定義」とほぼ同様の定義となっている。第1号は「身体的虐待」、第2号は「性的虐待」、第3号は「ネグレク

158

ト」、第4号は「心理的虐待」にあたる。

　これらの虐待について厚生労働省通知「被措置児童等虐待対応ガイドラインについて」では、以下のような具体的な例を示している。「身体的虐待」は、例えば、打撲傷（だぼくしょう）、あざ（内出血）、骨折など外見的に明らかな傷害を生じさせる行為を指すとともに、首を絞める、殴（なぐ）る、蹴（け）る、叩（たた）く、溺（おぼ）れさせる、逆さ吊（つ）りにするなどの外傷を生じさせるおそれのある行為及び意図的に子どもを病気にさせる行為などを指す。「性的虐待」は、被措置児童等への性交、性的暴行、性的行為の強要などとされている。「ネグレクト」は、学校等に登校させない、適切な食事を与えない、下着などを長時間ひどく不潔なままにする、同居人や生活をともにするほかの被措置児童等による虐待を放置する、泣き続ける乳幼児に長時間かかわらないで放置するなどの行為を指す。「心理的虐待」は、言葉や態度による脅（おど）かし、被措置児童等を無視する、拒否的な態度を示す、ほかの被措置児童等とは著（いちじる）しく差別的な扱いをするなどの行為を指す。

被措置児童等虐待防止と通告義務

　被措置児童等虐待防止は、児童福祉法第33条の11において「施設職員等の禁止行為」として定められている。

> **第33条の11**　施設職員等は、被措置児童等虐待その他被措置児童等の心身に有害な影響を及ぼす行為をしてはならない。

　また、被措置児童等虐待を発見した者への通告義務規定がおかれている。つまり、施設職員等は、措置されている子どもに虐待や有害な影響を及ぼす行為をしてはならないし、もしそのようなことを同僚や先輩職員が行っていたことを見つけた場合は届け出なくてはならない。また、届け出た職員を特定されるような情報は守秘（しゅひ）されること、すなわち、届け出た職員は守られるという規定がおかれている。

　もちろん、子ども自身も、虐待を受けた場合には、市町村、福祉事務所、児童相談所、都道府県児童福祉審議会などに届け出ることができる。しかし、子どもは、その施設で生活しているために、職員による虐待を外部に通告することが非常に難しい状況におかれている。また、受けた虐待を通告したことが、あとで職員に漏（も）れた場合の恐怖などから、通告を躊躇（ちゅうちょ）することもあるだろう。子どもが自分のされたことや自分の意見を躊躇なく言うことができるシステムにしていくこと、通告した子どもは必ず守ることが重要である。そしてさらに、それらのことを子ども自身に理解してもらう必要がある。

Step2

1. 被措置児童等虐待防止の経緯

被措置児童等虐待の発見

被措置児童等 虐 待が認識されるようになったのは、近年のことである。その発端の 1 つに、1995（平成 7 ）年、千葉県の児童養護施設での被措置児童等虐待事件がある。この事件は、当時の園長による虐待に耐えかねた子どもらが、自らそのことを 訴 え出たため発覚したものである。

そうしたことを受けて、1997（平成 9 ）年に「児童養護施設等における適切な処遇の確保について」、1998（平成10）年に「 懲 戒に係る権限の濫用禁止について」、1999（平成11）年に「児童養護施設等に対する児童の権利擁護に関する指導の徹底について」が、厚生労働省から相次いで通知された。これらは、児童福祉施設長等の「 懲 戒権濫用の禁止」に焦点があてられている。2004（平成16）年には児童福祉施設の最低基準が改正され、児童福祉施設職員による入所児童に対する虐待等の禁止が明記された。

しかし、その後も、児童養護施設における性的虐待等の事件が発覚した。それらを受けて、2006（平成18）年に通知「児童福祉施設における施設内虐待の防止について」が出された。これをもって行政文書としては、はじめて「施設内虐待」という言葉が登場し、職員の資質向上、子どもの意見表明権の尊 重 などが示された。

施設内虐待から被措置児童等虐待へ

施設等に措置される子どもは、健やかに養育される権利があり、その福祉は擁護されねばならない。しかし、施設等における虐待はあとを絶たない。そうしたことを受けて、2008（平成20）年の児童福祉法改正により、「被措置児童等虐待防止」が規定された。「施設内虐待」にとどまらず「被措置児童等虐待」としたのは、一時保護や里親家庭等も視野に入れた、より広い意味での社会的養護を受ける子どものための虐待防止であることを意味する。

被措置児童等虐待の予防

さらに、「被措置児童等虐待」と名称を変更したことにともない、2009（平成21）年に厚生労働省より通知「被措置児童等虐待対応ガイドラインについて」（ガイドライン）が出された。被措置児童等虐待の定義、通告に関すること、通告があった場合に、都道府県等が行う措置、また、被措置児童等の権利について述べており、

被措置児童等虐待に関しては、この「ガイドライン」にそった対応をすることが求められている。「ガイドライン」では、被措置児童等虐待への対応でもっとも重要な課題は、「被措置児童等虐待を予防するため、子どもの権利擁護の観点も踏まえた取組を進めること」であると明記されている。このことは、被措置児童等虐待の防止のためには、第一に「予防」が重要であることを意味している。

　施設や里親等に措置される子どもは、すでに虐待を受けた子ども、また虐待を受けていなくても措置される過程において、さまざまな事情をかかえている子どもであることが多いため、措置先での虐待はさらなる心身への負担をかけることになる。そのような事態を避けるべく、虐待は予防することが重要になる。

　被措置児童等虐待を予防するためには、被措置児童等虐待のみに焦点をあてるのではなく、施設の組織体制の整備、職員一人ひとりのケア、また子どもの意思をくみとることが必要であろう。

2. 被措置児童等虐待の現状

令和元年度における被措置児童等虐待届出等制度の実施状況

　ここでは、「令和元年度における被措置児童等虐待届出等制度の実施状況」から、被措置児童等虐待についての現状をみていきたい。

　まず、2019（令和元）年度に被措置児童等虐待の事実が確認された施設を**図表14-1**に示した。これをみると、児童養護施設が最も多い50件となっている。また、里親・ファミリーホームも11件あることには、注意が必要である。里親等は地域の一般家庭であるため、虐待が発生していても外部からは見えにくい。また、組織である施設と異なり、養育に困難性を感じていても専門的な支援に手が届きにくいという現状がある。社会的養護を受ける子どもを養育する里親等のため、また子どものために、専門的支援体制を整備することが急務である。

　次に、形態別でみると（**図表14-2**）、20人以上の大規模な施設と本園内ユニットケアに虐待が多くみられる。とはいえ、その他の形態の施設（12人以下の施設、地域分園型ユニットケア、13〜19人の施設）でも高い数字が認められる。大規模施設については、その職員数の多さ等を考慮すれば、割合的には、ほかの施設と大差はないように思われる。

　虐待の種別（**図表14-3**）をみると、身体的虐待が最も多く、62.8％、ネグレクトは3.2％、心理的虐待は20.2％、性的虐待は13.8％となっている。

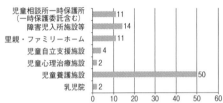

図表14-1 被措置児童等虐待の事実が確認された施設

児童相談所一時保護所（一時保護委託含む）: 11
障害児入所施設等: 14
里親・ファミリーホーム: 11
児童自立支援施設: 4
児童心理治療施設: 2
児童養護施設: 50
乳児院: 2

資料：厚生労働省「令和元年度における被措置児童等虐待届出等制度の実施状況」より作成。

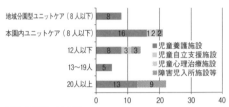

図表14-2 形態別被措置児童等虐待の事実が確認された施設

地域分園型ユニットケア（8人以下）: 8
本園内ユニットケア（8人以下）: 16 12 2
12人以下: 8 3 3
13〜19人: 5
20人以上: 13 9

■児童養護施設
児童自立支援施設
■児童心理治療施設
障害児入所施設等

資料：図表14-1と同じ。

　虐待を行った職員等の年齢（**図表14-4**）は、29歳以下の職員が30.9%、30〜39歳の職員が12.4%と、20代、30代を合わせると4割以上を占める。一方で60歳以上の職員でも虐待を行っている。また、虐待を行った職員等の実務経験年数（**図表14-5**）では、5年未満の職員が50.5%で、半数以上が5年未満の経験年数の職員となっているが、一方で30年以上の経験があっても虐待を行っている実態がある。数字だけをみれば、若く経験年数の浅い職員に虐待を行う比率が高いようにみえる。しかし、そうではない（年齢や経験年数が高い）職員もそれぞれ半数近くを占めていることを考慮すると、虐待は、あらゆる現場で、あらゆる年齢・経験年数の職員によって行われる可能性があると理解するべきだろう。

　その他、「令和元年度における被措置児童等虐待届出等制度の実施状況」によれば、虐待を受けた児童については、男子が55.3%、女子が44.7%、年齢では10〜14

図表14-3

被措置児童等虐待の種別

性的虐待 13.8%
心理的虐待 20.2%
身体的虐待 62.8%
ネグレクト 3.2%

資料：図表14-1と同じ。

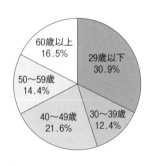

図表14-4

被措置児童等虐待を行った職員等の年齢

60歳以上 16.5%
29歳以下 30.9%
50〜59歳 14.4%
40〜49歳 21.6%
30〜39歳 12.4%

資料：図表14-1と同じ。

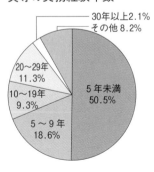

図表14-5

被措置児童等虐待を行った職員等の実務経験年数

30年以上2.1%
その他8.2%
20〜29年 11.3%
10〜19年 9.3%
5年未満 50.5%
5〜9年 18.6%

資料：図表14-1と同じ。

歳の児童が37.7％と、最も高い比重を占めている。また、虐待の発生は16時から24時、つまり、子どもが学校等から帰宅した夕方から就寝の間に多く発生していることが報告されている。

　同報告書で施設について必要とされていたのは、施設職員と施設長などの意思疎通・意見交換が図られ、施設の風通しがよいことだった。また、里親・ファミリーホームの支援体制の状況については、里親家庭内での養育に対しての考え方や方針が一致すること、里親等が種々の研修に参加し、虐待等の認識をもって養育がなされることが必要だとされていた。

　つまり、養育に関するさまざまなことについて施設職員等の意思疎通や方針の一致が必要であり、また被措置児童等の虐待についての研修等、知識の提供が重要であることがわかる。

虐待として報告のあった事案

　「令和元年度における被措置児童等虐待届出等制度の実施状況」では、「虐待として報告のあった事案」としていくつかの事例を記載している。ここではそのいくつかを抜粋して掲載する。身体的虐待では、例えば以下のような事例があがっている。

・布団に潜ってゲームを返さない子どもを注意する際に、下を向いていたため顔を上げさせようとおでこを押したときに後頭部が壁に当たった。〔児童養護施設〕
・職員が子どもに対して日常的にげんこつなどの身体的虐待を行っていた。〔児童養護施設〕
・他人の物を盗んだため、職員が子どもの右頬を叩いた。〔児童養護施設〕
・子ども間で言い合いになり、一人の子どもの投げた靴が職員の目に当たったが、子どもたちが暴れていると判断した職員が、別の子どもの首を掴んで背中に壁を押しつけ、1〜2回強く頭突きをした。〔児童養護施設〕
・起床前にふざけていた子どもらに職員が注意をした際、子どもの一人が返答をせずに黙っていたため、布団に上半身を起こした姿勢の子どもの肩を足で蹴った。〔児童養護施設〕
・話しの最中に職員の注意を聞かなかった子どもに対し、感情的になり、頭部を叩く。〔児童養護施設〕
・子どもが職員に対して殴る蹴る等したため、職員が制止する際に本児に対してビンタをし、左頬部打撲傷のけがを負わせた。〔児童自立支援施設〕
・里親と同居人が盗み食べやごまかしについて叱責する際に、同居人が右手で子どもの左頬を一度叩いた。〔里親〕
・配布物を割り込んで取ろうとした子どもに対し、子どものTシャツの丸首の前襟右側をつかみ、廊下へ押し出した。その後、右手の平で本児の頭頂部付近を叩いた。〔児童相談所一時保護所〕

ネグレクトは、例えば以下のような事例である。

> ・病院からの通告で、里父から頭部にげんこつされたことが発覚。里親はすぐに通院させることをしなかった。〔養育里親〕

心理的虐待では、以下のような事例がある。

> ・食事指導で時間がかかった幼児に対し、指導を任せられた調理員が「手を出せ」と言い、本児の腕を掴み、腕の近くまで包丁を近づけた。〔児童養護施設〕
> ・職員が子どもに対して大声を出して指導した。〔児童心理治療施設〕

以下は、性的虐待の事例である。

> ・職員が子どもを車で送迎する際、公園に立ち寄り、車外で抱きしめたり、車内で手を握ったりした。〔児童養護施設〕

　事例をみると「なぜこの程度のことでそこまで……」と思えるような事例もあるかもしれないが、それらは、日々の養育のなかで、繰り返し生じてきたことへの職員の怒りが、虐待として爆発してしまったととらえることができる。しかし、職員は、いかなる理由があったとしても、絶対に虐待をしてはならないことを専門職として知っておかなければならない。

子どもの権利擁護

　施設に入所した子どもが、安心して施設で過ごすためには、子どもが自分の意思を十分に受け止められていると感じることが大切である。そのために、入所の際、または自立支援計画の策定の際には、子どもがおかれている状況について十分に説明し、子ども自身の意思を尊重すること、また「子どもの権利ノート」を配布し、有効に活用することが推奨されている。

　また、子どもが意思を述べやすい環境をつくること、特に苦情を申し立てることができるようなしくみづくりは大切である。施設では、入所している子どもやその保護者等からの苦情に素早く適切に対応するために、苦情を受け付けるための窓口を設置する（苦情受付担当の職員を決める）こと、また、苦情の公正な解決を図るために、苦情の解決にあたり、苦情を申し立てられた施設の職員ではない者を関与

させなければならないことになっている。また、第三者委員の活用や、さらに養育・支援の質の向上を図るための第三者評価事業などの活用がある。

　第三者委員とは、子どもからの苦情に応じ、場合によっては、施設と子どもとの間で、話し合いに立ち会う人のことである。

　第三者評価事業とは、施設の質を施設の職員および子ども以外の公正・中立な第三者機関が、専門的かつ客観的な立場から評価をすることである。その目的は、利用者へのサービスの質の向上、または利用者がサービス内容を把握することとされており、児童福祉施設等では、施設運営や子どもの権利擁護、子どもと家庭への援助、地域等との関係について評価されることになっている。2012（平成24）年度から、児童福祉施設は3年に1回、第三者評価事業を受けることが義務づけられた。なお、この評価は公表されることになっている。

　この第三者委員・第三者評価事業等を適切に活用し、積極的に外部からの視点を取り入れる開かれた施設にしていくことが重要である。

　例えば、子どもが施設で生活するなかで、困ったことや不満があった場合には、子どもが苦情を申し立てやすい環境が必要であるが、その子どもの意見が、施設や職員への不満であった場合に、子どもはそれを言えずに我慢してしまうかもしれない。だが、どのような場合であっても、子どもが自分の気持ちを安心して言うことができるように工夫をしている施設もある。

　例をあげると、子ども会議を定期的に開き、子どもが発言する場、発言しやすい場を設定することもその1つである。また、例えば、意見箱のようなものを施設内に設置し、子どもが困ったことがあったり、不満を感じたりした場合、自分で紙に記入し、それを意見箱の中に入れるということを行っている施設もある。この場合、意見箱に入れられた意見は、職員会議で検討される。ただし、子どもが意見箱に意見を入れるところを職員に見られることをおそれて、結局、意見をすることができないということもある。そこで、意見箱を決まった日に第三者委員が預かり、第三者委員が子どもの意見を読み、それを職員に伝え、改善をうながす、などの方法をとる施設もある。

　いずれの場合にも、子ども自身の意見がきちんとくみ上げられなければ、子どもは「どうせ言っても無駄」と投げやりになったり、「何を言っても聞いてもらえない」という気持ちになってしまう。子どもの意見を聞き入れることができない場合も、叱るのではなく、子どもに納得のいくように説明をするということが重要だろう。

Step3

1. 被措置児童等虐待の発生要因

　なぜ、これらの虐待が起こってしまうのだろうか。被措置児童等虐待の発生要因としては、職員個人の要因と施設全体の要因が考えられる。

　職員個人の要因としては、①職員自身の気質、性格などから由来する怒り等への自己コントロールの問題、②専門職としての倫理観や養育観の低さ、③子どもとの信頼関係の未形成等があげられる。

　しかし、こうした職員個人の要因は、施設全体の取り組みのなかで、変容していくことが期待できるものである。また、施設全体の雰囲気、取り組み、労働環境などが、職員が虐待を行わざるをえないような状況を構造的につくり出していることも考えられる。

　そうしたことから、施設全体の要因として考えられることは、①職員の過重労働、②研修等の不足、③スーパーバイザー（監督・管理をする人）などの職員への支援体制の未整備、④職員間の連携の欠如、⑤施設として体罰を容認するなどの不適切な方針、⑥子どもの権利を守る観点からの機能不全、⑦施設の閉塞性などがある。

　施設の職員は、職員配置の問題などから、労働が過重になることがある。また、被虐待児や複雑な家庭環境のなかで育ってきた対応の難しい子どもの養育にあたることも多い。その結果、肉体的にも精神的にも余裕が少ないなかで、子どもたちを養育することを求められる。そうした状況のなかでは、場合によっては、子どもに対して手をあげるような行動に出てしまうことも考えられる。

　また、子どもの行動上の問題を理解し、背景にある原因を改善することを学ぶ、子どもが暴力的な行動に出たときの対処の仕方を学ぶ、専門職としての倫理観・養育観を学ぶなどの研修等の不足により、自分をコントロールしきれない場合もあるだろう。

　子どもの養育に悩んだときなどに、それらを相談し、自己を見つめなおし、適切なアドバイスを行う職員が不可欠であるにもかかわらず、そうした職員体制が未整備の場合、養育にいきづまってしまうことも考えられる。また、職員会議などでの職員間の認識の一致の欠如、職員同士の引き継ぎ等の連携の欠如、子どもに行動上の問題が起こった場合に体罰を容認するなどの施設全体の姿勢や雰囲気も虐待を引き起こす要因となる。

2. 被措置児童等の虐待防止の課題

　被措置児童等虐待を防止していくために必要なことは、虐待そのものへの対応のみならず、虐待を予防する取り組みの強化であろう。

　既述の「令和元年度における被措置児童等虐待届出等制度の実施状況」の「施設の運営・支援体制の状況」をみると、「特定の職員が子どもを抱え込まないような職員体制等の支援体制が整えられている」「施設職員と施設長などが意思疎通・意見交換を図られ、施設の風通しが良い」「外部からの評価や意見を受け入れるなど、施設が開かれている」「第三者委員の活用がなされ、子どもたちにその役割を周知している」「職員が種々の研修に参加しており、虐待等への認識の共通化がなされている」などの項目について、5段階で評価している。これらの項目について、虐待が発生した施設等では、「整えられている」「どちらかというと整えられている」という回答が一番多かったのは「子どもの意見を汲み上げる仕組み等が整えられている」で、83施設中36施設という結果だった。このことは、虐待が発生した施設の多くが、虐待予防の環境整備を 怠っているということを意味する。

　虐待を予防するには、虐待の発生要因をなくすこと、すなわち、職員の労働環境を整える、職員間の連携を密にするなどの施設組織体制の整備が必要である。

　さらに、虐待の予防として重要なことは、子どもの権利擁護への視点である。「児童の権利に関する条約」(児童の権利条約)には、子どもの意見表明権が明記されているが、社会的養護関係の児童福祉施設においては、子どもの意見を十分にくみとることのできる体制がまだ十分には整っていない。子ども自身が、自分の意見や意思は尊重されることを理解するためにも、「子どもの権利ノート」などを活用することが有効であり、その配布・説明が徹底されるべきである。

　また、そのため、第三者委員の活用や第三者評価の受審などが義務づけられているが、現状において、それらが有効に機能しているとはいいがたい。こうした外部機関をより整備し、子どもにとって苦情などを出しやすい環境を構築するとともに、虐待のリスクについて施設や職員の認識を強化していくことが求められる。

　加えて、里親等は少人数の養育という利点がある一方で、多人数の施設と比較して、子どもも養育者も逃げ場がなく、いきづまることがある。前掲の報告書には、「里親に対する支援が不十分との訴えもあり、バランスの取れた支援はできていなかった」とある。これに対し、児童福祉施設は、積極的に相談に応じる体制を整え、さらに関係機関と連携を密にとり、支援していくことが重要である。

参考文献

●厚生労働省「令和元年度における被措置児童等虐待届出等制度の実施状況」

COLUMN 新たな社会的養育の在り方に関する検討会と
「新しい社会的養育ビジョン」

　2016（平成28）年に改正された児童福祉法では、子どもが家庭において健やかに養育されるよう、保護者を支援することを原則としたうえで、家庭における養育が困難な場合には、養子縁組や里親などへの委託（いたく）を優先することを規定した。また施設養護については、小規模な生活単位で生活するグループホームなどの家庭的環境で養育されるよう必要な措置を講ずることとされた。さらに2016（平成28）年3月にとりまとめられた「社会保障審議会　児童部会　新たな子ども家庭福祉のあり方に関する専門委員会報告（提言）」において、社会的養護の利用者等に対する継続的な支援のしくみの整備が必要とされ、具体的な制度の検討の必要性について言及されていた。

　こうした状況をふまえ、改正児童福祉法等の進捗（しんちょく）状況を把握するとともに、制度改革全体を鳥瞰（ちょうかん）しつつ、新たな社会的養育のあり方の検討を目的に、厚生労働大臣のもとに「新たな社会的養育の在り方に関する検討会」が設置された。そして、本検討会の最終報告書として2017（平成29）年8月に「新しい社会的養育ビジョン」が出された。

　本報告書は、児童福祉法改正の理念を具体化するため、「社会的養護の課題と将来像」（平成23年7月）を全面的に見直し、新たな社会的養育の実現に向けた工程を示している。新たなビジョン策定に向けた議論では、在宅での支援および養子縁組を含む社会的養護の課題と改革の具体的な方向性について検討された。本報告書では、幼児の施設への新規入所措置の停止、幼児の里親委託率を75％以上に、学童期の子どもについては50％以上に一定の年限において実現する目標などについて提言がなされている。

　その後、国に設置されている社会的養育専門委員会での検討結果をふまえ、2022（令和4）年児童福祉法が改正された。

（林　浩康）

第15講

社会的養護と
地域福祉の現状と課題

社会的養護関係の児童福祉施設は、地域と密接にかかわり、地域のなかでサービスを展開していくことが求められている。

本講では、まず地域福祉とは何かについて理解し、社会的養護関係の児童福祉施設が地域への貢献を求められるようになった経緯をみていく。次に、児童福祉施設の機能としての地域支援、地域貢献のあり方について学ぶ。最後に社会的養護と地域福祉の課題について学ぶ。

Step 1

1. 社会的養護関係の施設と地域とのかかわり

社会的養護関係の児童福祉施設は地域にあり、そこでケアを受ける子どもも地域に住んでいる以上、地域とは何らかのかかわりをもつ。だが、従来、児童福祉施設は、子どもの養育についての関心が中心であり、地域とのかかわりについてはそれほど熱心に関心を向けてこなかった。

しかし、近年、地域福祉が推進されるなかで、児童福祉施設における地域での役割の重要性が増している。

2. 地域福祉

地域福祉とは

地域福祉とは、高齢や障害、貧困などがあっても、人々が普通の生活を営めるよう、地域の住民や、行政、または社会福祉関係施設等が、相互に協力し、地域の人々の福祉の充実を図ることをいう。2000（平成12）年の社会福祉法の改正により、その第4条で「地域福祉の推進」が規定された。

社会福祉法

（地域福祉の推進）

第4条 略

2　地域住民、社会福祉を目的とする事業を経営する者及び社会福祉に関する活動を行う者は、相互に協力し、福祉サービスを必要とする地域住民が地域社会を構成する一員として日常生活を営み、社会、経済、文化その他あらゆる分野の活動に参加する機会が与えられるように、地域福祉の推進に努めなければならない。

すなわち、社会的養護においても、地域住民と児童福祉施設等がともに協力して、子どもと家庭のニーズに応えていくことによって、地域の福祉を推進していかなくてはならないことが法律上に規定されたということである。

地域で求められていること

2008（平成20）年に厚生労働省が報告した「これからの地域福祉のあり方に関する研究会報告書」では、公的な福祉サービスによる総合的な対応が不十分であることから生じる問題として、複合的な問題のある家庭（1つの世帯で、ドメスティック・バイオレンス（DV）被害にあっている母親と非行を行う子どもがいる、など）

に対し、必要なサービスを的確に組み合わせて提供できていないために、その家庭を支えきれていない課題があることを指摘している。

　また、同報告書では、地域で求められていることについて、「地域社会の再生」「ネットワーク」「行政・事業者・専門家と地域住民の関係」をキーワードとしてあげている。具体的には、地域にいる子どものために、次世代を育む場としての地域社会を再生すること、地域の生活課題に対処するために、地域のさまざまな関係者がネットワークを形成し、相互に助け合うことである。また、地域住民が、地域の生活課題を発見できるという地域住民の強みと、行政・事業者・専門家が、その専門性によって、公的な福祉サービス等で対応を行えるという強みを組み合わせ、これらが相互に協力し合うことで地域の福祉を充実させていくことが、地域で求められていることである。

3. 少子化と児童虐待が社会的養護に与えた影響

少子化の影響

　社会的養護関係の児童福祉施設は、親等による養育が困難な子どもを養護する役割を担う。子どもを養護するというその性質上、地域とのかかわりは必要不可欠であると思える。にもかかわらず、児童福祉施設では、子どもの養育に重点がおかれ、その他の部分についてはあまり重要視されてこなかった側面がある。すなわち、一部の児童福祉施設を除き、学校等とのかかわりなどの限られた関係以外、地域とのかかわりがあまり密接ではなかった。

　だが、少子化を契機とし、地域のなかでの児童福祉施設の役割は重要性を増したと考えられる。1970年代半ば以降、合計特殊出生率は低下傾向にあったが、1989（平成元）年度には前年の1.66から1.57まで下降し、1966（昭和41）年の丙午の年の出生率1.58を下回ったことから、「1.57ショック」と呼ばれ、社会問題となった。

　「1.57ショック」以来、少子化が意識されはじめたことにより、就労していても安心して子育てができる社会の実現へと、政策転換が行われた。「少子化」という危機的状況によって、十分とはいえないものの、乳児保育・延長保育・病児保育などの対策も実施された。

　そして、児童福祉施設はその保育の一端を担う役割を負うことになる。すなわち、主として児童養護施設や乳児院で、子育て短期支援事業（トワイライトステイ、ショートステイ）が行われるようになった。

加えて児童養護施設が、地域の子どもの保育という役割を担うことになったもう1つの要因として、少子化がもたらした施設の変化があげられる。**図表15-1**は、児童養護施設・乳児院・里親に措置^{そち}された子どもの数の近年の動向である。これを見ると、措置された子ども数は、1980年代に急激に減少し、1997（平成9）年には3万1935人にまで減少する。そのため、児童養護施設に措置される子ども数は減少し、里親に委託^{いたく}される子ども数も減少した。このときの児童養護施設には、定員の約80％ほどの子どもしか入所していなかった。また、里親に委託される子どもは、社会的養護を受ける子ども数のうち、約6％ほどであった。

　そうしたことから、児童養護施設は、入所する子ども数の減少により、子どもの養育という事業以外に、従来にはなかった事業を新たにはじめる必要にせまられたと考えることもできるだろう。つまり、少子化による影響によって、さまざまな家庭のニーズに応えるための保育の必要性と被措置児童の減少による施設の変化によって、児童養護施設は、新たな事業を担うことになった。

児童虐待の影響

　戦後、日本では長い間、「虐待^{ぎゃくたい}はない」とさえ考えられており、1980年代末に至るまで、児童虐待はその存在を無視されてきたといってもいい。

　ドメスティック・バイオレンス（DV：配偶者からの暴力）や児童虐待が問題化されるまで、私的な領域とされる「家庭」への公権力の介入はほとんど行われてこなかった。家庭外であれば、傷害罪、暴行罪が成立するような場合であっても、それが家庭内であることを理由に、公権力の介入は控えられた。児童虐待は「ない」というよりも「発見されなかった」といってよいだろう。

　だが、1990年代に入り、児童虐待が社会問題化した。それにともない、児童福祉施設では、入所する子どもの養育のみに専念するのではなく、子どもと家庭に介入し、支援するという役割を担うことになった。1994（平成6）年に日本は「児童の権利に関する条約」（児童の権利条約）に批准^{ひじゅん}した。この前後から注目を浴^あびはじめたのが、児童虐待問題である。**図表15-1**を見てもわかるように、児童虐待への対応が増加していくのにともない、保護される子どもの数も増加し、1998（平成10）年以降、要保護児童の数は急激に増加した。そのため、児童養護施設には、さらなる地域における役割が求められることになる。

　すなわち、1998（平成10）年、児童福祉法の改正にともない、児童家庭支援センターを付設^{ふせつ}することになった（現在は単独設置も認められている）。また、家庭支援専門相談員（ファミリーソーシャルワーカー）が、1999（平成11）年から乳児院に、

2004（平成16）年から児童養護施設、児童心理治療施設、児童自立支援施設に設置された。さらに、心理療法担当職員が、1999（平成11）年から児童養護施設、2001（平成13）年から乳児院、母子生活支援施設、2006（平成18）年から児童自立支援施設に配置された。

2000（平成12）年には、施設の地域化、小規模化の流れを受けて、地域小規模児童養護施設が制度化された。

図表15-1 社会的養護を受ける子ども数（児童養護施設・乳児院・里親に措置された子ども数）の変遷

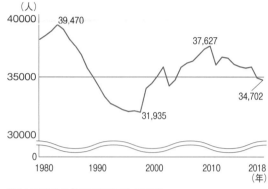

資料：厚生労働省「福祉行政報告例」より作成。

2002（平成14）年、里親制度が大幅に改正され、里親が行う養育の最低基準、里親の支援、研修、養育相談事業、一時的な休息のための援助（レスパイト・ケア）などを定め、養育里親・親族里親・短期里親・専門里親の4種類の里親（当時）が規定された。里親制度が見直された要因の1つに、被虐待児への対応には少人数での養育を行いうる里親養育がよいとされたことがある。また、虐待を受けた子どもや非行等の行動上の問題をもつ子どもへの対応には専門性が重視され、専門里親が創設されたのである。

しかし、現状においては、そうした専門的なニーズを有した子どもが委託されるのは、必ずしも専門里親ではなく、結果的には、養育里親にも多くの対応の困難な子どもが委託されていることが問題視されている。これは、専門里親の人数の少なさのみならず、児童相談所における子どもへの初期段階でのアセスメント（子どもの情報の収集・分析）の不十分さに由来していることが指摘されている。

2004（平成16）年には、要保護児童対策地域協議会が設置され、地域の関係機関の連携の強化が図られた。さらに、2012（平成24）年には、里親支援専門相談員が、乳児院・児童養護施設に配置できることになり、里親支援の一端を担うことになった。

以上のように、児童虐待の影響によって、児童福祉施設は、地域の要保護児童の養育とその家庭への支援という役割を担うことになった。

再び**図表15-1**を見ると、2009（平成21）年以降は、社会的養護を受ける子ども数は、増減を繰り返しながらも緩やかに減少していく傾向にある。だが、入所する児童が減少しても児童福祉施設の存在意義は大きい。詳細については **Step 3** で述べるが、施設の地域化、小規模化を今後も推進していくことになるだろう。

第15講　社会的養護と地域福祉の現状と課題

Step2

1. 社会的養護関係の施設の地域貢献のあり方

　Step 1 では、地域福祉の基本的概念およびその内容、また、社会的養護関係の児童福祉施設が地域のなかでその貢献を求められるようになった経緯にふれた。

　2016（平成28）年の改正児童福祉法を受けて、2017（平成29）年「新しい社会的養育ビジョン」が発表され、さらに、2022（令和４）年には、児童福祉法等の改正が行われた。この改正の趣旨としては、「児童虐待（じどうぎゃくたい）の相談対応件数の増加など、子育てに困難を抱える世帯がこれまで以上に顕在化（けんざいか）してきている状況等をふまえ、子育て世帯に対する包括的な支援のための体制強化等を行う」とされている。地域で子育てを行う世帯に対する支援体制を充実させることになっており、児童福祉施設もこれまで以上に地域への支援を担っていく必要があるだろう。ここでは、地域への支援として児童福祉施設が行う親子関係の再構築のための支援、自立支援、地域に住む子どもとその保護者への支援、また地域の諸機関との連携について学ぶ。

2. 地域への支援

　社会的養護関係の児童福祉施設が地域に対して貢献していくために、地域を支援する機能を充実させていくことが重要である。

親子関係の再構築

　施設の重要な役割として施設に措置（そち）された子どもの家庭復帰がある。児童養護施設や乳児院では、家庭支援専門相談員（ファミリーソーシャルワーカー）が、子どもの家庭復帰の調整等の重要な役割を担うことになっている。しかし、家庭支援専門相談員だけでなく、すべての職員が親子関係の再構築の意義を理解し、可能であればできる限り早期に子どもが家庭復帰できるよう支援するべきである。

　まず、職員は、保護者がその子どもの人生において非常に重要な役割を果たす存在であることを理解する必要がある。また、子どもを養育している施設職員の目から見れば、適切な保護者とは思えないような場合にも、それぞれの家庭が、さまざまな事情や思いを抱えていることを理解する必要がある。

　そのうえで、子どもが早期に家庭復帰を果たすために、家庭環境を調整し、親子関係の再構築を支援していかなくてはならない。その過程においては、親と子どもの面会、宿泊、一時的な帰宅などを通して、親子が徐々に家庭復帰を意識し、子どもが地域での生活をイメージしていけるような支援が必要である。

　また、施設職員が親との信頼関係を築くことで、親自身が子どもと再びともに生活するための努力ができるように支援したり、家庭復帰後も支援する人がいることを伝えたりすることが重要である。施設での日々の生活のなかでは、子どもの様子をよく観察し、子ども自身も家庭復帰のための心の準備を行えるよう支援する。それらのことを通して、親子関係を見守り、適切な時期に子どもが家庭に復帰できるよう支援し、さらに、家庭復帰後も地域に住む親子の関係性の悪化や虐待再発防止のための支援が求められる。

　2022（令和4）年の児童福祉法の改正でも、児童相談所の子どもへの支援の強化として、民間との協働による親子再統合支援事業等が実施されることになった（2024（令和6）年度より）。児童養護施設等、社会的養護関連の施設が児童相談所とともにこれまで以上に親子関係の再構築にかかわっていく可能性があり、家庭復帰に向けた支援とともに、家庭復帰後の親子支援の充実を図っていく必要がある。

自立支援

　児童養護施設等に入所する子どもたちは、18歳（もしくは措置延長で20歳未満まで）で措置解除となり、施設を退所することになっていた。しかし、その年齢で独り立ちするのは難しいため、措置解除後も、高校や大学等に在学中は「児童自立生活援助事業」などにより22歳に達する年度末まで同じ施設等に入所し続けることが可能となっている。2022（令和4）年の児童福祉法改正により、その事業の年齢制限が撤廃、在学要件も緩和され、都道府県知事が認める時点まで入所可能となった（2024（令和6）年4月1日施行。**76、77ページ参照**）。

　自立に向けた支援として重要なことは、退所する間際にさまざまな支援を行うのではなく、施設に入所したその日から自立を見すえて日常生活支援を行うことである。そのために、施設での日常のなかで、お金の使い方、掃除、洗濯、料理等の家事ができるようになるよう指導する。また退所前の2、3年をかけて、就職、進学、それにともなう住居の手配などにかかわる相談にのったり、地域の情報を提供したりすることなどが重要である。自立後も地域で生活する子どもと連絡を取り合って、つながりを切らずにかかわり続けることが大切だろう。2024（令和6）年度からは「社会的養護自立支援拠点事業」も実施される（**10ページ参照**）。

　だが、自立する際にもっとも大切なことは何か。それは、困難なことが生じたときに「人に頼ること」である。いいかえれば、自立とは、自分から他者に支援を求めることができることだ。施設で生活する子どもたちのなかには、施設に入所する以前の生育環境の影響から、対人関係が苦手であり、自己肯定感が低く、他者に援

助を申し出ることを難しく感じる子どももいる。施設では、日常の生活全般を通して、自己肯定感を育み、困ったときには人に頼っていいということを子ども自身が実感できるよう支援・養育をしていく必要がある。

地域に住む子どもとその保護者への支援

　児童福祉施設は、施設が設置されている地域に住む子どもとその保護者への支援を行うという役割も担っている（児童福祉法第48条の2）。具体的には、地域の福祉ニーズを把握するための積極的な取り組み、またそのニーズに基づき、施設の機能を生かした地域の子育て支援事業・活動などがある。

　地域の子ども・子育て支援事業として児童福祉施設が行う事業には子育て短期支援事業の夜間養護等（トワイライト）事業と短期入所生活援助（ショートステイ）事業がある。また、地域に開かれた子育て広場などを運営している施設もある。

　2018（平成30）年に厚生労働省から出された通知（「乳児院・児童養護施設の高機能化及び多機能化・機能転換、小規模かつ地域分散化の進め方」について）では、今後はこれまで培ってきた子どもの養育に関する専門性をさらに発揮し、児童相談所や市町村等の関係機関とも連携しながら、在宅支援の取り組みをより充実させていく必要性が示された。2022（令和4）年の児童福祉法の改正においても、訪問による家事支援、子どもの居場所づくりの支援、親子関係の形成の支援等を行う事業が新設されることになった。

　さらに今後は、これまで母子保健を中心として行われてきた特定妊婦への相談支援体制についても、期待が高まっている。2016（平成28）年の児童福祉法の改正においては、子どもと妊産婦の福祉に関する支援業務を適切に行わなければならないことが明確にされた。すなわち、妊娠期から子育て期までの支援を行う子育て世代包括支援センター（母子健康包括支援センター）の設置が必要であること、子どもとその家庭、妊産婦等を対象に実情の把握、子ども等に関する相談全般から通所・在宅支援を中心としたより専門的な相談対応や必要な調査、訪問等による継続的なソーシャルワーク業務までを行う機能を担う拠点（市区町村子ども家庭総合支援拠点）の整備が必要であるとされた。

　そうしたことを受けて、先述の厚生労働省からの通知では、乳児やその家族を支えてきた乳児院においては、妊娠期から出産後の育児について支援が必要な特定妊婦への支援に関し、保健師などと協働し、母子ともに入所させて支援することも含めて取り組んでいくことが期待されている。加えて、2022（令和4）年の児童福祉法の改正では、困難を抱える妊産婦に一時的な住居や食事提供、その後の養育等の

情報提供等を行う事業が創設されることになった。

　このように、児童福祉施設のなかにいる子どもだけでなく、地域に住む子どもとその保護者へのケア、子どもと保護者の関係性のケアなど、児童福祉施設に求められる期待は大きい。

3. 地域の諸機関との連携

　子どもと保護者を、やむを得ず親子分離する際には、可能な限り地域のなかの家庭的環境で養育できるよう配慮する必要がある。そのためには、里親やグループホームでの養育がまず優先されるべきであろう。その場合には、施設だけではなく、地域のさまざまな民間団体の協力を仰ぎ、地域全体で支援していく体制が重要であるため、連携が不可欠となる。

　また、施設は、子どもの保護、養育、回復、家庭復帰や自立という過程を地域のなかで継続的に支援していかなくてはならない。さらに、社会的養護を受ける子どもとその家庭だけでなく、地域の家庭に対して、子育て支援や専門的な相談支援を展開し、子どもと保護者が親子分離に至らないように支援することが求められる。コロナ禍において、祖父母や近隣を気軽に頼れず、保護者の就労状況が悪化し、DVや児童虐待が増加しているという報告もある。そうしたことから、行政機関、教育機関、保健・医療などの他機関、要保護児童対策地域協議会、他施設、里親、子育て支援組織、市民団体などの地域のさまざまな団体との連携をより強化し協働して対応にあたる重要性が増している。

　また、親子関係の再構築等の家庭環境の調整は、児童福祉施設の役割であるが、それと同時に、措置の決定・解除を行う児童相談所の役割でもある。そのため、児童福祉施設が児童相談所と連携しながら支援をしていくことは必須となる。

　児童養護施設や乳児院では、家庭支援専門相談員（ファミリーソーシャルワーカー）、里親支援専門相談員、個別対応職員などの直接処遇のローテーションに入らない専門職員が、施設の地域支援機能を担う体制を整備することになっている。しかし、現状において、児童福祉施設の職員は配置員数の不足のため、一般的に過重労働を強いられている。その結果として、児童福祉施設のもっとも主要な機能である入所している子どもの養育に時間と労働力を必要としており、家庭支援専門相談員等の専門職員であっても、直接処遇に入らざるを得ない状況にある場合もある。職員等の体制整備、また施設内で直接処遇に入らない専門職員の意義について職員全員で理解するなどの努力が求められる。

Step3

児童福祉施設の地域福祉推進に向けた課題と展開

Step 2 では，児童福祉施設が行いうる地域への支援について学んだ。ここでは児童福祉施設の地域福祉推進に向けたさらなる課題と展開について考える。

都道府県から市町村へ

社会的養護と地域福祉の課題の1つとして、都道府県と市町村という行政的な枠組みを打開していくことがある。社会的養護の実施主体は都道府県単位であるが、子どもは地域に住んでおり、子どもの住んでいる地域で措置が行われることが望ましい。親から離れて施設で暮らすことになった子どもにとって、施設に入所するために違う地域に行かねばならないことは、たとえ一時的であったとしても親という存在の喪失、地域の友人、学校の先生などの喪失、家や学校などの慣れ親しんだ場所の喪失などの、何重もの意味での喪失感を味わわねばならないことを意味する。そのうえ、施設から家庭に戻るときは、再び同様の喪失感をかかえることになる。

現状においては、子どもがいた地域から離れた地域の施設に入所しなくてはならない場合も多い。だが、親と離れて暮らさなくてはならなかったとしても、子どもの喪失感を最低限にとどめるために、地域での里親委託をまず検討すべきであろう。そのためには、社会的養護の実施主体を都道府県から、市町村へと移行していくことが重要であり、「新しい社会的養育ビジョン」では、市町村の役割とその工程が示され、市町村への期待は高まっている。

社会的養護の展開に向けて

わが国の社会的養護は、現在、施設養護と里親委託や養子縁組などの家庭養護に大別される。里親家庭等の家庭養護では、子どもと特定のケア提供者との間に持続的で一貫した愛着関係の形成が可能であり、子どもの発達という観点から社会的養護のあり方として望ましいとされている。しかし、わが国において、里親に委託される子どもの比率は2020（令和2）年現在で、わずか22.8％にすぎず、約8割の子どもは施設入所となる。一方、国際社会においては、子どもが家庭で養育されることの望ましさが強調され、欧米諸国では、50〜90％以上の子どもが里親に委託されている。

そうしたことから、2016（平成28）年の改正児童福祉法では、原則里親委託優先を打ち出し、さらに2017（平成29）年には「新しい社会的養育ビジョン」が出された。「新しい社会的養育ビジョン」では、改正児童福祉法に基づく、社会的養育の

全体像が示され、市町村における子ども家庭支援体制の構築や児童相談所改革、一時保護改革、里親への包括的支援体制としてのフォスタリング機関事業の構築、児童福祉施設等の高機能化、多機能化、機能転換、特別養子縁組の推進と支援、子どもの自立支援などを掲げた。そこで、2018（平成30）年には、この「新しい社会的養育ビジョン」を受けて、厚生労働省子ども家庭局長から『「乳児院・児童養護施設の高機能化及び多機能化・機能転換、小規模かつ地域分散化の進め方」について』という通知が出された。

　厚生労働省の通知では、「新しい社会的養育ビジョン」を実現していくために、特に、乳児院・児童養護施設の高機能化、多機能化、機能転換、小規模かつ地域分散化について、以下のように求めた。第一に、家庭養育優先原則を進めるにあたり、子どもの生活支援を専門的に行うことにより、情緒・行動上の問題の解消・軽減を図り、できる限り早い段階での家庭復帰、養子縁組、里親委託等へつなげていくことである。第二に、「できる限り良好な家庭的環境」であるために、小規模で地域分散化された地域小規模児童養護施設や分園型小規模グループケアを原則とした。第三に、ケアニーズが非常に高い子どもに対しては、できるだけ少人数（将来的には４人まで）の生活単位とし、集中的ケアのため、生活単位が集合する場合でもおおむね４単位までにしていくことである。第四に、在宅支援機能や里親支援機能への多機能化、機能転換を図ることにより、実親や里親への支援を充実させることである。また、同通知では、一時保護委託の受け入れ態勢の必要性、養子縁組支援やフォスタリング機関（里親の支援機関）としての機能を高く強化していくこと、そして、在宅支援や特定妊婦の支援強化の必要性について、重ねて言及している。

　さらに、2022（令和４）年の児童福祉法の改正では、現在、児童養護施設や乳児院などにも付設され、民間フォスタリング機関として活動している機関が「里親支援センター」となり、児童福祉施設として位置づけられることになった。また、子どもの意見を聴くしくみを整備し、特に施設入所の際や、一時保護などの際に、子どもから意見を聴く機会を設けるとされている。これまでのわが国では、さまざまな局面において、子どもの意見を聴くということが十分になされてきたとは言い難いが、子どもが自分にかかわることについて意見を聴かれる機会があるのは、当然必要とされるべきことであろう。

　今後、児童福祉施設は、これまで培ってきた専門性に基づきながらも、さらなる専門性の発揮、多機能化、新たな役割に向けての機能転換などが求められ、将来的には現在とは異なる新たな機関として活躍することが期待されている。

参考文献

● 厚生労働省「これからの地域福祉のあり方に関する研究会報告書」2008.

● 小池由佳・山縣文治『社会的養護 第4版』ミネルヴァ書房，2016.

● 全国児童相談所長会『児童相談所における里親委託及び遺棄児童に関する調査』2011.

● 厚生労働省新たな社会的養育の在り方に関する検討会「新しい社会的養育ビジョン」2017.

COLUMN　ホームスタート

　地域に向けた活動として、一部の児童養護施設、乳児院では独自に「ホームスタート」という事業に取り組んでいる。「ホームスタート」とは、「6歳未満の子どもが一人でもいる家庭に、研修を受けた地域の子育て経験者が、週に1回2時間程度訪問し『傾聴』（親の気持ちを受け止めて話を聞くこと）と『協働』（親と一緒に家事や育児、外出などをすること）をする新しい家庭訪問型子育て支援ボランティア活動のしくみ」（ホームスタートのパンフレットより）である。ホームスタート事業を行うためには、オーガナイザーが必要で、このオーガナイザーは施設の職員が担う。事業の計画を立て、オーガナイザーが研修を受けてから、実際に事業が始まる。ホームビジターと呼ばれる、訪問するボランティアを募り、オーガナイザーが研修を行い、ホームビジターの準備が整うと、サポートを受ける人を募る。サポートの受け手とホームビジターをオーガナイザーが組み合わせ、活動がスタートする。

　「ホームスタート」は、民間の児童養護施設や乳児院、またはNPO法人などで取り組まれており、公的機関からの紹介を受けて申請を受けることもあるが、あくまで申し込み希望者の申請が必要となる。申請希望があれば、施設退所者やその保護者の支援を行うこともできる。

　ホームスタートのパンフレットによれば、イギリスで約40年前に始められたこの事業は、世界22か国、日本でも80以上の地域で行われているという。特に、地域子育て支援拠点事業などを行っていても、親子交流の場に出てこない、あるいは出てこられない保護者や、乳児家庭全戸訪問事業で発見されたが継続したケアができない気になる家庭、養育支援訪問事業では対象とならなかったが気になる家庭、ファミリー・サポート・センター事業では対応できない親自身への支援など、ホームスタートはさまざまな支援の狭間に潜り込んでしまった家庭に焦点をあてている。　　　　　　　　　（三輪清子）

参考資料

児童福祉法等の一部を改正する法律（令和4年法律第66号）の概要

改正の趣旨

　児童虐待の相談対応件数の増加など、子育てに困難を抱える世帯がこれまで以上に顕在化してきている状況等を踏まえ、子育て世帯に対する包括的な支援のための体制強化等を行う。

改正の概要

1．**子育て世帯に対する包括的な支援のための体制強化及び事業の拡充【児童福祉法、母子保健法】**

　①市区町村は、全ての妊産婦・子育て世帯・子どもの包括的な相談支援等を行うこども家庭センター（※）の設置や、身近な子育て支援の場（保育所等）における相談機関の整備に努める。こども家庭センターは、支援を要する子どもや妊産婦等への支援計画（サポートプラン）を作成する。

　　　　　　　　　　　　※子ども家庭総合支援拠点と子育て世代包括支援センターを見直し。

　②訪問による家事支援、児童の居場所づくりの支援、親子関係の形成の支援等を行う事業をそれぞれ新設する。これらを含む家庭支援の事業について市区町村が必要に応じ利用勧奨・措置を実施する。

　③児童発達支援センターが地域における障害児支援の中核的役割を担うことの明確化や、障害種別にかかわらず障害児を支援できるよう児童発達支援の類型（福祉型、医療型）の一元化を行う。

2．**一時保護所及び児童相談所による児童への処遇や支援、困難を抱える妊産婦等への支援の質の向上【児童福祉法】**

　①一時保護所の設備・運営基準を策定して一時保護所の環境改善を図る。児童相談所による支援の強化として、民間との協働による親子再統合の事業の実施や、里親支援センターの児童福祉施設としての位置づけ等を行う。

　②困難を抱える妊産婦等に一時的な住居や食事提供、その後の養育等に係る情報提供等を行う事業を創設する。

3．**社会的養育経験者・障害児入所施設の入所児童等に対する自立支援の強化【児童福祉法】**

　①児童自立生活援助の年齢による一律の利用制限を弾力化する。社会的養育経験者等を通所や訪問等により支援する拠点を設置する事業を創設する。

　②障害児入所施設の入所児童等が地域生活等へ移行する際の調整の責任主体（都

道府県・政令市）を明確化するとともに、22歳までの入所継続を可能とする。

４．児童の意見聴取等の仕組みの整備【児童福祉法】

児童相談所等は入所措置や一時保護等の際に児童の最善の利益を考慮しつつ、児童の意見・意向を勘案して措置を行うため、児童の意見聴取等の措置を講ずることとする。都道府県は児童の意見・意向表明や権利擁護に向けた必要な環境整備を行う。

５．一時保護開始時の判断に関する司法審査の導入【児童福祉法】

児童相談所が一時保護を開始する際に、親権者等が同意した場合等を除き、事前又は保護開始から７日以内に裁判官に一時保護状を請求する等の手続を設ける。

６．子ども家庭福祉の実務者の専門性の向上【児童福祉法】

児童虐待を受けた児童の保護等の専門的な対応を要する事項について十分な知識・技術を有する者を新たに児童福祉司の任用要件に追加する。

※当該規定に基づいて、子ども家庭福祉の実務経験者向けの認定資格を導入する。

※認定資格の取得状況等を勘案するとともに、業務内容や必要な専門知識・技術、教育課程の明確化、養成体制や資格取得者の雇用機会の確保、といった環境を整備しつつ、その能力を発揮して働くことができる組織及び資格の在り方について、国家資格を含め、施行後２年を目途として検討し、その結果に基づいて必要な措置を講ずる。

７．児童をわいせつ行為から守る環境整備（性犯罪歴等の証明を求める仕組み（日本版 DBS）の導入に先駆けた取組強化）等【児童福祉法】

児童にわいせつ行為を行った保育士の資格管理の厳格化を行うとともに、ベビーシッター等に対する事業停止命令等の情報の公表や共有を可能とするほか、児童福祉施設等の運営について、国が定める基準に従い、条例で基準を定めるべき事項に児童の安全の確保を加えるなど所要の改正を行う。

施行期日

令和６年４月１日（ただし、５は公布後３年以内で政令で定める日、７の一部は公布後３月を経過した日、令和５年４月１日又は公布後２年以内で政令で定める日）

出典：厚生労働省資料

こども基本法（令和 4 年法律第77号）概要

目的

○日本国憲法及び児童の権利に関する条約の精神にのっとり、

・次代の社会を担う全てのこどもが、生涯にわたる人格形成の基礎を築き、自立した個人としてひとしく健やかに成長することができ、
・こどもの心身の状況、置かれている環境等にかかわらず、その権利の擁護が図られ、将来にわたって幸福な生活を送ることができる社会の実現を目指して、
○こども施策を総合的に推進すること

定義

○「こども」……心身の発達の過程にある者
○「こども施策」……①～③の施策その他のこどもに関する施策・これと一体的に講ずべき施策

① 新生児期、乳幼児期、学童期及び思春期の各段階を経て、おとなになるまでの心身の発達の過程を通じて切れ目なく行われるこどもの健やかな成長に対する支援
② 子育てに伴う喜びを実感できる社会の実現に資するため、就労、結婚、妊娠、出産、育児等の各段階に応じて行われる支援
③ 家庭における養育環境その他のこどもの養育環境の整備

基本理念

① 全てのこどもについて、個人として尊重されること・基本的人権が保障されること・差別的取扱いを受けることがないようにすること
② 全てのこどもについて、適切に養育されること・生活を保障されること・愛され保護されること等の福祉に係る権利が等しく保障されるとともに、教育基本法の精神にのっとり教育を受ける機会が等しく与えられること
③ 全てのこどもについて、年齢及び発達の程度に応じ、自己に直接関係する全ての事項に関して意見を表明する機会・多様な社会的活動に参画する機会が確保されること
④ 全てのこどもについて、年齢及び発達の程度に応じ、意見の尊重、最善の利益が優先して考慮されること
⑤ こどもの養育は家庭を基本として行われ、父母その他の保護者が第一義的責任を有するとの認識の下、十分な養育の支援・家庭での養育が困難なこどもの養育環境の確保
⑥ 家庭や子育てに夢を持ち、子育てに伴う喜びを実感できる社会環境の整備

責務等

○国、地方公共団体の責務
○事業主の努力（雇用環境の整備）・国民の努力（こども施策への関心と理解等）

白書・大綱	○年次報告（白書） ○こども**大綱**の策定 　（※少子化社会対策／子ども・若者育成支援／子どもの貧困対策の既存の3法律の白書・大綱と一体的に作成）
基本的施策	○施策に対するこども等の意見の反映 ○支援の総合的・一体的提供の体制整備 ○関係者相互の**有機的な連携の確保** ○この法律・児童の権利に関する条約の周知 ○**施策の充実及び財政上の措置**等

こども政策推進会議	○こども家庭庁にこども**政策推進会議を設置**。以下の事務を担当。 ①　**大綱の案**を作成 ②　こども施策の**重要事項の審議**・こども施策の**実施を推進** ③　関係行政機関相互の**調整**　等 ○会議は、会長（**内閣総理大臣**）及び委員（こども政策担当の**内閣府特命担当大臣**・内閣総理大臣が指定する**大臣**）をもって組織

附則	施行期日　　令和5年4月1日 検討　国は、この法律の**施行後5年**を目途として、法律の施行状況及びこども施策の実施状況を勘案し、こども施策が基本理念にのっとって実施されているかどうか等の観点からその実態を把握し及び公正かつ適切に評価する仕組みの整備その他の基本理念にのっとったこども施策の一層の推進のために必要な方策について検討 ⇒法制上の措置その他の必要な措置を講ずる

出典：厚生労働省資料

こども政策の新たな推進体制に関する基本方針のポイント
〜こどもまんなか社会を目指すこども家庭庁の創設〜

○常にこどもの最善の利益を第一に考え、こどもに関する取組・政策を我が国社会の真ん中に据えて（「こどもまんなか社会」）、こどもの視点で、こどもを取り巻くあらゆる環境を視野に入れ、こどもの権利を保障し、こどもを誰一人取り残さず、健やかな成長を社会全体で後押し。

○そのための新たな司令塔として、こども家庭庁を創設。

今後のこども政策の基本理念

こどもの視点、子育て当事者の視点に立った政策立案

◆こどもは保護者や社会の支えを受けながら自己を確立していく主体と認識し、保護すべきところは保護しつつ、こどもの意見を年齢や発達段階に応じて政策に反映。若者の社会参画の促進。

◆家庭が基盤。親の成長を支援することがこどものより良い成長につながる。**子育て当事者の意見を政策に反映。**

全てのこどもの健やかな成長、Well-beingの向上

◆妊娠前から、妊娠・出産、新生児期、乳幼児期、学童期、思春期、青年期の一連の成長過程において、**良質かつ適切な保健、医療、療育、福祉、教育を提供。**

◆安全で安心して過ごせる多くの居場所を持ちながら、**様々な学びや体験ができ、幸せな状態（Well-being）で成長できるよう、家庭、学校、職域、地域等が一体**的に取り組む。

誰一人取り残さず、抜け落ちることのない支援

◆全てのこどもが、施策対象として**取り残されることな**く、当事者として持続可能な社会の実現に参画できるよう支援。

◆こども本人の福祉というだけにとどまらない我が国社会の持続可能性にも資するとの認識。

こどもや家庭が抱える様々な複合する課題に対し、制度や組織による縦割りの壁、年齢の壁を克服した切れ目ない包括的な支援

◆こどもの困難は、こどもの要因、家庭の要因、家庭内の関係性の要因、環境の要因等、様々な要因が複合的に重なり合って表出。問題行動はこどもからのSOS。**保護者自身にも支援が必要。**

◆教育、福祉、保健、医療、雇用などに関係する機関や団体が密接にネットワークを形成し支援。**18歳など特定の年齢で一律に区切ることなく、こどもや若者が円滑に社会生活を送ることができるようになるまで伴走。**

| 待ちの支援から、予防的な関わりを強化するとともに、必要なこども・家庭に支援が確実に届くようプッシュ型支援、アウトリーチ型支援に転換 | ◆地域における関係機関や NPO 等の民間団体等が連携して、こどもにとって**適切な場所に出向いて**オーダーメイドの支援を行うアウトリーチ型支援（訪問支援）の充実。
◆ SNS を活用したプッシュ型の情報発信の充実。 |
| データ・統計を活用したエビデンスに基づく政策立案、PDCA サイクル（評価・改善） | ◆**様々なデータや統計を活用**するとともに、**こどもからの意見聴取などの定性的な事実も活用**し、個人情報を取り扱う場合にあってはこども本人等の権利利益の保護にも十分に配慮しながら、エビデンスに基づき多面的に政策を立案し、評価し、改善。 |

出典：厚生労働省資料

　すべての子どもは、豊かな愛情のなかで心身ともに健やかに育てられ、自ら伸びていく無限の可能性を持っています。

　私たちは、子どもが現在（いま）を幸せに生活し、未来（あす）を生きる力を育てる保育の仕事に誇りと責任をもって、自らの人間性と専門性の向上に努め、一人ひとりの子どもを心から尊重し、次のことを行います。

　　私たちは、子どもの育ちを支えます。

　　私たちは、保護者の子育てを支えます。

　　私たちは、子どもと子育てにやさしい社会をつくります。

（子どもの最善の利益の尊重）

1．私たちは、一人ひとりの子どもの最善の利益を第一に考え、保育を通してその福祉を積極的に増進するよう努めます。

（子どもの発達保障）

2．私たちは、養護と教育が一体となった保育を通して、一人ひとりの子どもが心身ともに健康、安全で情緒の安定した生活ができる環境を用意し、生きる喜びと力を育むことを基本として、その健やかな育ちを支えます。

（保護者との協力）

3．私たちは、子どもと保護者のおかれた状況や意向を受けとめ、保護者とより良い協力関係を築きながら、子どもの育ちや子育てを支えます。

（プライバシーの保護）

4．私たちは、一人ひとりのプライバシーを保護するため、保育を通して知り得た個人の情報や秘密を守ります。

（チームワークと自己評価）

5．私たちは、職場におけるチームワークや、関係する他の専門機関との連携を大切にします。

　また、自らの行う保育について、常に子どもの視点に立って自己評価を行い、保育の質の向上を図ります。

（利用者の代弁）

6．私たちは、日々の保育や子育て支援の活動を通して子どものニーズを受けとめ、子どもの立場に立ってそれを代弁します。

　また、子育てをしているすべての保護者のニーズを受けとめ、それを代弁して

いくことも重要な役割と考え、行動します。

　（地域の子育て支援）

7．私たちは、地域の人々や関係機関とともに子育てを支援し、そのネットワークにより、地域で子どもを育てる環境づくりに努めます。

　（専門職としての責務）

8．私たちは、研修や自己研鑽を通して、常に自らの人間性と専門性の向上に努め、専門職としての責務を果たします。

社会福祉法人　全国社会福祉協議会

全国保育協議会

全国保育士会

社会福祉法人　全国社会福祉協議会
全国児童養護施設協議会

原則

　児童養護施設に携わるすべての役員・職員（以下、『私たち』という。）は、日本国憲法、世界人権宣言、国連・子どもの権利に関する条約、児童憲章、児童福祉法、児童虐待の防止等に関する法律、児童福祉施設最低基準にかかげられた理念と定めを遵守します。

　すべての子どもを、人種、性別、年齢、身体的精神的状況、宗教的文化的背景、保護者の社会的地位、経済状況等の違いにかかわらず、かけがえのない存在として尊重します。

使命

　私たちは、入所してきた子どもたちが、安全に安心した生活を営むことができるよう、子どもの生命と人権を守り、育む責務があります。

　私たちは、子どもの意思を尊重しつつ、子どもの成長と発達を育み、自己実現と自立のために継続的な援助を保障する養育をおこない、子どもの最善の利益の実現をめざします。

倫理綱領

１．私たちは、子どもの利益を最優先した養育をおこないます

　　一人ひとりの子どもの最善の利益を優先に考え、24時間365日の生活をとおして、子どもの自己実現と自立のために、専門性をもった養育を展開します。

２．私たちは、子どもの理解と受容、信頼関係を大切にします

　　自らの思いこみや偏見をなくし、子どもをあるがままに受けとめ、一人ひとりの子どもとその個性を理解し、意見を尊重しながら、子どもとの信頼関係を大切にします。

３．私たちは、子どもの自己決定と主体性の尊重につとめます

　　子どもが自己の見解を表明し、子ども自身が選択し、意思決定できる機会を保障し、支援します。また、子どもに必要な情報は適切に提供し、説明責任をはたします。

4．私たちは、子どもと家族との関係を大切にした支援をおこないます

　　関係機関・団体と協働し、家族との関係調整のための支援をおこない、子ども
と、子どもにとってかけがえのない家族を、継続してささえます。

5．私たちは、子どものプライバシーの尊重と秘密を保持します

　　子どもの安全安心な生活を守るために、一人ひとりのプライバシーを尊重し、
秘密の保持につとめます。

6．私たちは、子どもへの差別・虐待を許さず、権利侵害の防止につとめます

　　いかなる理由の差別・虐待・人権侵害も決して許さず、子どもたちの基本的人
権と権利を擁護します。

7．私たちは、最良の養育実践を行うために専門性の向上をはかります

　　自らの人間性を高め、最良の養育実践をおこなうために、常に自己研鑽につと
め、養育と専門性の向上をはかります。

8．私たちは、関係機関や地域と連携し、子どもを育みます

　　児童相談所や学校、医療機関などの関係機関や、近隣住民・ボランティアなど
と連携し、子どもを育みます。

9．私たちは、地域福祉への積極的な参加と協働につとめます

　　施設のもつ専門知識と技術を活かし、地域社会に協力することで、子育て支援
につとめます。

10．私たちは、常に施設環境および運営の改善向上につとめます

　　子どもの健康および発達のための施設環境をととのえ、施設運営に責任をもち、
児童養護施設が高い公共性と専門性を有していることを常に自覚し、社会に対し
て、施設の説明責任にもとづく情報公開と、健全で公正、かつ活力ある施設運営
につとめます。

2010年 5 月17日　制定

乳児院の責務は、子どもの生命（いのち）と人権を守り、子どもたちが日々こころ豊かにかつ健やかに成長するよう、また、その保護者が子どもたちによりよい養育環境を整えられるよう支援することです。

私たちはこのことを深く認識し、子育て支援に対する社会からの要請に応えるべく、日々自己研鑽に励み、専門性の向上をめざします。そして、子どもたちの育ちを支える生活の場として、すべての職員が心をあわせ、子どもたちの幸福（しあわせ）を実現するための拠りどころを、次に定めます。

（基本理念）

私たちは、社会の責任のもとに、子どもたちの生命（いのち）を、かけがえのない、社会で最も尊いものとして大切に守ります。

私たちは、子どもたちによりそい、その思いを代弁するよう努めるとともに、専門的役割と使命を自覚し、一人ひとりの子どもの最善の利益の実現に努めます。

（権利擁護）

私たちは、児童憲章と子どもの権利条約の理念を遵守し、子どもたちの人権（生きる権利、育つ権利、守られる権利、参加する権利）を尊重します。

私たちは、子どもたちへのいかなる差別や虐待も許さず、また不適切なかかわりをしないよう、自らを律します。

（家庭的養護と個別養護）

私たちは、家庭的な養育環境のもとで、子どもたちが安心して生活できるよう、子どもたち一人ひとりの成長発達をきめ細かく、丁寧に見守っていきます。

（発達の支援）

私たちは、子どもたち一人ひとりと信頼関係を築き、子どもたちが健全な心身の発達ができるよう育ちを支えます。

（家庭への支援）

私たちは、関係機関と協働し、家庭機能の回復を援助するとともに、保護者や里親と子どもたちを継続的に支援します。

（社会的使命の遂行）

私たちは、関係機関と協働し、虐待防止の推進を図るとともに、地域の子育て支援や里親支援などの社会貢献に努めます。

平成20年5月9日（平成26年5月12日一部改正）
社会福祉法人全国社会福祉協議会・全国乳児福祉協議会

参考資料7 児童心理治療施設倫理綱領

はじめに

　児童心理治療施設は、心理的困難や苦しみを抱え、日常生活の多岐にわたって生き辛さを感じて心理治療を必要とする子どもたちを、入所あるいは通所させて治療を行う施設です。子どもたちの社会適応能力の育成を図り、将来健全な社会生活を営むことができるようになることを目指します。そのために私たちは自己研鑽に励み、専門性の向上を図ります。この理念を共有するために以下のように定めます。

基本理念

　施設に措置された子どもの生命と人権を守り、ひとりひとりの存在を尊重し、それぞれの目標に向かって成長発達を援助します。

■私たちは児童憲章と子どもの権利条約の理念を遵守します。子どもたちへのいかなる差別や虐待も許さず、権利侵害の防止に努めます。

■私たちはひとりひとりの子どもの最善の利益を追求します。

■私たちは子どもが主体的に自己決定できるように援助し、その決定を尊重します。

■私たちは子どもと家族などその子どもの周囲の人たちとの関係を大切にし、支援していきます。

■私たちはおのおのが専門性の向上を図り、職員間の連携を深めて総合環境療法がより効果をあげることを目指します。

全国児童心理治療施設協議会

参考資料8 全国児童自立支援施設協議会倫理綱領

（前文）

　児童自立支援施設職員が、常に関係する法の精神や社会的養護の原理に基づき、子どもの最善の利益を目指し、地域や関係機関などと連携協働して社会全体で子どもの自立を支援するために、自らの資質の向上を図ることを願い、ここに倫理綱領を制定する。

（基本理念）

　私たちは、未来の社会を担うかけがえのない存在である子どもを大切に守り、健やかに育つよう支援します。

（権利擁護）

　私たちは、児童憲章、児童の権利に関する条約、児童福祉法の理念を遵守し、子どもの権利を尊重します。また、人種、性別、宗教、身体的特徴、出身地、住居、経済状況等による、いかなる差別や偏見、虐待も許しません。

（自立支援）

　私たちは、子どもとの共生共育を基本にし、子ども一人一人がその子らしく生きてゆけるよう、保護者や関係機関とともに子どもの育ち直しや自立を支えます。

（運営改善）

　私たちは、子どもと子どもへの支援にとって最適な環境を整えるため、常に施設や運営の改善に努めます。

（資質・専門性の向上）

　私たちは、子どもにとって最良の支援を行うために、常に自己研鑽に努め、資質・専門性の向上を図ります。

（家庭環境調整）

　私たちは、関係機関と連携し、子どもと家族との関係づくりを大切にした支援を展開します。

（アフターケア）

　私たちは、関係機関と連携し、保護者や関係機関とともに子どもに対するアフターケアを継続的に展開します。

（地域支援）

　私たちは、関係機関と協働し、地域の児童福祉の向上や地域社会への支援に努めます。

平成25年4月1日制定
全国児童自立支援施設協議会

参考資料9 全国母子生活支援施設協議会倫理綱領

社会福祉法人　全国社会福祉協議会
全国母子生活支援施設協議会

　母子生活支援施設に携わるすべての役員・職員（以下、「私たち」という。）は、母と子の権利擁護と生活の拠点として、子どもを育み、子どもが育つことを保障し、安定した生活の営みを支えます。
　そのために私たちは、母と子の主体性を尊重した自立への歩みを支えるとともに、常に職員の研鑽と資質向上に励み、公正で公平な施設運営を心がけ、母と子および地域社会から信頼される施設として支援を行うことをめざします。

〇基本理念
１．私たちは、母と子の権利と尊厳を擁護します。
〇パートナーシップ
２．私たちは、母と子の願いや要望を受けとめ、安心・安全な環境の中で、母と子の生活課題への取り組みを支援し、安定した生活の営みを形成することをめざします。
〇自立支援
３．私たちは、母と子の自立に向けた考えを尊重し、その歩みをともにしながら、母と子を支えることをめざします。
〇人権侵害防止
４．私たちは、法令を遵守し、母と子への人権侵害を許しません。
〇運営・資質の向上
５．私たちは、母と子への最適な支援と、よりよい施設運営をめざすとともに、自己点検をはかり、職員自身も自らを見つめ直し、専門性の向上に努めます。
〇アフターケア
６．私たちは、母と子の退所後をインケアからアフターケアをつなぐため、退所計画を作成し、アウトリーチするとともに、地域の社会資源を組み込んだネットワークによる切れ目のない支援を提供することをめざします。
〇地域と協働
７．私たちは、関係機関や団体とネットワーク形成を図りながら、資源の開発や創生による子育て支援地域づくりを進め、ひとり親家庭のニーズに合わせた展開をすることをめざします。

平成19年4月25日制定
平成29年5月12日改定

公益財団法人　全国里親会

平成26年3月改定

（基本理念）

一　私たち里親は、保護者による養育が困難な子どもを家庭に迎え入れ、子どもに寄り添った養育を行います。

（子どもの権利擁護）

一　私たち里親は、子どもの権利を擁護し、最善の利益に配慮した養育に努めます。

（社会的養護）

一　私たち里親は、社会的養護の役割を担うものとして、地域社会とのつながりを大切にして、養育を行います。

（子どもの発達保障）

一　私たち里親は、子どもの健やかな成長のため、家庭養護の良さを活かし、子ども一人ひとりにあった養育にあたります。

（里親としての資質・専門性の向上）

一　私たち里親は、自らの家庭をととのえ、子どもの養育に必要な知識と技術の向上に努めます。

参考資料11 新しい社会的養育ビジョン〈要約編〉

新たな社会的養育の在り方に関する検討会
平成29年 8 月 2 日

1．新しい社会的養育ビジョンの意義

　虐待を受けた子どもや、何らかの事情により実の親が育てられない子どもを含め、全ての子どもの育ちを保障する観点から、平成28年児童福祉法改正では、子どもが権利の主体であることを明確にし、家庭への養育支援から代替養育までの社会的養育の充実とともに、家庭養育優先の理念を規定し、実親による養育が困難であれば、特別養子縁組による永続的解決（パーマネンシー保障）や里親による養育を推進することを明確にした。これは、国会において全会一致で可決されたものであり、我が国の社会的養育の歴史上、画期的なことである。

　本報告書は、この改正法の理念を具体化するため、「社会的養護の課題と将来像」（平成23年 7 月）を全面的に見直し、「新しい社会的養育ビジョン」とそこに至る工程を示すものである。新たなビジョン策定に向けた議論では、在宅での支援から代替養育、養子縁組と、社会的養育分野の課題と改革の具体的な方向性を網羅する形となったが、これらの改革項目のすべてが緊密に繋がっているものであり、一体的かつ全体として改革を進めなければ、我が国の社会的養育が生まれ変わることはない。

　このビジョンの骨格は次のとおりであり、各項目は、工程に基づいて着実に推進されなければならない。

2．新しい社会的養育ビジョンの骨格

　地域の変化、家族の変化により、社会による家庭への養育支援の構築が求められており、子どもの権利、ニーズを優先し、家庭のニーズも考慮してすべての子ども家庭を支援するために、身近な市区町村におけるソーシャルワーク体制の構築と支援メニューの充実を図らなければならない。

　例えば、多くの子どもがその生活時間を長く過ごしている保育園の質の向上および子ども家庭支援として、対子ども保育士数の増加やソーシャルワーカーや心理士の配置等を目指す。さらに、貧困家庭の子ども、障害のある子どもや医療的ケアを必要とする子どもなど、子どもの状態に合わせた多様なケアを充実させるとともに、虐待や貧困の世代間連鎖を断ち切れるライフサイクルを見据えた社会的養育システ

ムの確立、特に自立支援や妊産婦への施策（例えば、産前産後母子ホームなど）の充実を図る。

　中でも、虐待の危険が高いなどで集中的な在宅支援が必要な家庭には、児童相談所の在宅指導措置下において、市区町村が委託を受けて集中的に支援を行うなど在宅での社会的養育としての支援を構築し、親子入所機能創設などのメニューも充実させて分離しないケアの充実を図る。

　他方、親子分離が必要な場合には、一時保護も含めた代替養育のすべての段階において、子どものニーズに合った養育を保障するために、代替養育はケアニーズに応じた措置費・委託費を定める。代替養育は家庭での養育を原則とし、高度に専門的な治療的ケアが一時的に必要な場合には、子どもへの個別対応を基盤とした「できる限り良好な家庭的な養育環境」を提供し、短期の入所を原則とする。また、里親を増加させ、質の高い里親養育を実現するために、児童相談所が行う里親制度に関する包括的業務（フォスタリング業務）の質を高めるための里親支援事業や職員研修を強化するとともに、民間団体も担えるようフォスタリング機関事業の創設を行う。代替養育に関し、児童相談所は永続的解決を目指し、適切な家庭復帰計画を立てて市区町村や里親等と実行し、それが不適当な場合には養子縁組といった、永続的解決を目指したソーシャルワークが児童相談所で行われるよう徹底する。中でも、特別養子縁組は重要な選択肢であり、法制度の改革を進めるとともに、これまで取組が十分とはいえなかった縁組移行プロセスや縁組後の支援を強化する。

3．新しい社会的養育ビジョンの実現に向けた工程
　平成28年改正児童福祉法の原則を実現するため、①市区町村を中心とした支援体制の構築、②児童相談所の機能強化と一時保護改革、③代替養育における「家庭と同様の養育環境」原則に関して乳幼児から段階を追っての徹底、家庭養育が困難な子どもへの施設養育の小規模化・地域分散化・高機能化、④永続的解決（パーマネンシー保障）の徹底、⑤代替養育や集中的在宅ケアを受けた子どもの自立支援の徹底などをはじめとする改革項目について、速やかに平成29年度から改革に着手し、目標年限を目指し計画的に進める。なお、市区町村の支援の充実により、潜在的ニーズが掘り起こされ、代替養育を必要とする子どもの数は増加する可能性が高いことに留意して計画を立てる。

　また、これらの改革は子どもの権利保障のために最大限のスピードをもって実現する必要がある。その改革の工程において、子どもが不利益を被ることがないよう、十分な配慮を行う。

(1)　市区町村の子ども家庭支援体制の構築

　　市区町村子ども家庭総合支援拠点の全国展開と、人材の専門性の向上により、子どものニーズにあったソーシャルワークをできる体制を概ね5年以内に確保するとともに、子どもへの直接的支援事業（派遣型）の創設やショートステイ事業の充実、産前産後母子ホームなどの親子入所支援の創設、児童家庭支援センターの配置の増加と質の向上などの支援メニューの充実を平成30年度から開始し、概ね5年後までに各地で行える体制とする。児童相談所の指導委託措置として行われる在宅措置、通所措置が適切に行える手法を明確にして、支援内容に応じた公的な費用負担を行う制度をできるだけ早く構築する。

(2)　児童相談所・一時保護改革

　　児童相談所職員への各種の研修の実施とその効果の検証を行い、平成28年改正法附則に基づき、施行後5年を目途に中核市・特別区による児童相談所設置が可能となるような計画的支援を行う。

　　また、通告窓口の一元化を行うため、情報共有を含めた制度改正を行い、調査・保護・措置に係る業務と支援マネージメント業務の機能分離を計画的に進める。

　　さらに、一時保護に関する改革として、機能別に2類型に分割（緊急一時保護とアセスメント一時保護）し、閉鎖空間での緊急一時保護の期間を数日以内とする。一時保護時の養育体制を強化し、アセスメント一時保護における里親への委託推進・小規模化・地域分散化、一時保護里親類型の創設に早急に着手し、概ね5年以内に子どもの権利が保障された一時保護を実現する。

　　パーマネンシー保障のための家庭復帰計画、それが困難な時の養子縁組推進を図るソーシャルワークを行える十分な人材の確保を概ね5年以内に実現する。

(3)　里親への包括的支援体制（フォスタリング機関）の抜本的強化と里親制度改革

　　里親とチームとなり、リクルート、研修、支援などを一貫して担うフォスタリング機関による質の高い里親養育体制の確立を最大のスピードで実現し、平成32年度にはすべての都道府県で行う体制とし、里親支援を抜本的に強化する。これにより、里親への支援を充実させ、里親のなり手を確保するとともに里親養育の質を向上させる。

　　また、フォスタリング機関事業の実施のため、平成29年度中に国によるプロジェクトチームを発足しガイドラインの作成や自治体への支援を開始する。

　　ファミリーホームを家庭養育に限定するため、早急に事業者を里親登録者に限定し、一時保護里親、専従里親などの新しい里親類型を平成33年度を目途に創設して、障害のある子どもなどケアニーズの高い子どもにも家庭養育が提供できる

制度とする。併せて「里親」の名称変更も行う。

(4) 永続的解決（パーマネンシー保障）としての特別養子縁組の推進

　　実家庭で養育ができない子どもや、家庭復帰に努力をしても実家庭に戻ることが困難な代替養育を受けている子どもの場合、児童福祉法第3条の2における家庭養育原則に基づき、永続的解決としての特別養子縁組は有力、有効な選択肢として考えるべきである。

　　しかし、現行の制度では、子どもの年齢要件や手続き上の養親の負担などのため、必要な子どもに特別養子縁組の機会が保障されず、健全な養育に不可欠な愛着形成の機会を重要な発育時期に確保できていない現状がある。

　　このため、厚生労働省では「児童虐待対応における司法関与及び特別養子縁組制度の利用促進の在り方に関する検討会」において6月30日に「特別養子縁組制度の利用促進の在り方について」報告書がまとめられた。一刻も早く子どもの権利保障を行うために、報告書に沿った法制度改革（年齢要件の引き上げ、手続きを二段階化し児童相談所長に申立権を付与、実親の同意撤回の制限）を速やかに進めるとともに、その新たな制度の下で、一日も早く児童相談所と民間機関が連携した強固な養親・養子支援体制を構築し、養親希望者を増加させる。概ね5年以内に、現状の約2倍である年間1000人以上の特別養子縁組成立を目指し、その後も増加を図っていく。

(5) 乳幼児の家庭養育原則の徹底と、年限を明確にした取組目標

　　特に就学前の子どもは、家庭養育原則を実現するため、原則として施設への新規措置入所を停止する。このため、遅くとも平成32年度までに全国で行われるフォスタリング機関事業の整備を確実に完了する。

　　具体的には、実親支援や養子縁組の利用促進を進めた上で、愛着形成等子どもの発達ニーズから考え、乳幼児期を最優先にしつつ、フォスタリング機関の整備と合わせ、全年齢層にわたって代替養育としての里親委託率（代替養育を受けている子どものうち里親委託されている子どもの割合）の向上に向けた取組を今から開始する。これにより、愛着形成に最も重要な時期である3歳未満については概ね5年以内に、それ以外の就学前の子どもについては概ね7年以内に里親委託率75%以上を実現し、学童期以降は概ね10年以内を目途に里親委託率50%以上を実現する（平成27年度末の里親委託率（全年齢）17.5%）。

　　ただし、ケアニーズが非常に高く、施設等における十分なケアが不可欠な場合は、高度専門的な手厚いケアの集中的提供を前提に、小規模・地域分散化された養育環境を整え、その滞在期間は、原則として乳幼児は数か月以内、学童期以降

は１年以内とする。また、特別なケアが必要な学童期以降の子どもであっても３年以内を原則とする。この場合、代替養育を受ける子どもにとって自らの将来見通しが持て、代替養育変更の意思決定プロセスが理解できるよう、年齢に応じた適切な説明が必要である。養育の場を変える場合には、さらに十分な説明のもと、子どもとのコミュニケーションをよくとり、子どもの意向が尊重される必要がある。また、移行にあたっては、子どもの心理に配慮した十分なケアがなされる必要がある。

　これらを、まず乳幼児から実現するためには、これまで乳児院が豊富な経験により培ってきた専門的な対応能力を基盤として、今後はさらに専門性を高め、一時保護された乳幼児とその親子関係に関するアセスメント、障害等の特別なケアを必要とする子どものケアの在り方のアセスメントとそれに基づく里親委託準備、親子関係改善への通所指導、産前産後を中心とした母子の入所を含む支援、家庭復帰に向けた親子関係再構築支援、里親・養親支援の重要な役割を地域で担う新たな存在として、機能の充実が不可欠である。その際、一時的な入所は、家庭養育原則に照らし、限定的、抑制的に判断すべきである。今後、これまでの乳児院は多機能化・機能転換し、こうした新たな重要な役割を担う。国はそのための財政的基盤をできるだけ早く構築するとともに、乳児院をその機能にあった名称に変更する。

(6)　子どもニーズに応じた養育の提供と施設の抜本改革

　子どものニーズに応じた個別的ケアを提供できるよう、ケアニーズに応じた措置費・委託費の加算制度をできるだけ早く創設する。同様に、障害等ケアニーズの高い子どもにも家庭養育が行えるよう、補助制度の見直しを行う。

　また、家庭では養育困難な子どもが入所する「できる限り良好な家庭的環境」である全ての施設は原則として概ね10年以内を目途に、小規模化（最大６人）・地域分散化、常時２人以上の職員配置を実現し、更に高度のケアニーズに対しては、迅速な専門職対応ができる高機能化を行い、生活単位は更に小規模（最大４人）となる職員配置を行う。

　施設で培われた豊富な体験による子どもの養育の専門性をもとに、施設が地域支援事業やフォスタリング機関事業等を行う多様化を、乳児院から始め、児童養護施設・児童心理治療施設、児童自立支援施設でも行う。

(7)　自立支援（リービング・ケア、アフター・ケア）

　代替養育の目的の一つは、子どもが成人になった際に社会において自立的生活を形成、維持しうる能力を形成し、また、そのための社会的基盤を整備すること

にある。

　そのため、平成30年度までにケア・リーバー（社会的養護経験者）の実態把握を行うとともに、自立支援ガイドラインを作成し、概ね5年以内に、里親等の代替養育機関、アフターケア機関の自立支援の機能を強化するとともに、措置を行った自治体の責任を明確化し、包括的な制度的枠組み（例えば、自治体による自立支援計画の策定など）を構築する。

　これにより、代替養育の場における自律・自立のための養育、進路保障、地域生活における継続的な支援を推進する。その際、当事者の参画と協働を原則とする。

　これら自立支援方策を具体化するための検討の場を設ける。

(8) 担う人材の専門性の向上など

　今年度より行われている児童福祉司等の研修や市区町村の要保護児童対策地域協議会の専門職研修等の実施状況の確認とその効果判定を行い、国による研修の質の向上を図る。

　また、子どもの権利擁護のために、早急に児童福祉審議会による権利擁護の在り方を示して、3年を目途にその体制を全国的に整備し、平成30年度に一時保護の専門家による評価チームの構成から始めて、概ね5年以内には社会的養護に係わる全ての機関の評価を行う専門的評価機構を創設するとともに、アドボケイト制度の構築を行う。

　すべての制度構築の根拠となる業務統計の整備、国際的な比較にも耐えられる虐待関連統計の整備を概ね5年以内に行い、長期の成果を判断したり、情報を共有するためのデータベースの構築も概ね5年以内に行う。また、子どもの死を無駄にせず、検証して、防げる死から子どもを守る制度や技術の向上を目指し、Child Death Review の制度を概ね5年以内に確立する。

(9) 都道府県計画の見直し、国による支援

　従来の「社会的養護の課題と将来像」（平成23年7月）に基づいて策定された都道府県等の計画については、この「新しい社会的養育ビジョン」に基づき、平成30年度末までに見直し、家庭養育の実現と永続的解決（パーマネンシー保障）、施設の抜本的改革、児童相談所と一時保護所の改革、中核市・特別区児童相談所設置支援、市区町村の子ども家庭支援体制構築への支援策などを盛り込む。これらを実現するため、国は必要な予算確保に向けて最大限努力し、実現を図る。

以上

索 引

203

新・基本保育シリーズ

【企画委員一覧】（五十音順）

【編集・執筆者一覧】

編 集

相澤　仁（あいざわ・まさし）　　　　大分大学教授、元厚生労働省児童福祉専門官

林　　浩康（はやし・ひろやす）　　　日本女子大学教授

執筆者（五十音順）

相澤　仁（あいざわ・まさし）　　　（前掲）　　　　　　　　　　　　第1講

井上健介（いのうえ・けんすけ）　　児童心理治療施設あゆみの丘施設長　第4講

小川幸裕（おがわ・ゆきひろ）　　　弘前学院大学教授　　　　　　　　第2講

鈴木崇之（すずき・たかゆき）　　　東洋大学教授　　　　　　　　　　第6講・第7講

永野　咲（ながの・さき）　　　　　武蔵野大学講師　　　　　　　　　第8講・第9講

林　　浩康（はやし・ひろやす）　　（前掲）　　　　　　　　　　　　第3講・第12講

三輪清子（みわ・きよこ）　　　　　明治学院大学准教授　　　　　　　第14講・第15講

山口敬子（やまぐち・けいこ）　　　京都府立大学准教授　　　　　　　第5講・第13講

山本真知子（やまもと・まちこ）　　大妻女子大学准教授　　　　　　　第10講・第11講

社会的養護Ⅰ　第2版

新・基本保育シリーズ⑥

2019年2月20日　初　版　発　行
2023年1月1日　第　2　版　発　行
2024年2月1日　第2版第2刷発行

監　修	公益財団法人 児童育成協会
編　集	相澤　仁・林　浩康
発行者	荘村明彦
発行所	中央法規出版株式会社
	〒110-0016 東京都台東区台東3-29-1　中央法規ビル
	Tel 03(6387)3196
	https://www.chuohoki.co.jp/
印刷・製本	株式会社太洋社
装　幀	甲賀友章(Magic-room Boys)
カバーイラスト	M・いそみ(社会福祉法人 草笛の会　絵画療育教室)
本文デザイン	タイプフェイス
口絵デザイン	株式会社ジャパンマテリアル
口絵イラスト	大山みのり